Academic Burden

Structure,Model and Regulation

学业负担研究

结构、模型与调控

钟祖荣◎著

北京师范大学出版集团
BEIJING NORMAL UNIVERSITY PUBLISHING GROUP
北京师范大学出版社

目　　录

导　言　学业负担问题及研究意义

导言部分的主要内容为提出问题，首先阐述问题史、作为问题提出的背景；然后从实践和理论研究的角度提出学业负担问题研究的必要性和重要性，并提出本书所研究的三个主要问题，分析问题的性质；最后指出研究的实践意义和理论意义。

一、问题史与问题背景

（一）问题演变史

学业负担和减轻学生过重的课业负担一直是教育领域需要破解的重要问题。中华人民共和国成立以来，每隔一段时间，这个问题都会引起教育界和社会的关注。程斯辉[①]、谢利民[②]、宋乃庆、杨欣、王定华等[③]，胡惠闵、殷玉新[④]，蒋丽珠[⑤]等学者及一些研究生在论文中对我国学业负担及减负历史进行了回顾，并进行了大致的历史分期，如乔晓华分四个阶段进

[①]　程斯辉：《任重道远：减负的历史回顾与反思》，载《湖北大学学报（哲学社会科学版）》，2000（3）。

[②]　谢利民：《我国半个世纪"减负"问题的历史回溯与思考》，载《集美大学学报（教育科学版）》，2005（3）。

[③]　宋乃庆、杨欣、王定华等：《学生课业负担测评模型的构建研究——以义务教育阶段学生为例》，载《西南大学学报（社会科学版）》，2015（3）。

[④]　胡惠闵、殷玉新：《我国减轻中小学课业负担的历程与思考》，载《全球教育展望》，2015（12）。

[⑤]　蒋丽珠：《减负：高考改革不能承载之重——对五十年教育减负问题的回顾与理性思考》，载《内蒙古师范大学学报（教育科学版）》，2006（4）。

行分析①，董春亮则分为三个阶段②；殷玉新、郝健健则把学业负担政策演进根据其主旨分为四个时期——关注身体健康的时期（1949—1977 年）、解决盲目追求升学率时期（1978—1993 年）、推进素质教育时期（1993—2009年）、标本兼治时期（2010 年至今）③；而程斯辉则延伸到 1949 年以前的历史分析④。

笔者认为，从问题史的角度，中华人民共和国成立以来的学业负担问题大体可以分为四个时期。

第一，1949—1966 年，即中华人民共和国成立至"文化大革命"开始前的时期，主要关注学生的身体负担和课程负担。毛泽东先后在 1950 年和1951 年致信教育部部长马叙伦，要求各校"健康第一，学习第二"⑤。1951年 8 月，政务院公布《关于改善各级学校学生健康状况的决定》，做出了调整学生日常学习及生活的时间、减轻学生课业学习与社团活动的负担、改进学校卫生工作、注重体育娱乐活动、改善学生伙食管理办法、学校经费支配适当照顾保健工作的需要六条规定，首次明确了学生每日上课时间（高中不超 9 小时，初中不超 8 小时，小学高年级不超 6 小时）、每日睡眠时间（高校 8 小时，中学 9 小时，小学 10 小时）以及每日体育、娱乐活动或生产劳动时间（除体育课和课间活动外，以 1～1.5 小时为原则）。⑥ 毛泽东在 1953 年的讲话《青年团的工作要照顾青年的特点》中，对青年提出了身体好、学习好、工作好的三好要求，又进一步强调："一方面学习，一方面娱乐、休息、睡眠，这两方面要充分兼顾。""两头都要抓紧，学习工作要抓紧，睡眠休息娱乐也要抓紧。"⑦"课业负担"首次被提出是在 1954 年于《人民教育》发

---

① 乔晓华：《建国以来减轻学生负担政策的历史回顾与反思（1949—2014）》，硕士学位论文，山西师范大学，2015。

② 董春亮：《我国对课业负担问题的 30 年认识历程》，载《现代教育科学》，2012（6）。

③ 殷玉新、郝健健：《新中国成立 70 年来我国学业负担政策的演进历程与未来展望》，载《首都师范大学学报（社会科学版）》，2019（6）。

④ 程斯辉：《任重道远：减负的历史回顾与反思》，载《湖北大学学报（哲学社会科学版）》，2000（3）。

⑤ 毛泽东：《毛泽东文集（第六卷）》，83 页，北京，人民出版社，1999。

⑥ 何东昌：《中华人民共和国重要教育文献（1949—1975）》，99 页，海口，海南出版社，1998。

⑦ 毛泽东：《毛泽东文集（第六卷）》，277 页，278 页，北京，人民出版社，1999。

表的《积极设法消除学生过重的课业负担》一文中。该文提出要响应和执行毛泽东同志提出的"身体好、学习好、工作好"的指示,并将课业负担概括为学生所背负的课程负担以及生理负担。1955 年 7 月,《教育部关于减轻中、小学校学生过重负担的指示》发布,这是第一个关于减负的文件。文件对负担过重的现象、原因、后果进行了分析,提出了六项措施:掌握教材分量和授课进度,减轻课外作业的过重负担,加强平时的成绩考查及改善考试制度,改进课外活动,遵守作息时间保证学生的睡眠和休息,学校领导经常了解及检查并随时发现及解决问题、纠正偏向。并且该文件强调减轻学生过重负担不是降低教育质量,不是提倡学习上的马虎、偷懒、取巧,而是为了使学生学习得更好。1959 年,中央发布了关于教育工作的十个文件,其中之一就是《国务院关于全日制学校的教学、劳动和生活安排的规定》。该文件除了对教学时间、睡眠时间等进一步做出规定外,还特别对劳动时间做了规定:高中生每周一般 8 小时,不超 10 小时;初中生 6 小时,不超 8 小时;小学生从 9 岁起 4 小时,不超 6 小时。1960 年,《中共中央、国务院关于保证学生、教师身体健康和劳逸结合问题的指示》发布,进一步明确了时间要求,强调必须控制各种社会活动和会议,提高质量主要靠改革教学内容和方法,而不是增加师生的工作强度和时间。1964 年,毛泽东在《改革学校课程设置和讲授方法》中,从教育方针落实的角度对负担问题进行了批评:"现在学校课程太多,对学生压力太大。讲授又不甚得法。考试方法以学生为敌人,举行突然袭击。这三项都是不利于培养青年们在德、智、体诸方面生动活泼地主动地得到发展的。"①1964 年,中共中央、国务院批转了教育部临时党组《关于克服中小学学生负担过重现象和提高教学质量的报告》。该报告指出了课程门类多、课外作业多、测验考试多的"三多现象"以及一般中学比小学重、毕业班比非毕业班重的"两重情况",指出直接的原因是追求升学的错误思想,并提出了六项举措,强调课业负担减轻后,要适当安排课外活动。这个报告在谈到各种关系时比较辩证。这是中华人民共和国第二个系统的减负文件。到 1966 年,中共中央转发了教育部党组和高教部党委关于减轻学生负担的 3 个文件,对中小学提出严格控制学生每天的活动总量(小学高年级不超 7 课时,中学不超 8 课时;小学生睡眠 10 小时,中学生睡眠 9 小时),减轻学生课业负担(周课时小学不超 30 课时,初中不超 36 课时,高中不超 42 课时),加强思想政治工作,讲求实效,

---

① 毛泽东:《毛泽东文集(第八卷)》,376 页,北京,人民出版社,1999。

妥善安排劳动，体育文娱科技活动必须适当，认真关心学生生活，办好伙食，校内外各种活动要归口管理。这一时期，学生课业负担过重的主要原因包括两方面。①非学业性思想政治活动和社团活动过多，导致学生的学业学习受到严重干扰，加上当时的医疗卫生条件比较差，使学生产生了过重的身体负担，健康问题比较普遍；于是强调减轻课外活动负担，保证学生的休息与体育活动时间。②在这个时期，我国基础教育学习苏联经验，特别受到凯洛夫《教育学》中教学论的影响，更加注重系统知识的传授与教师的主导作用，在提高教育质量的过程中提出了过高过急的目标，开设课程门类过多、教学方法和考试方法不当，加上师资水平不高的问题，学生因为任务过多而感到学习吃力，造成学生课业负担过重，于是对教师提出掌握教材分量和减少作业量等要求。

第二，1966—1976 年，此时正值"文化大革命"时期，教育遭到较大破坏。1967 年 10 月，中央通知大中小学要"复课闹革命"，强调一边进行教学，一边进行改革。由于当时的特殊情形，教育领域缩短学制，改革教材，批判智育第一，强调学生以学为主、兼学别样，学业负担过重问题不突出，国家也没有出台关于减负的文件。但 1971 年的《全国教育工作会议纪要》中提到了"青少年正是长身体的时期，要注意他们的身体健康，课程和作业不应太重，生产劳动要安排适当，社会活动也不要搞得过多"。

第三，1977—1999 年，是教育恢复和发展的时期，教育恢复、培养人才、资源集中、升学压力等也导致了学业负担过重的问题。1977 年高考制度恢复后，中小学生课业过重问题的背景与内涵产生了一定的变化。由于国家工作重心转移，社会急需各类人才，教育进入恢复和提高的时期，特别是高考和重点中小学的恢复，又由于高等教育资源有限、基础教育的优质资源集中，升学竞争十分激烈，学生学业负担出现过重的现象，于是开始出现反对片面追求升学率的声音。叶圣陶先生在 1979 年谈道：学生家庭作业繁重，体质下降了，近视眼增加了，问题很严重。1981 年，针对片面追求升学率的问题，叶圣陶先生发出呼吁："中学生在高考重压下已经喘不过气来了，解救他们已经是当前急不容缓的事。"[1]1978 年 4 月，邓小平同志在全国教育工作会议上指出："学生负担太重是不好的，今后仍然要采取有效措施来防止和纠正。"[2]1983 年，《教育部关于全日制普通中学全面贯彻党

---

① 叶圣陶：《叶圣陶教育文集》，336～339 页，郑州，河南教育出版社，1989。
② 邓小平：《邓小平文选（第二卷）》，104 页，北京，人民出版社，1994。

的教育方针，纠正片面追求升学率倾向的十项规定（试行）》发布。其中规定要减轻学生过重的学习负担。1988 年，《国家教委关于减轻小学生课业负担过重问题的若干规定》和《国家教委关于全日制普通中学端正办学方向纠正片面追求升学率倾向的督导评估的几点意见》发布；1993 年，《国家教委关于减轻义务教育阶段学生过重课业负担、全面提高教育质量的指示》发布；1994 年，《国家教委关于全面贯彻教育方针，减轻中小学生过重课业负担的意见》发布。1999 年，全国教育工作会议召开，发布了《中共中央国务院关于深化教育改革，全面推行素质教育的决定》，重申减轻学生过重负担。该文件在谈到智育工作时明确提出"减轻中小学生课业负担已成为推行素质教育中刻不容缓的问题，要切实认真加以解决。各级政府都要建立健全减轻学生课业负担的监督检查机制"。在这一时期，政府关于减负的文件比较密集地发布，反映了问题的普遍性、经常性。学者对课业负担的研究已不再局限于课业负担本身，开始反思学校制度、教学方式、课程设置、考试评价等因素对课业负担的影响，认识到应试教育逐渐成为我国中小学生课业负担过重的首要因素。

第四，进入 21 世纪后的阶段。虽然教育有了很大发展，特别是高等教育扩招，高校入学机会增多，但对更优质的教育的追求反而更加强烈。由于对教育质量的追求，"择校热""课外班热"出现，学生仍然面对课业负担过重的问题。一些学校为了考出好成绩，让学生加班加点，甚至不惜采用"疲劳战术"。而这一问题再次得到中央和全社会的关注。进入 21 世纪后，为了积极推进素质教育，全国掀起对学生课业负担问题的讨论。2000 年 2 月，江泽民同志在《关于教育问题的谈话》中提出："现在一些学生负担很重，结果形成了很大的心理压力，这不利于青少年学生的健康成长。""不能整天把青少年禁锢在书本上和屋子里，要让他们参加一些社会实践，打开他们的视野，增长他们的社会经验。"①2000 年，教育部发出《关于在小学减轻学生过重负担的紧急通知》，提出七条措施，强调了领导责任制、专项督导机制、通报制度等，并专门召开专题电视会议布置此项工作，开展了专项督导检查。进入 21 世纪，我国开始新一轮课程改革，解决课程内容繁难偏旧的问题，在课程教学评价各方面推行了一系列改革。但在推进课程改革的过程中，由于学习适应需要一个过程，加上课程的丰富化、选择化以及招生考试的改革，出现了一些新的负担。有研究者提到了在新课改背景

---

① 江泽民：《江泽民文选（第二卷）》，588～589 页，北京，人民出版社，2006。

下出现的三种新的学生课业负担。第一种是应试性负担，表现为：①新旧课程不是替换而是叠加；②"前紧后松"成为普遍现象；③模块考试变味，增加了学生对新课程的恐慌感。第二种是适应性负担，表现为：①对课程标准把握不准，人为拔高教学要求；②对新内容和新教法不熟悉，影响课堂效率；③课程管理缺乏经验造成初期的混乱。第三种是课程性负担，表现为：①初高中衔接存在一定问题；②个别学科的容量和难度有待科学论证；③教师编制等配套政策不到位，造成教师工作量不均衡。① 2007 年 10 月，胡锦涛同志在党的十七大报告中明确提出："减轻中小学生课业负担，提高学生综合素质。"②2010 年，国家出台《国家中长期教育改革和发展规划纲要（2010—2020 年）》，用较大篇幅专门谈减轻中小学生过重课业负担的要求，论及减负的意义、原则、具体任务，从政府、学校、家庭三方面提出"标本兼治、综合治理"的要求，并提出率先实现小学生减负，建立学生课业负担监测和公告制度。2013 年，教育部发布《小学生减负十条规定》（征求意见稿）和《关于开展义务教育阶段学校"减负万里行"活动的通知》。2013 年，党的十八届三中全会通过了《中共中央关于全面深化改革若干重大问题的决定》提出："标本兼治减轻学生课业负担。"2018 年，习近平总书记又对学生近视问题做出批示，认为"这是一个关系国家和民族未来的大问题，必须高度重视"③，再次体现了国家领导人对中小学生身体健康等问题的高度关注。近年来，学生的课外负担并没有减轻，各地普遍存在学生参加各种课外辅导班的现象，校外负担较重。2018 年，教育部等三部门办公厅联合印发《关于健全校外培训机构专项治理整改若干工作机制的通知》，加大了对校外培训机构的规范和综合治理。2018 年年底，教育部等九部委发出了《关于印发中小学生减负措施的通知》，从政府、学校、校外培训机构、家庭四个层面提出了三十条举措，是新时代最为系统的减负文件。④

综合来看，学业负担问题有这样几个特点：第一，问题的反复出现和反复解决，说明这是一个普遍性问题和持续性问题，其中存在一定的规律

---

① 付宜红：《负担重在哪儿？——高中课改实验区课业负担的调研与分析》，载《人民教育》，2009(5)。

② 胡锦涛：《胡锦涛文选（第二卷）》，62 页，北京，人民出版社，2016。

③ 习近平：《习近平谈治国理政（第三卷）》，344 页，北京，外文出版社，2020。

④ 王家源、刘博智：《九部门联合印发"减负三十条"》，载《中国教育报》，2018-12-31。

性，不少人认为学业负担问题是个"顽疾"，一直没有得到解决，甚至越减越重，说明它具有持续性、严重性；第二，具有历史性，各个时期社会发展的具体背景有所不同，负担的主要内容和形成背景有所不同，负担的解决措施也各有侧重，说明学业负担和减负具有历史性特征；第三，学业负担问题受到广泛关注，从国家领导人到家长、社会公众，都十分关注学业负担问题，每一次的减负都与国家领导人的关注、指示或教育行政部门出台的政策文件相关，毛泽东、邓小平、江泽民、胡锦涛、习近平都谈过减轻学生过重课业负担的问题，这说明该问题具有广泛的社会性、利益关涉性。

（二）国际视野下的问题

进入 21 世纪后，世界各国普遍关注学生的核心素养，纷纷提出核心素养的框架，指导课程和教学。2000 年起，经济合作与发展组织（OECD）发起并开展国际学生评估项目（PISA），对 15 岁学生的学业素养进行测试，目前有 70 多个国家（地区）参加。国际学生评估项目在某种意义上也是一个竞争和比较的平台，它除阅读、数学、科学素养测试以外，还通过问卷调查收集学生个人、家庭和学校的背景信息，分析影响教育质量的因素。在学校因素中就有学习时间这一因素，具体包含教学计划时间、课程时间、作业时间、私人家教和辅导班时间。[①] 上海 2012 年的国际学生评估项目测试结果显示，学生的测试成绩靠前，但学生的学业负担也是较重的，学习时间是较长的，平均周作业时间列所有国家（地区）首位，参加私人家教和辅导班的时间也是较长的。在 2018 年的 PISA 测试中，我国四省市（北京、上海、江苏、浙江）作为一个整体取得阅读、数学、科学三项第一的成绩，但同时学生的学习时间较长：平均校内课堂学习时间为每周 31.8 小时，在参测国家（地区）中排第 4 位；阅读、数学、科学三科课时占总课时数的47.6％，在参测国家（地区）中排第 17 位；学生总体学习效率不高，阅读、数学、科学的学习效率分别为每小时 119.8 分、每小时 118.0 分、每小时107.7 分，在参测国家（地区）中分别排第 44 位、第 46 位、第 54 位；学生的满意度平均为 6.64 分，在参测国家（地区）中排第 61 位。[②] 通过这一因素

---

① 国际学生评估项目中国上海项目组：《质量与公平：上海 2012 年国际学生评估项目（PISA）结果概要》，47～51 页，上海，上海教育出版社，2014。

② 王家源：《三项第一！最新 PISA 测试结果发布》，载《中国教育报》，2019-12-05。

的分析，我们既可以看到学习时间对教育质量的影响，也可以看到测试产生的比较和竞争效应。通过测试和比较，各国不断反思和改进课程与教学，提高教育质量，相应地也会使学生承受较大的负担。因此，学业负担问题也是一个国际性话题。但在学术研究领域，国际上对学业负担的研究较少，主要集中在家庭作业和补习等较窄的领域以及心理学的认知负荷等微观领域中。

马德益、胡敏对 20 世纪美国、苏联、日本、中国学生的学业负担进行了比较研究，提出这样一个观点：学业负担具有国际普遍性，一个国家学生学业负担的轻重与该国社会发展、教育发展的特定阶段紧密相关，不同国家学生负担的轻重也有其自身的规律。① 许多国家都在采取教育改革措施以提高教育质量，其中就包括增加课程难度、严格质量标准、加强考试测验、保证学习时间等。

日本在对待学生负担方面有过一段反复。面对过去的"考试地狱"和激烈的竞争，日本在 20 世纪 90 年代的课程改革中采取了宽松主义的教育政策，减少了学生的学习课时，结果导致学生的学习质量有所下降，引起了社会的不满，于是又在 2008 年新的改革中增加了学习的课时和分量。如何确定合适的学业负担，既让学生能够承受，又能够保证教育的质量，这也是各国政府和社会都关注的问题。

（三）当代的背景

党的十九大召开后，中国进入了一个新时代。新时代的主要标志之一是我国社会主要矛盾的变化，即人民日益增长的美好生活需要与不平衡不充分的发展之间的矛盾，在教育上也同样如此。中国在朝着"两个一百年"目标迈进，教育要强起来，要为建设现代化强国培养、造就高质量的人才，培养担当民族复兴大任的时代新人。面对这一重任，无论是教师还是学生，都不会轻轻松松，必然承受一定的学习负担。同时，新时代所需要的人才及其核心素养与过去有一定的区别，比如，突出了一些重点——认知能力、创新能力、合作能力、职业能力等关键能力，以及核心价值观、劳动技能、身心素质等全面的素养。这就必然要求目标的结构、素养的结构、课程的结构、时间的结构都要与之相适应。2019 年 2 月，中共中央、国务院印发《中国教育现代化 2035》，提出了到 2035 年主要的发展目标是总体实现教育

① 马德益、胡敏：《论教育创新中的"减负"问题》，载《天津师范大学学报（基础教育版）》，2004（1）。

现代化，迈入教育强国行列，推动我国成为学习大国、人力资源强国和人才强国。在十大战略任务中，第二项任务是发展中国特色世界先进水平的优质教育，提出要完善教育质量标准体系，制定覆盖全学段、体现世界先进水平、符合不同层次类型教育特点的教育质量标准，明确学生发展核心素养要求，并建立健全中小学各学科学业质量标准和体质健康标准。总之，质量标准与素质要求的变化必然要求学生发展的任务结构、时间分配结构与之相适应。一方面，学生要有一定的学业负担，以保证学业质量和全面发展；另一方面，这个学业负担的结构应该有所变化，应该更加全面，更加有针对性，更加优化。

在新时代背景下，我们要思考研究对学业负担有哪些新的影响因素，学校、家庭、社会如何在新的形势下相互协调以采取更加有效的措施减轻学生不合理的负担并优化学生的负担结构，如何在优化学业负担结构的条件下提高学生的核心素养等问题。

二、问题的提出

（一）从实践中提出问题

从前文问题史的介绍中可以看出，减轻学生过重学业负担是一个长期存在的老问题，长期没有很好地解决。同时，它又是教育领域中一个重要问题，各方面都在努力解决。中华人民共和国成立以来，减负作为教育领域的重要问题被教育行政部门及国家领导人在各个时期反复提出，并有许多文件和政策颁布，但它们似乎都没有从根本上解决问题。反思一下，这或许是一个始终存在的问题，只是不同时期的程度不同、表现不同而已。2010 年颁布的《国家中长期教育改革和发展规划纲要（2010—2020 年）》强调减轻中小学生课业负担，并提出率先实现小学生减负。《北京市中长期教育改革和发展规划纲要（2010—2020 年）》也提出"切实减轻学生校内外过重课业负担"。这是实践中应得到深入研究的问题。

尽管过重的学业负担始终存在，但不能任其自然发展，要人为调控，坚持减负，这是因为过重的学业负担对学生、家庭、社会有许多危害。第一，危害学生的健康。研究表明，学生学业负担过重会影响其视力、睡眠，影响其锻炼时间，造成学生体质下降。第二，危害学生的心智。由于学业任务重，学生不能深入理解所学知识，存在赶进度、囫囵吞枣、死记硬背等现象，学生的思维能力不能得到很好的发展，长期如此，学生就会养成不良的学习习惯。第三，限制个性发展与人才成长。学生由于被圈在学业里，没有多少时间去做自己感兴趣的事情，这便限制了学生兴趣、爱好、特长和创造性的自由发展，不利于培养创新型人才，影响我国人才培养的质量水平。第四，损害亲子关系、师生关系。由于学生的时间大多花在了学业上，因而缺少与家长的交流；由于家长过度关注学生的学业成绩，或采取不当的教育方式、提出不恰当的期望，往往造成亲子关系紧张，甚至导致学生心理健康上的问题。这些危害是各方面都不愿意看到的。

学业负担过重的危害有两个特点：第一，并非立竿见影，而具有延迟性和累积性，所以人们往往对过重负担的危害缺乏足够的认识，往往只有出现极端事件才能引起大家的警醒，这可能也是减负成效不明显的原因之一；第二，负担过重并不必然地在每个学生身上产生负面结果，往往经过许多其他因素的作用后而产生，作用产生的机理具有综合性、复杂性，但这并不意味着负担过重就没有危害。

减轻学生过重的学业负担是长期性、经常性任务，所以每个时期都会强调这一问题，都会出台一系列减负的政策文件。[①] 在新时代背景下，行政部门如何出台更有效的政策？如何使政策更好地执行和落地？在实施教育改革的新的背景下，学校如何根据学业负担的结构、影响因素、学生的实际情况去科学地调控学生的学业负担？理论上的发展给我们实施减负提供了哪些新的依据？学校在实践中形成和总结了哪些好的经验？这些问题都值得深入研究。因此，笔者提出了学业负担的研究选题，并聚焦于小学阶段，力图通过多角度的研究，为在实践中有效解决这个问题提供新的思路。

（二）从研究中提出问题

学业负担问题主要是一个教育学范畴的问题。从研究文献来看，学业负担和减负一直是我国教育研究领域的一个热点话题，相关研究很多，涉及学业负担的含义、结构、性质、类型，负担的危害和后果，负担的现状与测量评估，负担的差异性，影响负担的各方面因素，减轻负担的各层面对策，减负政策的执行问题，减负政策的历史分析，具体负担（如压力与情绪问题、学科负担、课外补习、作业、时间管理），等等。纵观研究成果，对这些问题的研究和分析虽都不断地深入，但也存

---

① 刘合荣：《学业负担问题研究——从事实到价值的判断与反思》，272～282 页，武汉，华中师范大学出版社，2008。

在一些不足和难点，主要有：第一，对学业负担本体性质的认识还不深，过重负担的标准难以把握和测量，如何分析负担的结构状况还不够清晰；第二，过重负担形成的诸因素如何交互作用，其机理是什么，是否存在一种负担形成的模型，过重负担的形成过程大致有几个阶段，其累积性是如何造成的，对这些问题的研究还不充分；第三，针对负担的多样性、差异性、博弈性、长期性等特点，我们如何出台和落实减负政策，各个层面如何形成合力、有效减负，对这些问题还须深入探讨。对这些问题的研究，我们需要从心理学、教育学、社会学、文化学、政策学等学科视角来开展深入的、系统的研究，以获得更清晰的认识和更加有效的解决策略。

（三）对问题本身的讨论

关于学业负担和减负问题本身，学术界也进行了一定的讨论。主要体现在以下两个方面。

1. 对学业负担过重问题的质疑

关于学业负担过重，有两种意见：一种是认为存在负担过重问题，支持减负，这是主体声音；另外一种是质疑的声音，认为并非一定存在负担过重问题。比如，王安全提出了学业负担过重的不确定性，他的主要理由是：①从国际比较入手，提出我国学生负担过重是困难的，国际比较是复杂的，有些内容不可比，而且从负担性质的角度看，我国学生在理解、分析、质疑等方面的负担还是轻的；②运用调查统计的方法，从某些学生的主观感受出发说明中小学生普遍存在学业负担重问题，这也是值得怀疑的，不能由部分推出总体，且调查大多是在城市中小学，而农村学生的负担可能还是轻的，提减负对农村孩子学生不利。他认为，负担过重的不确定性反映了事物的非理性、个别性、偶然性和动态变化性。① 又如，苏丹兰提出了减负问题的虚拟性。所谓虚拟就是不真实，她还阐述了四个理由：减负是对学生学习过程缺乏深刻理解的反映，学习本身就是艰苦的劳动；减负是对当代中国教育基本国情缺乏全面了解的反映，如城市学生负担重，农村学生负担轻；减负是对学生个体学习潜能充分发挥的低估；减负是对

---

① 王安全：《论学生学业负担过重的不确定性》，载《内蒙古师范大学学报（教育科学版）》，2006(8)。

当代中国基础教育实施素质教育困惑的错误归因，认为错在应试和负担重。①

2. 减负问题是不同群体利益博弈的问题

还有部分学者从博弈论的角度分析减负问题的复杂性，认为减负问题是不同主体为了学生的发展而进行博弈的一个过程，是一个复杂的教育现象，是一个社会问题，是一个不同群体利益博弈的问题。陈霜叶、柯政认为："中国中小学生课业问题本质上是不同利益群体的多元甚至相矛盾的利益与价值取向的复杂教育问题。"②

笔者认为，通过前文的问题历史与背景分析、问题提出理由分析、问题性质的讨论可以看出，学生学业负担问题是社会、教育和心理（个体）三个层面的问题，不同层面的问题具有不同的特点。就社会问题和教育问题而言，学业负担问题有五个特征。①持续性，在几十年的时间里，减负始终是社会关注的问题，是教育领域的一个长期甚至是常态的话题，而不是某个阶段特有的问题。②历史性，不同时期呈现出来的问题、成因、对策重点都有所不同，这种不同的历史特点可能反映出一些规律性。③博弈性，问题涉及多个不同主体，不同主体之间既有共同的利益，也有不同的利益诉求，不同利益主体间的博弈形成了现实的、复杂的局面，我们只有对问题进行复杂性和系统性的分析，才能把握问题的本质和真实面目。④多样性，即学业负担问题具有多种样态，而不是单一的样态，有的可能是过重的，有的则可能是过轻的，有的还可能是结构不合理的，负担问题不仅仅是量的问题，还有质的问题、结构的问题，而且几者相互联系在一起。过重问题本质上也是结构问题，结构不优化就反映为某些方面负担过重，而另外一些方面负担过轻。比如，1964 年中共中央、国务院批转了教育部临时党组《关于克服中小学学生负担过重现象和提高教学质量的报告》，其中提出："在课业负担减轻以后，学校领导和教师应该商同团队组织，适当开展学生课外科技、文娱、体育活动和课外阅读的组织和指导，以利于他们能够适应各自的爱好，主动地扩大自己的知识领域，向有益的方向发展特长。"这一要求实际上讲的是优化负担的结构。多样性能让我们看到问题的

---

① 苏丹兰：《论减负问题的虚拟性、可能性与现实性》，载《教育研究与实验》，2014(3)。

② 陈霜叶、柯政：《从个人困扰到公共教育议题：在真实世界中理解中小学生课业负担》，载《全球教育展望》，2012(12)。

真实状况。⑤复杂性，即可控性与不可控性兼有。可控性主要是对教育内部的控制，不可控性是教育的外部，由于主体多元、环境复杂、市场机制的作用，政府对很多主体（如家长和社会）难以有效控制。就心理问题而言，学业负担还具有差异性。每个学生在学习上都会存在许多差异，在负担问题上同样如此。如何了解这些差异并针对差异调控其负担，这是值得深入研究的问题。把握学业负担问题的特点可以引导我们更好地从多角度研究问题。

（四）问题的聚焦与表述

本书所研究的基本问题聚焦于以下三点。

第一，关于学业负担结构的问题，即研究如何划分学生的学业负担结构，目前的学业负担结构状况为何，负担结构与负担的轻重有着怎样的内在联系，这种学业负担结构状况导致了什么样的后果，小学生学业负担有什么分布规律和差异性，如果负担重那是谁的负担比较重、是什么负担重等问题。笔者认为，研究负担结构问题既与负担过重有内在关联，又能够超越负担轻重的问题，更加接近问题的本质，更有利于站在系统的高度去澄清问题和解决问题。

第二，关于学业负担影响因素模型的问题，即研究影响小学生学业负担的因素有哪些，这些因素各起什么样的作用，各种因素之间构成什么样的作用模型，这些因素的解释程度多大（哪些是主因、哪些是次因）等问题。笔者认为，模型建构研究有助于整体地、系统地把握学业负担的形成机理。

第三，关于学业负担调控和优化学业负担结构的问题，即研究为了调控小学生学业负担，政府、学校、家庭三个主体之间的利益诉求是什么，有哪些一致和不一致，各层面应该如何有效施策并形成合力，政府层面如何制定科学的减负政策并有效实施，学校层面减负的改进规律和教学策略是什么，家长如何配合以保持学生的合理负担，针对学业负担的差异性和不同类型的负担如何有针对性地调控等问题。

还有一点要说明的是：研究为什么要聚焦于小学生学业负担？主要原因有三个。第一，小学生身心处于发育状态，不能由于负担过重造成其厌学情绪、身心压力。在基础教育阶段，减负十分重要，《国家中长期教育改革和发展规划纲要（2010—2020 年）》也提出率先实现小学生减负。第二，小学阶段学制比较长，虽然负担相对中学较轻，升学压力没有那么大，但小学阶段是负担形成的阶段，负担的各种特征也都出现，并且具有小学阶段的一些特征，因此减负要"从小抓起"，这样可以影响后面的阶段，使后面阶段的减负更容易开展。第三，从研究基础和条件看，笔者在小学生减负研究上较有基础，2012—2013 年曾受北京市教育委员会委托，开展了关于小学生减负的理论研究、实际调查研究和四所学校的行动研究。

研究小学生学业负担，当然要关注小学生学业负担的特点，并注意和初中生、高中生乃至大学生的学业负担联系起来进行比较研究。一是关注各阶段负担的区别，二是关注它们之间的联系与负担的传递。从区别来看，在课程的内容量、难度上，中学都要高于小学；在学习的时间与方式上，中学和小学也有较大的差别；在升学考试压力上，由于小学和初中入学实行就近入学，也限制了考试和测试的次数，而初中升入高中有升学考试，而且有合格性考试，高中升入大学有高考，因此，初中和高中的学业负担感一般说来高于小学。从联系来看，负担感有逐层向下传递的现象，未来的压力会导致现在的压力，所以很多家长在小学甚至学前阶级就给孩子加码加负；反之，现在小学负担重，也会影响未来中学阶段。

三、研究的意义

深入开展学生学业负担结构、学业负担影响因素模型及调控对策研究，提出具有一定创造性的见解，在实践和理论上都有很大的意义和价值。

（一）实践意义

学生学业负担是一个实践性非常强的问题，其研究对各个主体的实践都能够起到积极的引导作用。实践意义体现在以下几个方面。

第一，对政府而言，有助于政府制定更加科学合理的减负政策，对减负政策实践进行科学指导，推动相关政策的落实。理论与规律是政策的基石，对现状的把握是政策制定的前提。研究能够深化对学业负担的科学认识，能够对学生学业负担现状提供信息和判断，并能够据此提出建议，这些都有助于完善相关政策。此外，研究学业负担的结构问题实际上有助于更好地落实全面发展的教育目的和素质教育的方针政策。学业负担过重往往是重视智育而轻视德育、体育、美育的结果，提出优化负担结构的理论将有助于改变教育上有失偏颇的现象，落实教育的方针政策。

第二，对教师而言，有助于教师提高教育教学质量。学业负担是教学过程中普遍存在的现象，涉及所有教师和学生。研究学业负担的构成因素、形成规律有助于教师把握教育教学规律，采用科学的教学方法，找到减轻负担、提高质量的着力点，从而减轻学生的学业负担，提高教学质量。比如，做好教学设计，锤炼教学语言，减轻外在认知负担；加强学习指导，适当提高元认知负荷，从而减少总的认知负荷；了解学生学习负担的差异，因人而异地进行指导，因材施教。

第三，对学校而言，一是可以指导学校更好地减负提质，二是有助于探索问题解决式的学校改进模式。减负对学校而言是一种学校改进实践。研究旨在减负的学校改进，由减负这样一个点上的做法形成指向特定目标的学校改进模式，找到为了解决某个重要教育问题学校应该采用什么样的程序、如何决策、如何积累学校改进能量等的答案，这将有助于学校推进其他方面的改进，具有迁移的价值。

第四，对家长而言，有助于家长认识学业负担的规律，给予孩子合理的负担，指导孩子的学业，减轻家庭施加给学生的过重课外负担。比如，帮助学生养成良好的学习习惯，提高其学习效率，减轻其学习负担；对孩子提出合理、适度的期待，既不过低也不过高，过高则容易产生过重负担；慎重选择课外班，不给孩子增加过多的校外负担。

第五，对学生而言，在了解了主要的影响因素后，一方面，有助于学生抓住关键因素，减轻过重的学业负担。比如，加大元认知负荷，以提高学习效率；增强学习的兴趣和动力，减轻学习的心理负担。另一方面，有助于学生调整自己的时间分配结构，将时间精力适度地分配到社会活动、文体活动中，促进自己的全面发展，以更好地适应社会对人才的要求。

第六，对社会而言，有助于社会培训机构的管理与整顿，有助于形成良好的人尽其才、各得其所的社会风气。升学和考试的竞争是造成学业负担过重的重要因素，校外培训机构在帮助学生应考中起到了一定的积极作用，但在增加负担、加大分化等方面也起到了推波助澜的作用。减轻学生过重的学业负担也需要整顿社会培训机构。

（二）理论意义

学业负担既是实践问题，又是理论问题，因为它涉及许多概念和理论问题。目前，对于学业负担问题教育学、心理学著作和教材很少用专门的章节论述，在教育词典中也少见此词条，说明这更多是一个现象、一个问题。正因为在这个话题上还没有形成公认的理论范畴和体系，所以需要在理论上进行构建和发展。

　　首先，这有助于完善关于学业负担的相关理论。学界对学业负担的内涵、结构、测量、影响因素、调控等进行了诸多研究，但这一领域的成果尚少，我国研究学业负担、课业负担的专著不足 10 本，学术性论文不过数百篇。此外，有很多不统一的术语、不一致的观点、模糊的说不清楚的问题，以及缺乏整体联系的因素分析。这些都说明这个领域的研究不够深入、理论不够成熟。如果能够深入研究，则有助于完善有关学业负担的理论，逐渐进入教育学、心理学的话语体系、术语范畴。

　　其次，这也有助于丰富学生学习理论、课程与教学理论。学习理论涉及学习过程、学习影响因素，但在学习时间、学习负担等方面的研究不多。在心理学中，认知负荷理论也还是一个较新的领域。因此，这一研究可以丰富补充学习理论。学生学业负担与课程计划、课程内容、课程结构、课程实施、课程评价等都有直接的关系，因此，完善学业负担的有关理论和方法也有助于丰富课程和教学理论。目前，在课程和教学理论中还没有这样的理论阐述。

第一章　学业负担研究述评

本章是对学业负担已有研究的述评，对学业负担的内涵、结构与测量，学业负担影响因素与模型，减负对策与政策三个方面的主要观点进行介绍和分析，以了解研究的进展和需要深入的问题，最后对研究进行总体评论。

第一节　关于学业负担内涵、结构与测量的研究

一、研究文献的情况

如前所述，减负在我国经历了许多阶段，在每个阶段国家都出台了相应的政策文件，与此相应，也有许多论述文章和研究。笔者在中国知网以"课业负担"为主题词检索 1990—2018 年的文献，共检索出 2259 篇（未严格筛选）。文献在 100 篇以上的年份有：1995 年（111 篇），2000 年（241 篇），2011 年（128 篇），2012 年（141 篇），2013 年（213 篇），2014 年（184 篇），2015 年（135 篇），2016 年（104 篇）。从中可以看出，高峰期主要为 1995 年、2000 年和 2011 年后。笔者以"学业负担"为主题词检索同期文献，共检索出 659 篇（与课业负担论文有交叉，也未严格筛选）。20 篇以上的年份有：2000 年（24 篇），2009 年（23 篇），2012—2017 年（均为 50 余篇），2018 年（72 篇）。可见，课业负担和学业负担问题的文献总体上呈增长趋势。

通过对文献的分析可以看出，学业负担问题研究在学科领域、研究方法、问题领域、成果数量、研究人员等方面也呈现出一定特征。杜立娟对 1992—2012 年这 20 年里核心期刊上涉及减负、课业负担、学业负担、学习负担、学生负担的论文进行检索，共有 354 篇；其中，从研究类型分布来

看，理论研究占 80%，实证研究占 15%，政策研究占 5%。① 童星于 2014 年在中国知网上进行检索，查到 834 篇文献，经过筛选，去掉相关性低、重复度高的文献后，还剩下 462 篇文献。这 462 篇文献的研究学科视角，教育学占 58%，心理学占 31%，社会学占 7%，哲学占 3%，经济学占 1%。② 郑志辉、胡子沛对中国知网上 1998—2018 年以学业负担、学习负担、课业负担为关键词的文献进行检索，筛选出 1360 篇文献，并对其知识生产方面的情况进行了分析。其中，核心作者在 4 篇及以上的有 29 人，他们发表了 131 篇，占总数的 8%；高产作者有罗生全、孟宪云、刘合荣、孙崇勇、褚远辉等，合计发表 44 篇；高产的研究机构有西南大学教育学部、湖南师范大学教育科学学院、衡阳师范学院教育科学学院、吉林师范大学心理研究所、华东师范大学课程与教学系等。③

21 世纪以来，在学业负担领域有若干个比较系统的、有影响力的课题研究。一是刘合荣的研究，他在华中师范大学完成了博士论文，出版了《学业负担问题研究——从事实到价值的判断与反思》(2008 年)，此前，他还申报了湖北省教育科学规划重点课题，开展了 3 年的行动研究。二是北京教育科学研究院基础教育科学研究所受北京市教育委员会委托开展的"减轻学生过重课业负担，促进学生健康成长"项目，并出版了《减负新探》(2012 年)一书。三是上海市开展的以绿色评价为核心的减负研究，出版了《减负新攻略》(2012 年)。四是上海静安区承担教育部十一五重点课题"提高中小学生学业效能：轻负担、高质量的实证研究"，出版了《"轻负担、高质量"的区域求索：提高中小学生学业效能的实证研究》(2013 年)。五是心理学界对认知负荷的研究，代表性的著作有赵俊峰的《解密学业负担：学习过程中的认知负荷研究》(2011 年)和孙崇勇、李淑莲的《认知负荷理论及其在教学设计中的运用》(2017)。六是西南大学宋乃庆、杨欣等主持的义务教育第三方评估及小学生课业负担的测评常模构建研究(2015 年)，他们发表了系列论文和调查报告。七是华东师范大学承担的教育部人文社会科学重点研究基地

① 杜立娟：《减轻中小学生课业负担研究的回溯与前瞻——基于 1992—2012 年国内核心期刊文献的研究综述》，硕士学位论文，沈阳师范大学，2013。
② 童星：《不同家庭背景初中生学业负担的调查研究》，硕士学位论文，南京师范大学，2014。
③ 郑志辉、胡子沛：《基于知识图谱的我国中小学生课业负担研究可视化分析》，载《衡阳师范学院学报》，2019(5)。

重大项目"义务教育阶段学生课业负担监测与公告制度研究"，也发表了系列论文。八是西南大学靳玉乐主持的国家社会科学基金十二五规划 2012 年度教育学一般课题"新课程背景下的学业负担问题研究"，出版了《学业负担论纲》(2017 年，靳玉乐、罗生全合著)一书。该书对小学生、初中生、高中生的学业负担水平进行了聚类分析，并探讨了学业负担与教学效能和学习效能的关系。

在学位论文中，学业负担领域的博士学位论文很少，绝大多数是硕士学位论文。笔者收集的 30 余份学位论文时间分布在 2001—2018 年：2001 年 1 篇，2002—2006 年没有，2007 年开始每年 1～3 篇；高峰出现在 2013—2015 年，每年在 5 篇及以上；此后又有所下降，2016—2019 年为 1～3篇。硕士学位论文多以学业负担的调查、减负政策为主要选题。

二、关于学业负担内涵的研究

(一)相关概念和概念使用问题

学业负担的相关概念主要有课业负担、学习负担、学生负担三个，还有课程负担、作业负担、学科学习负担、经济负担等使用较少的概念。在这些概念中，使用最多的还是学业负担和课业负担。

关于这几个概念的关系，主要有两种意见：一种意见认为它们是相同的，另一种意见认为它们是有区别的。① 持相同意见的人认为课业负担是从教师的角度说的，学业负担是从学生的角度说的，内容是一样的。持有区别意见的人认为，区别主要体现在外延的大小或概念的层次上，学生负担是最上位的概念，学习负担是下位的，而课业负担是更下位的。鲁林岳则认为，学生学业负担包括课业负担、心理负担和经济负担三个方面，课业负担主要指完成学校所设置的课程的学习任务所产生的负担；心理负担是学生在学习过程中负面情绪造成的心理压力；经济负担是维持学生整个学习活动所需要的经费支持。②

关于概念的使用背景，有学者认为这和不同时期政策文件的提法有关

---

① 胡惠闵、王小平：《国内学界对课业负担概念的理解：基于 500 篇代表性文献的文本分析》，载《教育发展研究》，2013(6)。

② 鲁林岳：《综合辩证论"减负"》，载《教育研究》，2007(5)。

系。比如，1988 年《国家教委关于减轻小学生课业负担过重问题的若干规定》使用的是"课业负担"；1993 年《国家教委关于减轻义务教育阶段学生过重学业负担、全面提高教育质量的指示》使用的则是"学业负担"。当然，也有学者使用了"学生负担"和"学习负担"等其他概念，比如，肖建彬等就使用"学习负担"。①

关于课业负担的定义，杜立娟认为课业负担是指受教育者在接受教育时，在课业方面应完成的任务和因此承受的生理、心理等方面的压力，包含客观任务和主观感受两个方面。② 姜丽华认为，学生身心所承受的学校课程所带来的学习负荷量就是课业负担。③ 陈国明认为，课业负担是指中小学生在校内外所承担的学习任务以及在完成这些任务时生理和心理上的主观感受，并且他据此编制了调查问卷。④ 杨欣和宋乃庆深入研究了课业负担的定义，认为要从抽象概念进入操作性定义，这个定义是：学生在适应现有学习环境的过程中，能够意识到的由考试评价与课业任务引发的压力体验以及为此消耗的时间与精力。课业负担的操作性定义需要重点把握三个要素：背景（成因）、内容（教育要素与心理要素）、结果（对学生学习发展的影响）。⑤ 这使得课业负担的检测评估成为可能且较为科学。

关于学习负担的定义，肖建彬认为，学习负担是人类个体以个体经验的方式，在对人类经验吸纳、加工以认识和适应生存环境的过程中，对认定的目标、承担的任务和责任所带来的压力的一种体验以及为此而消耗的生命；他还将其细分为生理负担和心理负担、学科负担和活动负担、校内负担和校外负担等。⑥ 阴国恩认为，学习负担是指与在校学生学习活动有关的各种负担，是个体在与环境的交互作用过程中，因对个体提出要求而产

---

① 肖建彬：《学习负担：涵义、类型及合理性原理》，载《教育研究》，2001(5)。
② 杜立娟：《减轻中小学生课业负担研究的回溯与前瞻——基于 1992—2012 国内核心期刊文献的研究综述》，硕士学位论文，沈阳师范大学，2013。
③ 姜丽华：《中日中小学生课业负担现状的比较研究》，载《辽宁师范大学学报》，1999(1)。
④ 陈国明：《S 市 M 区初中生课业负担调查研究》，硕士学位论文，华东师范大学，2015。
⑤ 杨欣、宋乃庆：《中小学生课业负担内涵的多视角分析——基于九省市学生、家长与教师的调查》，载《华东师范大学学报(教育科学版)》，2016(2)。
⑥ 肖建彬：《学习负担：涵义、类型及合理性原理》，载《教育研究》，2001(5)。

生的学习压力。① 《实用教育大词典》对学生学习负担的定义是："学生所担负的课业学习劳动量。一般涉及如下因素：课程密度、教材容量、授课时数、作业分量、考试频率、教师水平、设备效率、教法优劣等。此外，还要考虑其他影响因素，如社会政治活动量、生产劳动量、文娱体育活动量和每个学生在其中的实际活动量。"② 这个定义没有局限在学科课程上，还涵盖了社会政治活动、生产劳动、文娱体育活动，这是广义的学习负担的定义。

关于学生负担的定义，邬志辉认为，学生负担是学生为了达到自身素质的全面发展的目的所应承担的全部任务与责任。③ 秦玉友没有给出学生负担的定义，但对学生负担进行了划分，他认为学生负担包括身体负担、智力负担和非智力负担。④

(二)学业负担的解释

刘合荣认为，学业负担是学生在学校学习和发展过程中承担的课业任务、学习职责、学习竞争压力、身心发展代价和生命成本付出。⑤ 这个定义从五个方面来说明负担，包括外在的要求及内在的压力与付出。

唐圣权等在研究负荷监测时提出了学业负荷的概念。他认为，学业负荷是指在某一学业阶段学校施加给学生学习任务的轻重，等价于学生为完成这些任务所必须付出的脑力和体力的总和，简言之，就是完成学业过程中的劳动负载。⑥

靳玉乐、罗生全给中小学生学业负担下的定义是：中小学生在承担学校教育任务、达成学校教育目标的过程中所承载的生命消耗以及承担个体

---

① 阴国恩：《学习负担的心理学分析》，载《天津师范大学学报（社会科学版）》，1993(2)。

② 转引自戎晓芳、张悦：《中小学生学业负担过重的社会成因分析》，载《求知导刊》，2016(5)。

③ 邬志辉：《关于学生负担问题的深层次思考》，载《课程·教材·教法》，1998(1)。

④ 秦玉友、陈旭远：《学生负担结构论》，载《教学与管理》，2000(7)。

⑤ 刘合荣：《学业负担问题：理性的事实判断与缓解策略》，载《教育研究与实验》，2008(5)。

⑥ 唐圣权、李广超、李观荣：《义务教育学业负荷监测指标体系与模型构建》，载《岭南师范学院学报》，2015(6)。

对这种消耗的认知和感受。①

　　罗生全认为应该从学生的视角看待学业负担问题，因此，他主张使用学业负担这个概念。他认为，学业负担是学生作为学习主体对学习客体的主观感受和身心体验，是主观和客观、身体和心理的统一体。②

（三）学业负担的性质

　　学业负担的性质是客观的还是主观的，抑或是二者兼具？对这一问题大体上也有三种观点：第一种认为是客观的，是任务和责任；第二种认为是主观的，是一种主观体验；第三种认为两者兼具。胡惠闵、王小平分析了 500 篇文献的文本，其中认为学业负担的性质是主观感受的占 16％，认为学业负担的性质是客观任务的占 51％，认为两者皆有的占 31％，其余的占 2％。③ 柯政的调查结果与胡惠闵、王小平的分析结果有所区别。他对 2159 人的调查显示：认为学业负担的性质是主观的占 34.86％，认为学业负担的性质是客观的占 24.88％，认为两者兼具的占 19.75％，其余的占 20.51％；认同主观报告的占 40.93％，认同客观任务的占 37.27％，其余的占 21.80％。④

　　王东还提出了"课业负担感"的概念，试图整合课业负担的客观说和建构说。⑤ 他认为，课业负担存在客观性，但重要的是主观感受。减负的政策虽注重客观减负，但忽视了学生的感受。

　　关于课业负担的词性问题，柯政的调查显示：认为是中性词的占 59.80％，认为是贬义词的占 39.00％，其余的占 1.20％。⑥ 所以，不少人

---

① 靳玉乐、罗生全：《学业负担论纲》，18 页，重庆，西南师范大学出版社，2017。

② 罗生全：《学业负担问题解决：模型建构与治理机制》，14 页，北京，人民出版社，2018。

③ 胡惠闵、王小平：《国内学界对课业负担概念的理解：基于 500 篇代表性文献的文本分析》，载《教育发展研究》，2013(6)。

④ 柯政：《公众对课业负担的理解：基于 2159 份问卷调查结果》，载《教育发展研究》，2013(6)。

⑤ 王东：《中小学生自感课业负担的理论解释——基于北京调查样本的 Logistic 多项回归模型分析》，载《基础教育》，2016(5)。

⑥ 柯政：《公众对课业负担的理解：基于 2159 份问题调查结果》，载《教育发展研究》，2013(6)。

直接把负担看作问题。

关于学业负担的性质，还有另一个角度的分析。尹后庆认为，学业负担问题既是个人问题，又是教育问题，还是社会问题，具有三种性质。[①] 个人问题体现在学生的身心特点上；教育问题说明与教学相关；社会问题体现在既是社会普遍性问题，又和社会的导向、体制、文化等相关。

三、关于学业负担结构的研究

（一）关于学业负担结构的思想

鲁林岳在《综合辩证论"减负"》一文中提出，过重课业负担不仅有量的问题，还有质的问题。课业负担在质上有问题，即负担性质和结构不平衡。从立体的视角看，结构的不合理本身对身心来说就是一种负担，在学生身上体现为课业负担过重、片面和失衡。他明确提出，科学减负必须把重点放在合理调整课业结构上。[②]

秦玉友、陈旭远在《学生负担结构论》一文中集中探讨了学生负担的结构问题。他们首先提出了研究负担结构的意义。他们认为，在减负过程中，以应试教育为特征的片面注重智育的学生负担结构被打破了，而注重学生素质全面发展的新的学生负担结构尚未建立起来。在旧的学生负担结构解体而新的学生负担结构尚未形成的今天，人们面临着许多困惑，类似《减了负的孩子交给谁》的文章就反映了这些困惑，这些困惑表明建构一个新的学生负担结构的迫切性。他们认为，负担主要不是轻重问题，不能轻，更不能重，关键是结构。因此，建构一个新的、合理的学生负担结构成了一个时代性课题。他们提出了学生负担结构的定义：学生负担结构是学生负担的各组成部分及其相互关系。学生负担结构可以从不同角度探讨，从不同角度建构的学生负担结构是不同的。[③]

路国娟在其硕士学位论文《中小学生负担结构优化研究》中对学生负担结构进行了比较系统的分析和实际调查研究。她认为学生负担即学生应该承担的任务和责任。她通过调查发现，中小学生的负担结构失衡表现在学

---

① 胡卫：《减负新攻略》，15 页，北京，生活·读书·新知三联书店，2012。

② 鲁林岳：《综合辩证论"减负"》，载《教育研究》，2007(5)。

③ 秦玉友、陈旭远：《学生负担结构论》，载《教学与管理》，2000(7)。

生的学业负担过重，社会实践能力负担、生活能力养成负担、与大自然和谐互动能力负担等非学业负担严重缺乏。她将学生负担分为三种：应当减轻或消除的负担、应当保持的负担及应当增加或增补的负担。应当减轻或消除的负担是在教育部规定之外、由各地各校自行确定、违反学生身心发展规律的负担；应当保持的负担是学生为实现教育目的而应当承担的任务和责任；应当增加或增补的负担是那些对学生来说是必需的，但目前还不够甚至严重缺乏的负担。①

马健生则从经济学的角度和时间维度分析了学业负担的本质和结构问题，并从时间分配上阐述了学业负担的结构问题。②

（二）关于学业负担结构的划分

关于学习负担的结构，肖建彬把学习负担划分为外加负担和自寻负担、生理负担和心理负担、学科负担和活动负担、校内负担和校外负担。③

鲁林岳认为，学生的学业负担包括课业负担、心理负担和经济负担。④刘永和对其划分提出了一些质疑，认为经济负担不属于学业负担的下位概念。⑤

秦玉友、陈旭远认为，学生负担包括身体负担、智力负担和非智力负担，单位时间内总学生负担和时间序列中的学生负担。⑥

马健生、吴佳妮认为，学业负担问题的本质是学生时间分配结构问题。他提出时间分配有内容结构和空间结构，内容结构包括学业时间（含学术性学科和非学术性学科）与业余时间（闲暇和基本生理需求时间），空间结构包括校内时间和校外时间。⑦ 这种时空结构的分析更具操作性，目前许多研究是用时空来分析的。

---

① 路国娟：《中小学生负担结构优化研究》，硕士学位论文，苏州大学，2010。
② 马健生、吴佳妮：《为什么学生减负政策难以见成效？——论学业负担的时间分配本质与机制》，载《北京师范大学学报（社会科学版）》，2014(2)。
③ 肖建彬：《学习负担：涵义、类型及合理性原理》，载《教育研究》，2001(5)。
④ 鲁林岳：《综合辩证论"减负"》，载《教育研究》，2007(5)。
⑤ 刘永和：《"减负"不能这样"综合"论——与鲁林岳先生商榷》，载《上海教育科研》，2007(12)。
⑥ 秦玉友、陈旭远：《学生负担结构论》，载《教学与管理》，2000(7)。
⑦ 马健生、吴佳妮：《为什么学生减负政策难以见成效？——论学业负担的时间分配本质与机制》，载《北京师范大学学报（社会科学版）》，2014(2)。

这些研究对学业负担的含义进行了描述，对学业负担的类别进行了归类，有助于加深对学业负担的本质和结构的认识。从结构的划分来看，学业负担主要涉及负担的施加者维度、负担的身心维度、负担的时间维度、负担的任务类型维度、负担的空间维度等。研究者意见较为一致的有身心负担、校内校外负担、学科负担和活动负担等类型。

(三)关于校外补习和校外负担的研究

校外补习是学生学业负担结构中的一个部分。校外补习教育作为一种教育现象得到了很多研究者的关注和研究，但校外负担只是校外补习教育研究中的一部分内容。根据统计，在校外补习教育研究方面，截至 2014 年年底，关于补习教育的文献有 151 篇。相关研究涉及的内容很多，如补习教育的性质、补习教育的功能与作用、补习教育的支出、补习教育的决策机制、补习教育的影响因素、补习教育机构的规范性、学生的补习情况等。王有升于 1997 年发表了《补习教育：一类不可忽视的教育现象》一文。[①] 此后，雷万鹏、陈全功、曾晓东等也进行了研究。薛海平等人对教育补习(影子教育系统)进行了比较系统的调研和分析。[②] 他们在 2013 年对 4531 名学生进行调查发现，73.8% 的学生参加了课外补习，家庭收入、母亲受教育程度、学生成绩等对补习有影响。城镇的补习以培优型为主要类型(另一类为补差型)；对补习后果的分析强调了对教育公平目标的不利影响[③]，但对产生的学业负担没有更多分析；还强调了对影子教育机构进行监管的必要性。闫闯从社会学角度对补习教育的性质、行动者及行动策略、实际状况等进行了理论和实证研究。他认为，补习教育与主流教育在空间、规则、资本三方面有很大区别。[④] 张舢瑶运用行为经济学的理论对上海家长的补习

① 王有升：《补习教育：一类不可忽视的教育现象》，载《上海教育科研》，1997(6)。

② 薛海平、丁小浩：《中国城镇学生教育补习研究》，载《教育研究》，2009(1)。方晨晨、薛海平：《课外补习对义务教育阶段学生成绩影响的实证研究》，载《上海教育科研》，2014(12)。方晨晨、薛海平：《义务教育学生参加课外补习行为的影响因素研究》，载《中小学管理》，2015(5)。丁亚东、薛海平：《我国课外补习问题研究的回顾与展望》，载《现代教育科学》，2016(4)。宋海生、薛海平：《我国影子教育机构的规范与治理》，载《当代教育论坛》，2018(1)。

③ 薛海平：《影子教育有碍于公平目标实现》，载《中国社会科学报》，2016-02-04。

④ 闫闯：《社会学视野中的补习教育》，43 页，北京，人民出版社，2019。

决策行为，特别是"齐当别"模型进行了理论分析和案例验证。[①] 此外，还有大量关于课外补习的调查，它们为了解学生的学业负担提供了数据信息。这些关于补习教育的性质、功能的研究以及补习情况的调查研究对于我们研究校外负担的产生及程度有一定价值。

四、关于学业负担过重的测量与标准研究

(一)学业负担过重的界定与表现

什么叫学业负担过重？施铁如认为，学业负担过重指的是由学习任务引起的学生生理和心理的负担超过了学生可以承担的限度，从而造成身心的损害。[②] 鲁林岳认为，过重的课业负担指的是课程学习使学生身心所承载的负荷超越个人的承受能力范围。[③] 他还认为课业负担过重有量的维度和质的维度，量的维度是超过负荷，质的维度是负担性质（无兴趣、机械等）和结构的不平衡。总之，研究者们大多提到"度"的问题和性质问题，这是从量和质两个方面并从后果的角度界定学业负担过重。

北京教育科学研究院认为，课业负担过重的衡量要从客观标准和主观感受两方面来考虑。客观标准指课业量多，学习时间长，超过学生身心承受的范围；主观感受是课业的机械、无趣引起的心理疲倦，具体可以从时间标准、课程教学标准、卫生标准、自主性标准（有无自主发展的时间和空间）来衡量。[④] 这个界定同样包括了量度、性质、后果三个角度。

山子认为，判断负担过重的难题是：以谁的标准来评判，是政府标准、学校标准、家庭标准，还是学生自己的标准？到底是客观的负担，还是主观的负担？[⑤] 这里提出了过重负担标准的角度问题。

邹巍认为，我国基础教育阶段学生课业负担过重的表现形式有四种：一是学习持续时间过长的"拼命式"；二是学习内容过多的"全能式"；三是

---

① 张舳瑶：《踏上名校的台阶：上海家长的择校补习决策行为分析》，上海，上海三联书店，2016。

② 施铁如：《学业负担模型与"减负"对策》，载《教育导刊》，2002(2、3)。

③ 鲁林岳：《综合辩证论"减负"》，载《教育研究》，2007(5)。

④ 北京教育科学研究院基础教育科学研究所减轻学生过重课业负担 促进学生健康成长项目组：《减负新探》，114页，北京，北京出版社，2012。

⑤ 山子：《"过重课业负担"的概念分析及问题求解》，载《基础教育》，2011(5)。

学习程度过深的"硬灌式";四是学习延伸空间过广的"赶场式"。①

(二)测量工具

为了测量和调查学业负担,研究者编制了工具,这些工具的维度各有不同。

陈国明根据课业负担的定义编制了调查问卷——《初中生学习情况调查问卷》,包括学生及其家庭基本情况、校内外学习机会、学科学习感受三个部分。学生基本情况包括年级、班级、性别、是否为独生子女、户籍所在地等信息;家庭基本情况包括收入水平、家中卧室数、电脑数、藏书量等。校内学习机会包括每天的作业时间、周课时数、小测验和考试频率、不同情景中的学科学习感受、作业类型、对老师的态度等;校外学习机会包括每天的睡眠时间、每周校外补课和家教时间、补课和家教感受等。学科学习感受包括两个学科(数学、英语)、三种情景(课堂、考试、作业)、五种学业情绪(高兴、自豪、焦虑、生气、厌烦)等方面。该调查问卷共计八十道题。②

胡惠闵、陈国明在另外一篇文章中把课业负担分为三个一级指标:学习时间(家庭作业时间、校外补课时间、睡眠时间),课业难度(上课、作业、考试),学业情绪(积极的、消极的)。③

童星也编制了《初中生学业负担调查问卷》,分为学校产生的客观学业负担、家长带来的客观学业负担、自身施加的客观学业负担、对课程的主观学业负担、对作业的主观学业负担、对考试的主观学业负担六个维度,共计三十三道题。④

宋乃庆等对课业负担测评模型进行了建构研究,通过文献分析、开放式问卷调查、访谈等方式收集指标,采用探索性因素分析和验证性因素分析的方法,分三个步骤对课业负担测评模型进行了探索。结果表明,课业

① 邹巍:《学生课业负担过重问题探源——从社会学视角看我国基础教育》,载《辽宁师范大学学报(社会科学版)》,2010(3)。

② 陈国明:《S 市 M 区初中生课业负担调查研究》,硕士学位论文,华东师范大学,2015。

③ 胡惠闵、陈国明:《义务教育阶段学生课业负担问卷的编制》,载《全球教育展望》,2016(4)。

④ 童星:《不同家庭背景初中生学业负担的调查研究》,硕士学位论文,南京师范大学,2014。

负担测评模型由四个维度十四项指标构成，其贡献率由高到低依次为：成绩压力，课业难度，精力消耗，课内学习任务。这四个维度与问卷总分显著相关，模型拟合指数均符合要求。在这四个维度中，成绩压力的解释率明显高于其他三个维度，出现这种结果可能是由于成绩压力最能反映我国学生课业负担的本质：我国学生之所以背负如此沉重的课业负担，正是因为社会、学校、家庭及学生自己对考试成绩的高度重视。[1]

教育部于 2013 年 6 月发布的《中小学教育质量综合评价指标框架（试行）》中设置了四项学业负担状况的关键性指标，分别为：学习时间、课业质量、课业难度和学习压力。

唐圣权等对学业负荷监测制度及指标进行了研究。他们认为，学业负荷监测是针对学业负荷实行监视、度量和管理的过程。实施学业负荷监测最基本的条件是有一个能衡量学业负荷数量的工具，运用这个工具将学业负荷数量化，使人们有可能将实际的学业负荷同现有政策设定的标准，或者同学生可容忍的负荷量做比较，从而为有关部门发布学业负荷预警、制定减负措施、开展减负督查提供精确的事实依据。他们提出了义务教育学业负荷监测的指标体系 TDE，包括学习时间（time）、学习难度（difficulty）和学习体验（experience）三个一级指标。[2] ①学习时间：学生在校日均时间，违规补课月均天数，走读生回校晚自习月均次数，星期一至星期四课外作业日均时间，周末课外作业时间，课间用于学习的日均时间。②学习难度：考试难度，作业难度，听课难度。③学习体验：学习压力感，学习愉悦感，焦虑感。

汤兆武、杨若翰对课业负担测量问题进行了研究，通过对 2286 份（对象包括中小学教师、学生、家长、研究者、公众）有关课业负担过重的开放性调查问卷的分析发现，因为被调查者对于"课业负担过重是什么?"有各种不同理解，所以所选取的测量指标并没有呈现明显的汇聚趋势；但通过提升分析的抽象层级可以发现，日常人们用来判断学生课业负担是否过重的测量指标有一些明显的共性和结构。从问卷中抽取出来的绝大部分高频词被归为两个维度：一个是时间维度，另一个是心理或情绪维度。也就

① 宋乃庆、杨欣、王定华等：《学生课业负担测评模型的构建研究——以义务教育阶段学生为例》，载《西南大学学报（社会科学版）》，2015(3)。
② 唐圣权、李广超、李观荣：《义务教育学业负荷监测指标体系与模型建构》，载《岭南师范学院学报》，2015(6)。

是说，人们对课业负担过重主要表现在哪里有一个轮廓性的认识，那就是当看到学生在作业或学习上花的时间超过了一定的程度，并且（或者）学生的心理或情绪状态明显"不对劲"时，就可以认为学生的课业负担过重了。简略地说，即从学生做作业的时间以及在作业过程中所表现出来的情绪来推断学生课业负担是否过重。这个发现对于构建课业负担测量指标来说具有重要的启示价值，即选择作业时间和作业情绪作为课业负担的关键测量指标。①

心理学界对认知负荷测量进行了探索，测量方法有四大类：间接的主观测量法、直接的主观测量法、间接的客观测量法、直接的客观测量法。间接的主观测量是最主要和最常用的方法，即问卷调查法，指学习者对心理投入进行自我报告。帕斯（Paas）编制的"认知负荷自评量表"（the Cognitive Load Subjective Ratings）包括心理努力和任务难度两方面的评价，采用九点量表。② 美国航天医学研究所开发了脑力负荷评价量表 SWAT（Subjective Workload Assessment Technique），包括时间负荷、努力负荷、心理紧张负荷三个维度。③ C. 森帕鲁（C. Cimpanu）等人指出，评估认知负荷水平的方法有四种：主观方法、绩效测量、生理测量和行为测量。主观方法即自我报告，绩效测量包括正确性、完成时间和速度，生理测量包括心率、脑电波、皮肤反应、眼动，行为测量与观察特征模式、文本输入等有关。④ 赵俊峰根据认知负荷的研究编制了"学生心理努力调查表"，从情绪投入、心理投入、时间投入三个维度进行了设计。情绪投入包括五道题目，涉及学习过程中学生控制不良情绪、调节不良心情花费的心思和精力；心理投入有五道题目，涉及在各种学习任务、学习过程、认知过程中投入的精力、付出的努力等；时间投入有五道题目，涉及学生在学习过程中在各种学习任务上花费的学习时间。此外，赵俊峰还编制了"学生认知负荷影响因素调

---

① 汤兆武、杨若翰：《从哪里看出学生课业负担过重——对课业负担测量的思考与建议》，载《教育发展研究》，2013（6）。

② Paas，"Instructive Control of Cognitive Load in the Training of Complex Cognitive Tasks，" PhDdiss.，University of Twente，1993.

③ 肖元梅：《脑力劳动者脑力负荷评价及其应用研究》，博士学位论文，四川大学，2005。

④ C. Cimpanu，T. Dumitriu，F. Ungureanu，"Instructional Design Based on the Assessment of Cognitive Load and Working Memory Load，" The 14th International Scientific Conference eLearning and Software for Education，Bucharest，2018.

查表"，涉及学习评价、智力因素（学生个体特征）、学习材料性质、教学组织形式、学习组织形式和学习任务六个方面。①

从前文介绍的各种研究来看，测量学业负担的维度和认知负荷的维度比较接近，包括时间维度、任务难度、心理感受（压力、情绪、紧张等）。这也说明研究者们在概念的操作性上认识比较一致，方式以自陈问卷为主。

除了教育学和心理学的研究，工效学的一些研究也有参考价值，如劳动强度，它指单位时间内工作量、作业密度、劳累程度及精神负担情况等。它用能量代谢率（RMR）表示劳动强度的分级，共分五级：极轻劳动（RMR 为 0～1.0）、轻劳动（RMR 为 1.0～2.0）、中劳动（RMR 为 2.0～4.0）、重劳动（RMR 为 4.0～7.0）、极重劳动（RMR 为 7.0 以上）。② 此外还有作业能力和作业疲劳。作业能力是随时间变化而变化的，通常用作业能力曲线反映。影响作业能力的因素有许多，如身体、情绪、环境、工作性质、劳动强度、劳动速度和劳动姿势等。而作业疲劳分为生理疲劳（体力疲劳、脑力疲劳、技术性疲劳）和心理疲劳。测定作业疲劳的方法有：①生化方法，如测乳酸量、肌酸量；②生理心理测量法，如皮肤电反射检测法、两点刺激反应法、光电刺激反应法等；③自诉症状法。③ 廖建桥、王文弼认为，脑力负荷可以通过两个因素表示：一是时间占有率，即在给定的时间内人的信息处理系统为了完成给定任务而不得不工作的时间，时间占有率低则脑力负荷轻；二是信息处理强度，即单位时间内需要处理的信息量或处理信息的复杂程度，信息处理强度大则脑力负荷重。④

（三）学业负担过重的标准问题

从总体情况来看，在教育学领域，对负担过重的定量描述和判断较少，因为没有确定的标准。现行标准是什么？它只是政府文件中的一些比较简

---

① 赵俊峰：《解密学业负担：学习过程中的认识负荷研究》，72～78 页，北京，科学出版社，2011。

② 何杏清、朱勇国：《工效学》，80～81 页，北京，中国劳动出版社，1995。

③ 同上书，102～104 页。

④ 廖建桥、王文弼：《时间长短对脑力负荷强度影响的研究》，载《人类功效学》，1997(4)。

单的、刚性的规定，可以被称为政策标准、客观标准、时间标准等，如将作业时间限定在一定范围内。一些调查得出学业负担过重的结论，它们基本上都依据的是政策文件对时间等因素的规定。但有两个问题值得商讨：一是政策文件规定的科学性和合理性；二是是否适合每个学生，即政策标准的适应性问题。超过标准对学生来说是否一定意味着学业负担过重？这种结论的科学合理性如何？

现在，越来越多的人看到了学业负担的差异性问题。如刘合荣认为，就学生因素而言，学业负担的轻与重取决于每一个学生个体的生理和心理承受能力的强弱和身心健康水平的高低，取决于个体的学习需要与自我发展动力的强弱，同时也取决于学生提高学习成效的潜能大小，学业负担轻重合理的度是因时因人因地而异的。[①] 在学业负担测度这部分，除了描述其总体分布的一般性定量描述外，也有少数人关注到负担差异性的测量与调查分析。

在心理学领域，通过认知负荷的测量大致给予一定的定量描述仍然是一个难点。孙崇勇、李淑莲在《认知负荷理论及其在教学设计中的运用》一书中归纳了认识负荷的四种测量方法，并对每种测量法的优点与缺点进行了分析。[②] 间接的主观测量法运用较多，一般是通过问卷进行调查，帕斯于 2003 年统计了以往有影响的认知负荷研究，发现有 92.3% 的研究是采用主观自我评定法来测量认知负荷的。

赵俊峰对被试在认知负荷中情绪投入、心理投入和时间投入三个维度上的得分进行排序，将某一位置的数值作为认知负荷程度的临界值，把超过临界值的称为高度认知负荷。情绪投入维度大于临界值的占 33.5%，心理投入维度大于临界值的占 48.7%，时间投入维度大于临界值的占 36.4%。[③]

临界值是定量化的概念，但临界值应如何确定呢？工效学中提出了"最佳能耗界限"的概念，指出尽管劳动强度有轻、中、重之别，每个人的最大

---

①　刘合荣：《学业负担问题研究——从事实到价值的判断与反思》，69 页，武汉，华中师范大学出版社，2008。

②　孙崇勇、李淑莲：《认知负荷理论及其在教学设计中的运用》，101～121 页，北京，清华大学出版社，2017。

③　赵俊峰：《解密学业负担：学习过程中的认知负荷研究》，100～102 页，北京，科学出版社，2011。

允许能量消耗不同，但其统计值可以作为劳动强度的界限。[①] 这给我们启发：可以将平均值和差距作为临界值及其上下幅度。

标准和合理性问题还涉及问题的性质。李红梅、罗生全提出了优化负担的观点。他们认为，负担不是过重或过轻的问题，而是失衡的问题；学业负担本身不构成问题，是学业负担的失衡、不合理结构造成了学生学业负担问题。因此，学生的学业负担需要优化而不是消除，需要明确减轻哪种负担、增加哪种负担使学生的学业负担处于一个相对合理有序的状态。[②]

(四)学业负担的监测制度

2010 年，《国家中长期教育改革和发展规划纲要(2010—2020 年)》提出要建立课业负担监测和公告制度，这开启了学业负担制度化的监测工作。刘奇敏认为，课业负担监测制度的主要内容应包括检测制度、举报与征求意见制度、公告与反馈制度、激励与问责制度等几个具有内在联系的方面。[③]

2013 年 6 月，《教育部关于推进中小学教育质量综合评价改革的意见》提出，将学业负担状况作为学校教育质量评价的主要内容之一予以监测，与学生的品德发展水平、学业发展水平、身心发展水平、兴趣特长养成并列。学业负担状况主要考查学生的客观学习负担和主观学习感受，可以通过学习时间、课业质量、课业难度、学习压力等关键性指标进行评价。因此，课业负担监测制度的科学性、政策性、实施主体、监测结果的利害关系等直接影响着中小学教育质量综合评价的公正性、准确性。了解与掌握学生的课业负担状况是科学减负的前提，是落实减负规定的有效措施。由于学生课业负担的复杂性，减负注定是一项复杂的工作，需要建立在对学生课业负担的系统检测和分析研究的基础之上。只有从多个方面对学生的课业负担状况及其影响因素进行科学的检测和深入的分析研究，才能从学生课业负担的实际情况和存在的具体问题出发，有的放矢地采取减负措施，并对违反减负规定的情况进行责任追究和惩处。

---

① 何杏清、朱勇国：《工效学》，83 页，北京，中国劳动出版社，1995。
② 李红梅、罗生全：《学业负担优化：学校效能的视点》，载《基础教育》，2015(6)。
③ 刘奇敏：《义务教育阶段学生课业负担监测制度建设研究》，硕士学位论文，西北师范大学，2014。

　　各地对课业负担的监测进行了很多探索，刘奇敏对此进行了介绍和分析。比如，陕西省课业负担监测内容分为八个方面：①课程管理情况，具体包括课程方案与课程标准、课程难度、教学进度、音体美及综合实践课程等；②在校学习时间，具体包括小学生、初中生在校学习时间，规定小学生每天不超过六小时，初中生每天不超过七小时，住校生每天晚自习时间不超过两课时，不安排走读学生在校上晚自习；③作业量情况，具体包括作业布置要难度适中、数量适当，无机械性、重复性、难度过大的作业，作业时间上，小学一、二年级不留书面家庭作业，以中等水平学生完成作业的时间计算，小学三至六年级书面家庭作业每天控制在一小时内，初中控制在两小时内；④违规补课情况，具体包括利用寒暑假、公休日、课余时间组织或变相组织除九年级第二学期之外的学生进行大面积补课，组织学生参加校外文化课补习班及竞赛，公办中小学教师进行有偿家教、补课，等等；⑤考试管理情况，具体包括考试管理制度及学生评价制度是否科学，有无升学指标、考试排名，在考试次数上，小学只在每学期末进行一次记录成绩的学科考试，初中只在每学期进行期中、期末两次记录成绩的学科考试；⑥休息和锻炼时间，具体包括学生在校作息时间是否科学，是否保证学生每天在校园内有一小时的体育锻炼时间，学生每天睡眠时间是否在 9 小时以上；⑦招生秩序，具体包括是否执行义务教育免试入学规定，是否设定入学条件，是否跨区招生；⑧教材和教辅材料管理，具体包括不选用教育厅颁布的中小学教学用书目录和教辅公告之外的任何教材和教辅材料，不组织或变相组织学生集体征订试卷、练习册等课外用书，学生在校所用的教辅资料每人不超过一套。① 八个方面的监测比较全面系统。

五、关于学业负担现状及差异的调查研究

（一）关于学业负担现状的调查与结果

　　关于学业负担的调查有很多，这里选择若干较大规模的调研报告列表略述（如表 1-1 所示）。

---

　　① 刘奇敏：《义务教育阶段学生课业负担监测制度建设研究》，硕士学位论文，西北师范大学，2014。

表 1-1　关于学业负担的较大规模的调研报告

研究者	研究对象	调查内容	主要结论	文献名及出处
上海市	3 区，79 所学校，2106 名学生。	学生课业负担，完成布置的课外作业的时间，学校执行减负意见的情况，相关情况（如考试测验）。	负担较重；市政府减负意见主要精神已初步得到了贯彻；制定了针对本区现状的减负措施；不少学校能把落实减负与改进措施、优化课堂教学、加强教研组建设、改善师生关系结合起来。	《关于上海市中小学生课业负担调查报告》，载《上海教育科研》，2005(2)。
李亦菲	9 省份，58 所学校，13023 人。	学习条件(学习时间、睡眠和运动、外部支持、学习能力)，学习状态(心境、动力、注意等)，学习结果(成绩、对成绩满意度)。	学习时间过长，课业负担过重；睡眠时间不足，缺乏运动；良好学习习惯没有养成；缺乏长期的、内在的学习动力，学习状态不佳；学习成绩不均衡，满意度有待提高。	《2011 年中国小学生学习状况调查报告》，见胡卫《减负新攻略》，2012。
陈传锋	12 省份，41 所中学，13619 名学生。	作息时间，课内学习，课外学习，作业考试，学习心理状态，等等。	课业数量过多，导致学习负荷过重；学习内容不平衡，导致课业结构性负担；作息安排欠合理，休息时间严重不足；课外学习过多，存在学习来源负担问题。	《中学生课业负担过重：程度、原因与对策》，载《中国教育学刊》，2011(7)。
宋乃庆	西部 4 省份，16 所学校四至六年级学生 2768 人。	负担程度(作业时间、教辅数量、参加辅导班数)，负担原因(学校、家长、学生对考试成绩的重视程度)，负担的危害(近视、睡眠时间少、体育活动时间少、学习兴趣低)。	学生作业超时，学校、家长对考试成绩的重视程度会增加作业时间、教辅数量；完成课外书面作业的时间对学生造成危害。	《中小学生课业负担过重的定量分析》，载《教育研究》，2014(3)。

续表

研究者	研究对象	调查内容	主要结论	文献名及出处
钱靖	安徽省16市（县），四年级、八年级学生3853人。	每天在校上课时间，每天在校体育锻炼时间，每天完成家庭书面作业时间，课业负担感受。	学生课业压力处于中等水平，但学生在校上课时间过长，体育锻炼时间不足，家校双方都过度关注考试成绩等，学生的身心健康发展受到影响。	《安徽省中小学课业负担检测分析报告》，载《合肥师范学院学报》，2016（1）。
秦玉友	10省份，三至九年级学生20153人。	家庭作业时间，课程难易度，作业后疲劳程度。	作业时间因年级、地区和成绩而不同；课程难度因年级、地区和成绩而不同；疲劳程度因地区和成绩而不同。	《多不多？难不难？累不累？——中小学生课业负担调查研究》，载《课程教材教法》，2014（4）。
卢伟	辽宁省14市，75所小学，三至六年级学生2817人。	课业任务、课业压力、学习疲劳等身心反应。	学生在校时间较长，睡眠时间不足；学生作业形式单一呆板，考试数量偏多；课程实施不均衡，学生课业任务压力较大；学校和家长对学生期待高，子女教育存在盲目性；近五成的小学生认为自己的书包很重；多数学生负担感受较轻，学习兴趣不大。	《辽宁省小学生课业负担调查研究》，载《上海教育科研》，2016（3）。
陈国明	3所初中，448人。	周课时数，作业，考试，补习，睡眠，主观感受。	实际课程和活动安排超出政策规定，作业时间长，校外补课具有应试倾向，消极学业情绪多，课业负担存在群体差异，课业负担与学校成绩线性关系较弱。	《S市M区初中生课业负担调查研究》，硕士学位论文，华东师范大学，2015。

续表

研究者	研究对象	调查内容	主要结论	文献名及出处
王东	30 所中小学，3778 名学生。	课业负担感。	30％的学生感觉负担很重和较重，60％的学生觉得合适，10％的学生觉得较轻和很轻。	《中小学生自感课业负担的理论解释》，载《基础教育》，2016(5)。
艾兴	8 个省、2 个直辖市及 1 个单列市，90 所学校，13376 名中小学生。	对学业负担的认知过程、情绪体验、行为反应。	小学生学业负担分三种水平，各有不同特点。总体上，高中负担大于初中，初中大于小学；高中主要在认知上，初中主要在情绪上，小学主要在行为反应上。	《中小学生学业负担：水平、特征及启示》，载《教育研究》，2016(4)。
杨欣	9 省份，小学和初中 7524 名学生、3836 名家长、3766 名教师。	课业负担的成因、内容、结果三个方面。	考试竞争和成绩要求是主因；课业负担主要涉及课业任务、成绩压力和精力消耗三个范畴；过重负担会带来负面影响且有个体差异。	《中小学生课业负担内涵的多视角分析》，载《华东师范大学学报（教育科学版）》，2016(2)。

综合以上 11 项调研可以看出：在调研时间上，2000—2009 年有 1 项，2010—2019 年有 10 项；在被试范围上，1 省份以内的有 5 项，2—5 省份的有 1 项，6 省份及以上的有 5 项；在被试数上，2000 人以下的有 1 项，2001～5000 人的有 5 项，5001～20000 人的有 4 项，20000 人以上的有 1 项；从结论看，学生负担重的有 5 项，中等程度的有 1 项，合适的有 1 项，不明确的有 4 项。

（二）关于学业负担差异性的研究

刘合荣认为，差异方面的研究往往是学业负担问题上最需要研究的方面。他对一些研究进行了梳理，涉及优质学校与普通学校、农村学生与城市学生、女生和男生以及各年级等方面的差异，通过调查数据做出判断。[①]

———————

① 刘合荣：《学业负担问题研究——从事实到价值的判断与反思》，71～73 页，武汉，华中师范大学出版社，2008。

　　夏小庆选择北京、山东、贵州三地进行了课业负担差异的调查研究。他认为，课业负担呈现地区差异、学校差异、家庭差异和学生差异。总体看，经济发达地区高于经济欠发达地区，城市高于农村，优质学校高于普通学校，高学段高于低学段，成绩好的学生高于成绩差的学生。①

　　赵俊峰则通过量表的测试，对情绪投入、心理投入、时间投入三类认知负荷的分布进行了描述：总体上有些负偏态，但基本上是正态分布的。此外，赵俊峰对初中与高中、男生与女生、城市与农村、独生子女和非独生子女四个维度的认知负荷差异进行了比较，发现除学段在心理投入上有显著差异外，在性别、地区、是否为独生子女方面没有显著差异。②

　　童星还研究了不同家庭背景的初中生的学业负担，发现不同家庭背景的初中生客观学业负担的大小和组成都有显著性差异，家庭经济条件越好的初中生客观学业负担越大。③

　　郑东辉对 2 省份 60 所学校的 16141 名中小学生的作业负担进行了研究，发现若干变量对作业负担的影响显示出显著性差异，如作业负担随年级升高而加重，初中生的作业负担重于小学生，作业负担随学生自评学习成绩的升高而减轻，且随父母和教师的要求变高而减轻，在性别和城乡之间也存在显著性差异。④

　　学业负担差异性越来越受到更多人的关注，相关研究还不够多，且由于样本的差异，所得出的结论也有不一致的地方，还需要更多的研究深入地分析其机理。

第二节　关于学业负担影响因素与模型的研究

一、关于学业负担影响因素的研究

　　关于学业负担影响因素的研究比较多，大致可以分为三类：第一类是

---

　　①　夏小庆：《当前中小学生课业负担差异的调查研究》，载《现代教育论丛》，2005(5)。
　　②　赵俊峰：《解密学业负担：学习过程中的认知负荷研究》，93～99 页，北京，科学出版社，2011。
　　③　童星：《不同家庭背景初中生学业负担的调查研究》，硕士学位论文，南京师范大学，2014。
　　④　郑东辉：《中小学生作业负担之轻与重：课堂评价的解读》，101～109 页，上海，华东师范大学出版社，2017。

综合的、多维度的因素分析；第二类是从某一维度或视角进行一个侧面的因素分析；第三类是对某一单一因素进行分析。此外，在心理学领域还有关于认知负荷影响因素的研究。

（一）综合的、多维度的因素分析

综合的、多维度的因素分析通常包括社会环境因素、学校教育因素、家庭因素和学生个体因素等。

阴国恩认为，学习负担是个体在与环境的交互作用的过程中因对个体提出要求而产生的学习压力。这种压力有六个方面：基于任务的学习压力，因角色冲突和角色不明确而产生的学习压力，由行为环境引起的学习压力，由物理技术环境引起的学习压力，由社会人际环境引起的学习压力，以及由个体身心条件引起的学习压力。[1] 这种分析强调了环境与个体的互动，对环境因素的分析比较细致，并且注重环境的性质（任务、行为环境、物理技术环境、社会人际环境等）。

王凌对家长的调查表明，课业负担重的原因包括：用人制度、重文凭的压力，教学内容繁多、教育评价标准单一，教师素质差、教学方式落后。[2] 这种分析强调了社会压力和学校内部的问题。

夏小庆认为，当前学生课业负担仍然较重的原因有三个：升学压力大，教师教育教学水平低，以及学生学习方式不合理。[3]

尹后庆对中小学生课业负担过重的成因进行了比较深入的分析，他认为主要原因有：①较大的城乡差距导致教育功能异化，升学考试的分数已成为学历的决定性因素，而学历也已成为就业的关键因素，这种社会导向是中小学生学业负担屡减不轻的根源性因素。②教育制度在一定程度上失效，升学率成为评价学校和教师工作绩效的主要标准，在分数、学历为重的社会背景下产生了不适当的社会需求，受经济利益驱动争夺庞大的中小学生教育消费市场的行为屡禁不止。③中小学教师对素质教育转轨有较大的不适应反应，而且独生子女家长对孩子教育的期望值高。他将不合理的

---

① 阴国恩：《学习负担的心理学分析》，载《天津师大学报（社会科学版）》，1993（2）。

② 王凌：《影响学校"减负"的家庭因素探析——昆明市家庭教育现状调查研究》，载《云南师范大学学报》，2002（2）。

③ 夏小庆：《当前中小学生课业负担差异的调查研究》，载《现代教育论丛》，2005（5）。

学业负担分为两类：一类是由社会原因导致的负担，如由人口众多而教育资源缺乏导致的负担，由望子成龙等传统文化导致的负担；另一类是由学校教育自身问题导致的负担，如无意义、高频率的作业和测试等。[①]

童星在成因分析中尝试突破传统单一学科的研究视角，从多学科的视角对减负进行新的分析和解释。他认为，学业负担过重的原因有：课程难度偏大、教学方法落后的教育学缘由；推崇"苦读"精神的文化学因素；社会流动、希望获取优势的社会学动因；中小学自主权严重缺失的管理学桎梏；经费短缺导致优质教育资源稀缺或不均衡的经济学源头。[②] 他从五个学科的角度进行了成因分析，比较全面。

（二）某一维度或视角的因素分析

余文森从教育学的角度对学生学习负担过重的原因进行了分析。他提出应试教育是学生学习负担过重的根本原因，机械学习是学生学习负担过重的直接原因，教师素质偏低是学习负担过重的现实原因。[③] 这一观点强调了学校内部的因素。

有学者从社会学的角度对中小学生课业负担的社会根源进行了分析。其研究排除了考试和升学的作用，认为主要有三个社会原因：第一，由社会日益分化导致的教育不公平是产生负担问题的社会根源；第二，排斥性制度设计（如城乡二元）导致职业歧视客观存在，由此产生的社会焦虑和社会紧张是造成课业负担问题的重要制度根源；第三，社会保障制度不完善、不统一也是导致课业负担加重的社会因素。[④] 这种观点对社会根源进行了深入分析，认为社会原因是比教育内部原因更深刻的因素。

罗生全、李红梅也从社会机制的角度分析了负担的社会原因。他们认为，教育学意义上的减负忽视了学业负担所折射出的深刻社会根源及其背后潜藏的沉重社会问题。公众关于教育万能的社会认知、对人力资本论的社会诉求以及教育价值观的社会偏向是学业负担产生的社会机理，而社会

① 尹后庆：《有效减轻中小学生过重课业负担对策思路与上海作为》，见胡卫：《减负新攻略》，10～12页、15页，北京，生活·读书·新知三联书店，2012。
② 童星：《多学科视野下学业负担过重的成因及对策研究》，载《中国教育学刊》，2015(10)。
③ 余文森：《学生学习负担过重的教育学分析》，载《福建师范大学学报》，1998(2)。
④ 胡卫：《减负新攻略》，30～31页，北京，生活·读书·新知三联书店，2012。

病理心态依托文化机制导致教育价值观失衡、社会行为假借利益机制致使教育政策失效、社会评价通过传播机制造成教育评价失准是学业负担的社会生成机制。①

董辉、杨兰对课业负担的学校层面变量研究进行了综述，包括六个因素：教师的教学；课业任务；考试评价；政策安排，如招生入学、分班分组、学生支持；资源条件，如地理位置、生源背景、社会文化资本；组织氛围，如成绩的压力、班级竞争氛围、领导风格。②

文剑冰对课业负担个体层面变量研究进行了综述，他将之分为三个方面：人口学背景、智力因素和非智力因素。人口学背景包括年级、性别等；智力因素包括学生能力、学习压力、学习成绩；非智力因素包括学业自我概念、心理承受力、对家长和教师期望的感知、师生关系、学习自我效能感、学习兴趣、学习习惯和方法。③

综上所述，某一维度或视角的因素分析主要涉及学业负担的社会原因、学校教育原因、个体原因三个维度，这些研究就某一个维度的因素分析得比较具体深入。

（三）单一因素分析

还有若干研究对单一因素进行分析，涉及责任分担、知识观、文理分科、教师素质、教学效能、家庭收入水平等。单一因素分析比较深入，但往往忽视了整个系统其他因素的影响。

有研究者从责任分担的角度进行原因解释。石鸥认为，学生负担重的原因就在于我国还未建立起有效的教育责任分担机制，家庭、社会、学校三者的责任分担是失衡的，社会、家庭没有担负起应有的责任，教育责任无法分散，家庭不能成为减负后学生的合格监护者，社会不能承担起减负后学生的教育重任。学校教育一定程度上承担了它不该且无法长期承担的责任，即承担了许多社会和家庭的责任。在这样的教育下，学生负担重、在校时间长也就完全可以理解了。因此，改革的重点是健全教育责任分担机制。政府应该做的就是构建社会、家庭、学校一体化的育人模式，这是

① 罗生全、李红梅：《学业负担的社会机制》，载《教育发展研究》，2014(24)。
② 董辉、杨兰：《课业负担的学校层面变量研究综述》，载《全球教育展望》，2012(12)。
③ 文剑冰：《课业负担的个体层面变量研究综述》，载《全球教育展望》，2012(12)。

减轻学生负担的根本途径。①

有研究者从知识观上找原因。黄首晶认为，学业负担过重是一种反教育性行为，一个原因是把书本知识与知识等同起来，所有努力只体现在书本知识的学习中，体现在题海战术和死记硬背中，学生的特长和个性只能以分数表现出来；因此，学生除"读死书、死读书、读书死"之外别无选择，这就是我国应试教育长期存在以及学生学业负担长期过重的理论缘由。②

有研究者从文理课程学习要求的角度分析。周仲飞认为，在基础教育阶段，关于文理兼学与学生负担的关系的讨论一直不断，明显地分为两种意见：一种意见认为，在基础教育阶段，孩子的智力、思维、记忆力最强，学习效果最好，趁这段时光，学校实行文理知识兼学可以使学生受益匪浅，有利于他们及早开阔视野、增长见识，促使他们真正成为全方位、综合型人才；而另一种意见认为，目前在应试压力下，学生的考试课业负担已经很重，苦不堪言，在这种状况下，学校若要求学生文理知识兼学，面面俱到，就会进一步加剧学生的负担，导致他们身心疲惫，最后对读书学习失去信心，结果事与愿违。③

较多研究者研究了教师的教学与学生学业负担的关系。靳玉乐、罗生全从教学效能的角度分析其与学业负担的关系，他们通过对 4396 名小学生的学业负担水平和所对应的教师教学效能层次进行统计分析，最后得出结论：高教学效能教师所对应的学生学业负担均值(1.562)显著低于中教学效能教师所对应的学生学业负担均值(1.783)，中教学效能教师所对应的学生学业负担均值显著低于低教学效能教师所对应的学生学业负担均值(1.886)；在小学阶段，教学效能水平越高的教师，其所教学生的学业负担水平越低。④ 程素萍通过对北京 10 所中小学的 279 名教师进行调查发现，教师专业素质能够解释课业负担过重的 30.6% 的原因，其中教学能力降低能解释 19.6% 的原因，专业知识降低能解释 7.4% 的原因，教研能力降低能解释 3.6% 的原因。课业负担过重与教师的教学能力、专业知识、教研能力

① 石鸥：《责任分担对学生负担和课程改革的影响》，载《高等师范教育研究》，2001(2)。
② 黄首晶：《学生学业负担过重的理论缘由探析》，载《教育探索》，2011(2)。
③ 周仲飞：《学校文理兼学与学生负担之关系》，载《教学与管理》，2014(5)。
④ 靳玉乐、罗生全：《学业负担论纲》，459～461 页，重庆，西南师范大学出版社，2017。

的相关系数分别是 0.55、0.40、0.46。[1] 一位老师通过课堂观察的方式观察小学语文课堂，发现了目标弱化、问题泛化、生本虚化等问题；他认为，学生课业负担过重，很多时候是由教师对教什么、怎么教研究不够、研究不透造成的。[2]

还有研究者从家庭地位和家长的角度分析。许庆红、张晓倩对家庭的收入水平、社会资本水平及教育观念对学业负担(从客观和主观两方面分为学习时长与学习压力两个指标)的作用机制进行了实证研究，得到两条结论。①家庭的收入水平、社会资本水平及教育观念对子女学习培训时长都有显著影响。家庭的收入水平、社会资本水平较高，父母对子女的教育关怀程度较高，对子女的学业成绩期待较高，这些都会增加子女的学习培训时长。在控制学生的性别、居住地、学校类型和就读阶段之后，家庭的收入水平、社会资本水平对学业负担的影响依然显著。此外，男性、居住在城市、就读于优质学校、目前正就读于初中的学生的学习培训时长要显著高于女性、居住在农村、就读于普通学校、目前正在上小学的学生。②家庭的收入水平、社会资本水平中只有家庭人均纯收入对子女的学习压力有显著影响。家庭人均纯收入越高，子女的学习压力越大。在教育观念中也仅有父母主动与孩子沟通这一条与学生学业压力具有显著性关联，即父母越主动和孩子沟通，越有助于减轻子女的学习压力。此外，在性别、居住地、学校类型和就读阶段几个控制变量中，仅有就读阶段对子女学习压力有显著影响。这表明，无论是学习培训时长还是学习压力，相比于小学生，中学生的减负问题都更突出。[3]

(四)关于认知负荷影响因素的研究

心理学研究者对认知负荷的影响因素进行了研究。

邹春燕认为有三个因素影响认知负荷：一是学习者因素，包括学习者的认知能力、学习风格和先前的知识经验；二是任务材料因素，包括任务

---

① 程素萍：《教师专业素质对学生过重课业负担的影响分析》，载《教育测量与评价(理论版)》，2011(8)。

② 仲剑锋：《小学生隐性生成课业负担的课堂观察》，载《江苏教育研究》，2014(10B)。

③ 许庆红、张晓倩：《家庭社会经济地位、教育观念与中小学生学业负担》，载《中国青年研究》，2017(6)。

的组织结构、任务的新颖性、任务所需时间等；三是学习者和学习任务的交互作用，包括行为的内在标准、动机等。

赵俊峰综合有关研究，把认知负荷的影响因素归纳为六个：学习材料的性质，学习组织形式，评价性因素，学生个体特征，教学组织形式，学习时间。他还据此进行了访谈和问卷编制。[①] 学习材料的性质包括学习材料数量的多少和学习材料难度的大小；学习组织形式主要指使用的感觉通道的多少；评价性因素影响学生对学习的投入；学生个体特征主要是学生的智力水平、熟练水平、学习风格等；教学组织形式主要包括教师的表达、材料的呈现、教学的进度等；学习时间包括对完成特定学习任务的时间限制及实际花费的时间等。

孙崇勇、李淑莲在《认知负荷理论及其在教学设计中的运用》一书中谈到了与认知负荷相关的理论，包括图式理论、认知资源有限理论、建构主义学习理论等，分析了影响认知负荷的因素。图式是围绕某一主题相互联系而形成的一定的知识单元，具有一定概括程度的知识，是信息存储的一种经济方式，运用图式可以降低工作记忆负荷。认知资源有限理论是指短时记忆的容量是有限的（7±2），如果加工任务所需要的认知资源超过学生本身所具有的认知资源总量，就会造成认知超负荷。建构主义学习理论强调学生先前知识经验的作用，支架、样例等可以降低认知负荷。这些主要是主体性的因素。[②]

二、关于学业负担影响因素模型的研究

对学业负担的影响因素建立模型的构想和研究虽然有一些，但并不多。较早提出且较有代表性的是施铁如的学业负担模型。施铁如认为，学业负担是许多变量交互作用的结果，可以采用模型的方法来描述多因素交互作用的过程。他提出了三个主要因素：第一个是学习任务，包括任务量、任务难度、任务重要性、任务来源等，这些任务又与学校、社会和家庭教育

---

① 赵俊峰：《解密学业负担：学习过程中的认知负荷研究》，52～53 页，北京，科学出版社，2011。

② 孙崇勇、李淑莲：《认知负荷理论及其在教学设计中的运用》，6～14 页，北京，清华大学出版社，2017。

的因素有关；第二个是学习时间；第三个是学生自身因素，包括身心两方面。[1] 他据此建立了一个初步的模型。

艾兴也提出了这样的想法，他认为尽管影响学业负担的因素是多元的，而且各因素之间有复杂的关系，但我们可以对其进行系统分析并建立理论模型。在此基础上，他以当前课程改革对学生学习的要求为依据，对各因素进行量化分析和比较研究，建立了学业负担的监测和预警机制，并且提出不同地区学生群体的经济文化背景有很大的差异，学习同样的课程内容所承受的负担有所不同，在研究区域学业负担时应将学生的背景因素考虑在内，以建立学业负担的区域评价模型。[2]

卢珂在综述关于学业负担学校变量和个体变量研究的基础上，提出了学业负担影响因素分析框架（模型），包括个体层面、学校层面、家庭层面的解释变量和课业负担感受这一结果变量。个体层面包括学业成绩、学习兴趣、学习自制力；学校层面包括学校重视排名程度、班级竞争、班级学习氛围、教师教育教学效果、教师教育期望、师生关系；家庭层面包括家庭教育支持、家长教育期望、亲子关系。[3]

武帅和杨光通过调查问卷的方式，应用线性回归分析方法建立了中学生课业负担检测预报模型。他们以课业负担感受为 Y，以学习生活情况为 X，检测预报模型为：$Y = \beta X + \varepsilon$。从线性回归模型的显著性检验以及曲线拟合来看，检测预报模型是可行的、有效的。但由于课业负担的成因复杂，建立模型有很大困难，所以为课业负担建立检测与预报模型的道路还很长。[4]

韩映雄提出了学业负担指数模型的构想，并通过调查构建了指数模型。他挑选了与学习任务相关的四个变量建立回归方程，得到"学业负担=1.208＋0.177×作业时间＋0.028×校内补习时间＋0.046×校外补习时间＋0.377×作业难度"的方程，可以解释 23.4% 的变异量，说明这四个因素是影响学业负

---

① 施铁如：《学业负担模型与"减负"对策》，载《教育导刊》，2002(2、3)。

② 艾兴：《中小学生学业负担：概念、归因与对策——基于当前基础教育课程改革的背景》，载《西南大学学报（社会科学版）》，2015(4)。

③ 卢珂：《中小学生课业负担的影响因素研究——基于北京市中小学调查数据》，载《教育学术月刊》，2016(12)。

④ 武帅、杨光：《课业负担检测与监控模型》，载《沈阳师范大学学报（自然科学版）》，2014(4)。

担的关键因素，而其中作业时间和作业难度又是最主要的因素。[①]

著名认知负荷研究专家帕斯所在的团队在 1994 年提出了认知负荷结构的初始模型。在其因果因素中，主要是任务（环境）、学习者以及任务与学习者的互动。而在 2014 年的调整模型中，他们增加了环境因素（特别是物理环境）。[②]

建立学业负担影响因素模型的研究具有系统、整体、有机的特点，比因素分析要更加科学，但也有不足。有的研究在因素选择上不够系统或不够简要，有的研究缺少具体的运行机制分析，大多数研究缺少定量分析而只是理论构想。因此，关于学业负担影响因素模型的建构，还有许多值得深入研究的空间。

三、关于学业负担与学生发展的研究

（一）学业负担与学业成绩的关系研究

学业成绩是许多教师、学生、家长关注的中心，也是与学业负担相关的重要问题。增加学业负担的目的主要是提高学业成绩，因此，学业负担与学业成绩的关系是学业负担研究中的一个重要课题。那么，学业负担与学习成绩是否呈正向相关？如果是，则可以适当增加学业负担；如果不是，则增加学业负担并没有用处。

关于两者相关性的研究，具有代表性的有两个：一个是汤林春、傅禄建在 2007 年做的研究，另一个是王云峰、郝懿、李美娟在 2013 年做的研究。

汤林春、傅禄建通过学业负担问卷和学业成绩测试（语文、数学、英语、科学），对 23 所中小学的 6505 名四年级和七年级学生进行了调查，他们发现：学生的学习时间特别是教师布置作业的时间与课业负担感受呈正相关；课业负担与学业成绩呈低度的负相关，或者说没有太大关系；负担感相对比较轻时成绩最好，负担感与成绩大致呈倒 U 形关系，即负担感很

---

① 韩映雄：《学生学业负担指数模型构建与应用》，载《教育发展研究》，2018(10)。

② Hwan-Hee, C., Jeroen, J.G., Van Merienboer & Paas, F "Effects of the Physical Environment on Cognitive Load and Learning: Towards a New Model of Cognitive Load,"*Education Psychology Review*, 2014(26), pp. 225-244.

轻或很重时成绩都不好，负担感适中时成绩最好。①

王云峰、郝懿、李美娟对 2013 年北京市 34652 名五年级学生的问卷调查结果与学业水平测试结果（数学测试成绩）进行了基于项目反应理论的指标拟合、多水平线性模型分析，并且与 2011 年学生课业负担调查的结果进行比较，他们发现在课业负担的现状方面，2013 年北京市五年级学生的课业负担在睡眠时间、家庭作业时间、课后学习时间、校内周课时量等方面较 2011 年均有所降低，但相对于政策文件的要求尚有差距；在课业负担与学业成绩的关系方面，睡眠时间、家庭作业时间、课后学习时间、课外补习种类、校内周课时量等与学业成绩有不同程度、不同表现的关联。比如，家庭作业时间在 1 小时以上的学生的成绩均低于能够在 1 小时以内完成家庭作业的学生，差距范围为 0.94～4.79 分，且随着作业用时的增加，分值差距逐渐增加，即做作业时间越长的学生对应的数学成绩越低。课后进行 1 小时以下学习的学生显著高于不学习的学生 2.29 分，课后学习 1～3 小时的学生显著高于不学习的学生 1.17 分，课后学习 3 小时以上的学生与不学习的学生在数学成绩上没有显著差异。② 总体来看，学习时间适中的学生比不学习（时间过短）和学习过度（时间过长）的学生成绩更好，这与汤林春、傅禄建的研究结果基本一致。

除上述两个专门的研究外，还有一些调查。何菲、温红博基于上海于 2012 年参加国际学生评估项目（PISA）的数据，分析了学生作业时间与学业成就（数学成绩）的关系，发现，作业时间在 0～11 小时/周的范围内，学业成就随作业时间的增加而上升；超过 11 小时/周，这种成就上升就不明显；而超过 24.78 小时/周时，学业成就反而下降。③ 这也说明学习时间要适度，不能过少也不能过多。宋乃庆等人在构建课业负担测评模型时也发现，课业负担与学习成绩呈低等程度（-0.15^{**}）的负相关。④ 黄静、肖威对小学生学习兴趣、学习负担、学业成绩三者的关系进行了研究，发现学习兴趣与学

---

① 汤林春、傅禄建：《课业负担与学业成绩关系的实证研究》，载《上海教育科研》，2007(12)。

② 王云峰、郝懿、李美娟：《小学生课业负担与学业成绩的关系研究》，载《中国教育学刊》，2014(10)。

③ 何菲、温红博：《中学生课外学习时间的合理性研究——基于 PISA2012 数据》，载《外国中小学教育》，2017(9)。

④ 宋乃庆、杨欣、王定华等：《学生课业负担测评模型的构建研究——以义务教育阶段学生为例》，载《西南大学学报(社会科学版)》，2015(3)。

业成绩呈正相关（0.275**），学习兴趣与负担感呈负相关（－0.280**），负担感与学业成绩呈负相关（－0.254**）。[1] 王亚莉基于淮北市某小学四至六年级学生学业负担和数学成绩的相关分析得出回归方程：Y（数学成绩）＝1.288×X_1（学习时间）＋0.390×X_2（课业数量）－1.058×X_3（课业难度）＋0.655×X_4（课业任务压力）－0.228×X_5（期望压力）－0.617×X_6（竞争压力）－0.707×X_7（学习疲劳）－0.931×X_8（厌学情绪）＋82.248。整体学业负担可解释数学成绩 10.7％的变异量。[2]

国际学生评估项目创始人安德烈亚斯·施莱歇尔通过国际学生评估项目数据的国际比较发现，"花在学习上的时间越多教育效果就越好"是一个误区。比如，日本和韩国在科学上得分相似，但日本学生每周花在学习上（所有科目）的时间为 42 小时（校内 28 小时，校外 14 小时），韩国学生每周所花的时间约 50 小时（校内 30 小时，校外 20 小时）。在 2015 年的测试中，突尼斯和中国（4 省份）学生每周的在校学习时间为 30 小时，校外学习时长为 27 小时，但中国学生的科学平均分为 531 分，突尼斯学生为 367 分。这些差异反映了学校体系的质量以及学生对学习时间的有效利用，同时也反映出学生课后非正式学习的情况。[3] 这说明在时间和成绩之间有许多中介变量起作用。

从这些研究可知，学业负担与学业成绩大体呈倒 U 形关系：学业负担在一定临界值之前是促进学业成绩的，过了临界值则对学业成绩起负面作用。关键是这个临界值如何根据学生的年龄、年级等因素确定。

（二）学业负担与学生发展的关系研究

关于学业负担和学生发展的关系，大致有三种观点。①减负是为了提高质量效果，有助于优化学习的内容结构，可以促进学生的全面发展。这种观点比较普遍。②学生发展必须有一定的负担量，学习本身是一个艰苦的脑力劳动，刻苦学习也是一种东方文化的学习传统，没有一定的负担就

---

①　黄静、肖威：《小学生学习兴趣与学业负担的关系研究》，载《时代教育（教育科学）》，2011(8)。

②　王亚莉：《学业负担与数学成绩的相关性研究——基于淮北市 L 小学 4—6 年级的调查分析》，硕士学位论文，淮北师范大学，2018。

③　［德］安德烈亚斯·施莱歇尔：《超越 PISA：如何建构 21 世纪学校体系》，上海，上海教育出版社，2018。

不能实现应有的发展。总之，有一定的负担才能实现学生的发展。③减负可能导致教育机会不均等，使农村学生和处境不利学生的学习出现下滑，拉大教育的差距，不利于部分学生的发展。王金娜借鉴了"夏季损失现象"和"水龙头理论"，提出减少学生在校时间实际上弱化了学校教育的功能，而在自由时间和假期时间，家庭社会经济条件较好或家庭文化资本、社会资本较优越的学生学业水平会提升，而农村学生，家庭缺乏社会资本、文化资本的学生学习会出现下滑。① 这个研究在教育公平视野下看减负问题，很有意义。

（三）学业负担过重的危害的研究

学业负担过重的危害涉及生理、心理等健康问题。

学校卫生学对学习负担过重在神经系统上造成的后果做了一定的分析，认为长期学习负担过重可使疲劳积累，成为过度疲劳，而过度疲劳是一种病理状态，会导致大脑两半球非常顽固的慢性充血现象，表现为头痛失眠、食欲减退、消化不良等一系列神经衰弱综合征。②

还有一些调查揭示了学业负担过重产生的负面结果，但只能说这些负面结果与学业负担过重相关，而无法论证其因果关系，如对近视的影响。刘华蓉等在 2000 年报告了全国性学生体检的结果，在城市学生中，小学生近视率为 22.78％、初中是 55.22％、高中是 79.34％，他们认为这是负担过重造成的危害。③ 杨欣等人在对 2010—2014 年义务教育改革的评估中指出，学生学业负担有所下降，但学生近视率上升，小学生近视率由 13.74％上升为 14.31％，初中生从 28.02％上升为 30.55％。④ 罗立锋从 3～11 岁儿童中抽取了 500 例视力正常者和 500 例视力异常者做问卷调查，发现学习负担是个显著相关因素。⑤ 张湘雯等人对北京市海淀区一至三年级小学生做的

---

① 王金娜：《减负如何导致教育机会不均等众——从"水龙头理论"反思小学生"减负的政策与实践"》，载《湖南师范大学教育科学学报》，2016(3)。

② 童立亚、万钫、赵幼侠等：《学校卫生学》，81 页，上海，上海教育出版社，1987。

③ 刘华蓉、张宝敏、肖铮等：《学生负担过重危害有多大》，载《教学与管理》，2000(4)。

④ 杨欣、罗士琰、宋乃庆等：《我国义务教育"减负提质"的评估研究——基于义务教育第三方评估的报告》，载《中国教育学刊》，2016(6)。

⑤ 罗立锋：《学龄儿童视力影响因素分析》，载《中国医药指南》，2010(12)。

757 份问卷调查显示近视率为 24.4%；采用回归方程计算后得出看书用眼时间、读写姿势等是导致近视的相关因素（$p < 0.05$）。[①] 江萍、高铭健对广州某区 2007—2012 年小学生视力状况的分析发现，近视率有逐年增加的趋势：由 2007 年的 21.2% 增加到 2012 年的 46.3%，女生高于男生（女生 49.3%，男生 43.9%）；而且近视率随年龄增长，6～7 岁近视率为 27.6%，7～8 岁为 30.6%，8～9 岁 33.3%，9～10 岁为 42.9%，10～11 岁为 59.4%，11～12 岁为 65.8%。[②]

此外，一份关于学生自杀倾向调查的报告显示，学习压力大是此现象的主要原因之一。2002 年北京大学儿童青少年卫生研究所对北京 11 所学校的七年级至高中二年级的 4006 名学生进行了调查，有自杀意念的学生占 17.4%，为此做过计划的学生占 4.9%。[③]

学业负担后果或效应的实证研究不多见。其中，阴国恩等对 1022 名中学生的调研涉及情绪反应、生理反应和行为反应三个维度。在生理反应中，时常头痛的学生占 32.4%，近视的学生占 37.7%，肠胃常感不舒服的学生占 32.9%。在行为反应中，睡眠不踏实的学生占 29.0%，上课注意力不集中的学生占 37.6%。[④] 苏杰（Sujit）对 198 名大学生的研究发现，学生对课程负荷的感知与考试焦虑呈正相关（$p < 0.001$），学生的时间管理能力与考试焦虑呈负相关（$p < 0.001$）。[⑤] 可见，对研究学业负担过重的后果进行简单推测较容易，但进行有根据的调查和推理可能较困难。

第三节　关于减负对策与政策的研究

一、关于减负对策的研究

关于减负的对策建议的研究和减负实践的行动研究，已有文献较多。

① 张湘雯、屈艳梅、张兰英：《北京市海淀地区小学生近视现况调查与影响因素分析》，载《国际眼科杂志》，2018(8)。

② 江萍、高铭健：《小学生视力现状与对策》，载《中国医药科学》，2017(22)。

③ 刘芬：《中学生自杀现象调查分析报告》，载《北京科技报》，2005-08-03。

④ 阴国恩、吕勇、阎国利：《中学生学习负担程度及其心身反应的调查》，载《心理发展与教育》，1996(2)。

⑤ Sujit, "Effect of Students' Perceptions of Course Load on Test Anxiety," *American Journal of Pharmaceutical Education*, 2006(2), pp. 1-6.

（一）关于减负的对策建议的研究

中国农工民主党上海市委员会课题组在《中小学生过重学业负担的综合分析与研究》中，从社会、政府、学校、家庭、学生五个层面提出了对策建议：在社会方面，宣传"行行出状元"的多元人才思想，为学生提供多元途径，让学生在接受教育时有多次选择机会，倡导重能力的用人制度；在政府方面，加强社会行业办学和教辅材料管理，整合优质教育资源，为青少年营造和谐发展的社会环境，加强教研员队伍培训和建设；在学校层面，加强教师综合素质培训，提高教师待遇；在家庭层面，消解家长择校的从众心理；在学生层面，开设职业生涯规划课程，加强对学生的心理健康教育等。①

许多文献是在原因分析之后从某个侧面提出对策建议。例如，张晓玲、杜学元在社会学分析后提出：调整单一的评价标准；学校成立心理咨询中心，给学生释放压力的空间；建立民主和谐的家庭教育环境，培养子女对待压力的态度及坚强的毅力。②

吕勇、阴国恩针对缓解学习竞争的问题提出行政部门要制定规定，对学生学习负担加以限制；普及心理知识，让教师和家长了解学习负担对青少年身心健康的损害，提高教师素质，开展愉快教育。③

上海市组织的一次座谈会归纳了几点减负对策：政府部门不要向学校下达高考升学指标，小学和初中招生不能通过考试来选拔学生，高考制度要进一步改革，提高课堂教学质量是关键，整个社会应该担负起各自的责任。④

施铁如基于学习负担模型提出了减负对策：教育者要处理好学生完成学习任务和身心全面发展的关系，不要盲目增加学习任务；教师要提高自身教育教学能力；根据学生差异，增强学习时间的弹性；培养学生良好的

① 中国农工民主党上海市委员会课题组：《中小学生过重学业负担的综合分析与研究》，载《教育发展研究》，2006(2)。

② 张晓玲、杜学元：《中学生学习压力源的社会学分析及对策》，载《内蒙古师范大学学报(教育科学版)》，2005(6)。

③ 吕勇、阴国恩：《中学生学习负担过重的社会学分析》，载《天津师范大学学报(社会科学版)》，1994(2)。

④ 丁钢、胡兴宏：《"减负"大家谈之一：学生过重课业负担的根源和对策》，载《上海教育》，2004(21)。

学习素质；注意提高对学生学习结果的良性反馈，增加学生学习成功的机会。①

　　李红梅、罗生全从学校效能的视角出发提出了减负的思路。从优化学业负担的学校效能视角看，学校需要以学校领导效能、教师教学效能和学生学习效能为引擎，凝聚优化学业负担的核心力、向心力和主动力，由此建构领导职能优化的创新型学校、师生个性凸显的学习型学校以及学校文化提升的伦理型学校，从而开拓学业负担优化的多元路径，彰显学校效能的减负意义。②

　　童星基于多学科视角对学业负担过重的成因进行了分析，之后提出了多主体、多层次、多渠道的减负机制建议。他把主体分为四个主要方面——国家教育行政部门、地方政府、中小学和家庭，并提出了四个主体各自的责任，并对四者的关系通过绘制减负机制图进行了描述。③

　　梁倩等人从制度逻辑层面对减负治理困境进行了分析，提出了多方治理主体的实践跟进策略。按照新制度主义的观点，任何制度秩序都会根据各自的中心逻辑——物质性实践和符号结构系列——建构组织原则与制度安排，并塑造相应主体的行动机制与行为方式，这就是制度逻辑。基于这样的理解不难发现，在学生课业负担问题治理中，主要存在三个治理主体：国家教育行政部门、地方教育行政部门、作为政策目标群体的中小学校。这三个治理主体的行为受他们身处领域中的稳定制度安排的制约和相关利益的诱导，分别形成了各自治理领域中的制度逻辑——国家教育行政部门的逻辑、地方教育行政部门的逻辑和中小学校的逻辑。这些不同的制度逻辑参与中小学课业负担问题的治理，彼此作用，致使减负政策执行"失真""失效"，造成了当前我国学生课业负担问题治理的困境。因此，要从各种制度逻辑之间的关系和相互作用中认识并解析课业负担治理问题，以复杂性思维驾驭减负问题，坚持多元行动主体的实践跟进，坚持社会、家庭、教师等多方力量的积极回应，这是课业负担问题治理的可行之道。④

---

① 施铁如：《学业负担模型与"减负"对策》，载《教育导刊》，2002(2、3)。
② 李红梅、罗生全：《学业负担优化：学校效能的视点》，载《基础教育》，2015(6)。
③ 童星：《多学科视野下学业负担过重的成因及对策研究》，载《中国教育学刊》，2015(10)。
④ 梁倩、林克松、朱德全：《多重制度逻辑下的课业负担问题治理》，载《教育发展研究》，2013(6)。

王贤文、熊川武提出了"自主减负"的思想和策略。[1] 他们认为，目前的减负主要是外在减负，这有局限性。自主减负是一种全新的减负思想和策略。自主减负是学生通过自己优化学习过程与方法来实现对学业负担的自我调节，创造适合自身的学业负担（"量力负担"），进而实现减轻学业负担、提升学习质量的过程。自主减负的策略有三个：一是优化过程，从源头上堵住超荷负担；二是因人而异，有差异地承担学业任务；三是整合力量，家校一致共同努力。

北京市教育委员会总结的减负思路主要有育人为本、科学减负、创新减负、系统减负和主动减负。[2] 这些减负思路的概括还是很有价值的。

综合这些研究可以看到：第一，研究者从不同主体提出对策，把减负当作系统工程，要求不同主体协同努力；第二，基于调查数据、对现象的观察及理论的模型提出对策，对策的提出有一定的依据；第三，提出了一些减负的原则、策略，如减负增效、科学减负、差异减负、系统减负、自主减负。但是，关于对策如何组织成组合拳、对策团以针对不同情况减负，还缺乏一定的研究；还有对策的有效性问题，对哪些是有效的对策、哪些对策缺乏效力、对策的实施需要什么条件等分析得不够。

（二）减负实践的行动研究

1. 省级层面的行动研究

例如，浙江省在 2010 年开始新一轮减负行动。所有教育局长和校长"约法六章"：一是严格开设课程，二是严格控制作业量，三是严格控制补课，四是严格规范考试管理，五是严格确保学生的休息和锻炼时间，六是严格规范招生。这"六个严格"基本上都是对过去规定的重申，但进一步做了量化规定。浙江省此轮减负最大的特点是提出要建立六大制度：一是初中毕业生学业考试试卷质量评估制度，二是中小学生体质健康情况通报制度，三是加重学生课业负担责任追究制度，四是课业负担征求意见制度，五是教学活动安排公示制度，六是家校联动制度。浙江省要求省内各中小学都毫不走样地把这六项制度一一建立起来，充分发挥制度对减负的保障和促

---

① 王贤文、熊川武：《学生自主减负：减负提质的有效路径》，载《中国教育学刊》，2014（4）。

② 北京教育科学研究院基础教育科学研究所减轻学生过重课业负担　促进学生健康成长项目组：《减负新探》，16～36 页，北京，北京出版社，2012。

进作用。①

2. 区域层面的行动研究

上海市静安区 2008 年开始在教育行政部门的统筹下，以课题带动区域
实践的方式，抓三个减负的关键因素：一是增加学生的愉悦体验，减轻学
生的心理负担；二是增强教育的针对性，提升学生学习效率；三是拓展成
长空间，提高学生的生活质量。行动措施有四个：课程优化与开发，教学
增值，提升教师专业水平，促进学生全面发展。通过几年实践，上海市静
安区学生学业质量有所提升，学业压力有所下降，睡眠时间有所增加，作
业时间有一定的减少，生活质量有所提高。② 上海市静安区的实践被专家称
为"减负增效的地区样本"。

3. 学校层面的行为研究

北京市在 2011—2013 年多次召开关于减负的现场会议，交流学校减负
的经验。《减负新探》一书中也有若干学校的经验总结。比如，朝阳区实验
小学设健康测试仪，让学生测试、了解自己的健康情况；设健康训练室，
对肥胖儿童进行干预；设爱眼工作室进行近视治疗；建设 40 多个专业教室，
开展丰富多彩的活动；加强教学设计和实施的监控；认真研究和筛选练习，
对作业的布置、完成进行规范管理；对学生课业负担进行监控和评估。③ 北
京小学的做法是：思想引领，改造课堂；研制学本，改革作业；因材施评，
发展增值。④ 昌平区城关小学则从语文和数学的课程整合与教学改革、研究
作业、注重实践性作业、开展体育艺术及其他丰富多彩的活动、管理上制
定一系列制度等措施进行减负提质。⑤

二、关于减负政策的研究

减负政策是一个研究热点，因为政策在减负中起了主导作用，然而，

---

①　刘希平：《省域减轻学生过重课业负担的认识与举措》，载《中国教育学刊》，
2012(1)。

②　陈宇卿：《"轻负担、高质量"的区域探索：提高中小学生学业效能的实证研
究》，上海，上海人民出版社，2013。

③　北京教育科学研究院基础教育科学研究所减轻学生过重课业负担　促进学生健
康成长项目组：《减负新探》，279～294 页，北京，北京出版社，2012。

④　同上书，285～287 页。

⑤　同上书，288～296 页。

政策的效果并不明显。这方面的研究包括：政策的演变历史、政策文本分析（词频分析）、执行情况、政策效果不佳的原因、提高政策效度的建议等。

（一）关于政策演变历史和政策文本分析研究

王小利将 1951—2007 年的减负政策划分为 20 世纪 50 至 60 年代、20 世纪 70 至 90 年代、21 世纪以后三个时期，并且对三个时期的减负政策做了梳理，总结了中华人民共和国成立以来国家在时间安排、作业量规定、考试评价、课程与教材、控制竞赛、教学计划管理六方面规定的减负政策内容。他指出，政策对社会和家长没有产生约束力，政策执行效果不理想，具体有政策本身、执行失真和配套政策不完善等原因。[①]

孟宪云对改革开放以来我国行政部门颁布的关于学业负担的政策文本做了简要梳理，以了解我国学业负担政策的发展脉络，并从学业负担政策的实质价值和形式价值入手，分析我国学业负担政策的价值选择，以明晰学业负担政策的价值取向。他阐释了我国学业负担政策价值选择的出发点、价值选择存在的危机以及价值选择存在的潜在机遇，具体分析了学业负担政策价值实现的现实路径。他提出，学业负担问题的有效解决，理念变革是前提基础，制度创新是重要保障，政策完善是根本路径。[②]

张赵姝影、郑东辉在对 1949 年以来国家颁布的 6 个减负政策文本进行了高频词汇统计，从内容和主体两方面选取了 16 个具有代表性的高频词汇进行变化趋势分析，他们发现：减负的重点内容从最初的时间负担到 20 世纪八九十年代的教学与考试负担再到 21 世纪的作业负担，减负的责任主体涉及教师、教育行政部门、学校、家庭与社会，前三个主体的词频波动较大，且出现弱化的倾向，后两个逐渐成为减负的重要力量。他们依据变化趋势，提出了三个方面的政策优化建议：剖析深层原因以形成协调配套的政策体系，提供如何减负的行动指南，把专家纳入执行群体。[③]

徐帆、孟宪云以 2000 年为界将改革开放以来的学业负担政策分为两个时期，对政策文本变迁进行了分析，借助支持联盟分析框架，他们认为有

---

① 王小利：《建国以来基础教育"减负"政策的演变及其思考》，载《教育与考试》，2009(5)。

② 孟宪云：《学业负担政策的价值分析》，硕士学位论文，西南大学，2015。

③ 张赵姝影、郑东辉：《"减负"何以可能：基于高频词汇的国家减负政策分析》，载《上海教育科研》，2016(3)。

两大联盟：一是支持减负的联盟，二是反对减负的联盟。两者的核心价值信仰系统不同，前者基于过重的学业负担压制学生的健康和自由成长的核心价值理念，后者基于学生应该为未来发展而承担学业负担的核心价值理念。政策的变迁受内外两方面因素的影响：内部如对因果关系的认识，回应对信仰系统的挑战；外部如社会经济的变迁、公众舆论的变化、系统内占统治地位的联盟的变化、其他政策子系统的影响等。①

（二）关于政策执行情况与政策效果不佳的原因研究

王帅锋在其文章中首先分析了 2000 年教育部下发《关于在小学减轻学生过重负担的紧急通知》的政策背景，包括澄清学生负担的概念及重负的代价。然后，他提出政策的效果值得肯定，同时分析了效果不显著的原因，包括政策制定者和行为主体利益的矛盾、观念的不一致，以及招生制度和就业制度对其的限制、课程设置过分统一等。最后他进行了对策分析：社会媒体应积极宣传，使人们正确认识我国教育的内涵；应有相应的配套政策与减负政策相辅相成，实现有效落实；要对减负问题持有正确的认识，不要单纯地把减负等同于没有负担。②

柳晓燕、杨时涛从教师、学生、家长三个方面分析了减负政策难以执行的原因。教师的压力来自学校、家长和学生，包括成绩列入学校考核标准、家长择成绩好的名师等；学生减负后虽然业余时间多了，但没有很好的活动来开展素质教育，学生只是在家里看电视、玩电脑；家长最不愿意减负，学校作业少了就安排孩子去各种培训班，有些家长认为高考制度不改就不能减负。③

张赣萍指出了减负政策文本不合理，没有协调好学校与家长等相关主体的关系，与一直存在的社会观念和社会制度有冲突等问题。对此，张赣萍提出了几条建议：第一，政府可以找中介组织介入政策执行；第二，要体现政策的民主性和科学性，提高政策相关主体的参与能力；第三，全面

---

① 徐帆、孟宪云：《改革开放以来学业负担政策变迁研究——基于支持联盟框架的分析》，载《当代教育科学》，2017(10)。

② 王帅锋：《"减负"的另一种审视——从政策学的视角看"减负"》，载《开封教育学院学报》，2002(1)。

③ 柳晓燕、杨时涛：《关于现行素质教育中"减负"政策的思考——对武汉市江夏区中小学"减负"政策实施情况的调查研究》，载《湖北省社会主义学院学报》，2003(5)。

及时地对政策实施的结果进行评估；第四，社会应通过舆论做好宣传，改革相关政策。[①]

周淼莉介绍了减负政策失真的表现：表面得到执行却没具体措施，违背原政策的主旨，只有部分被执行。成因包括：社会环境的影响，政策本身目标不清晰、执行不当，政策与利益相关者冲突。[②]

曹海燕也对减负政策的执行提出了一些建议：以政策为引导，创造有利的减负环境，做好减负工作；教师和家长都要转变错误的教育观念；加强师德教育，提高教师专业水平；改革教学评价，把减负任务列入各级教育行政部门的考核。[③]

马健生、吴佳妮论述了学业负担的时间分配本质。他们从经济学的视角分析，认为学业负担本质上是学生对自己有限的时间与精力的理性分配，是一种教育投入的决策。学生的时间分配表现出空间结构与内容结构特性，并受到权力结构的约束。学生时间分配的决策机制十分复杂，既受到我国有关教育政策（尤其是考试政策）的直接影响，又受到学生成绩利益相关方——学校——选择性安排的制约，还受到家庭的支持与干预，最后归于学生对这些影响的认知与选择。他们认为，中小学生学业负担问题不在于过重与否，而在于时间分配不均衡、不合理阻碍了学生的全面可持续发展。治理我国中小学生学业负担问题应转换思路，政府不能也不应该直接代替学生做出时间分配的决策，而是从影响学生时间分配的内部机制出发，设置调节利益的杠杆，引导学校、家庭及学生等有关利益主体理性决策，平衡安排学业活动，合理分配学习时间，以及优化任务结构，从而实现学业负担的科学、合理、有效。[④]

（三）提高政策效能的建议研究

徐敏在分析了形成学生负担的种种原因之后，从教育行政部门的管理

---

① 张赣萍：《我国中小学生"减负"政策的限度研究》，硕士学位论文，南昌大学，2010。

② 周淼莉：《基础教育"减负"政策失真的表现与成因分析》，载《商业文化（学术版）》，2010(9)。

③ 曹海燕：《小学"减负"政策执行现状与问题的研究——以 S 县小学执行情况为例》，硕士学位论文，南京师范大学，2011。

④ 马健生、吴佳妮：《为什么学生减负政策难以见成效？——论学业负担的时间分配本质与机制》，载《北京师范大学学报（社会科学版）》，2014(2)。

行为与学生学习负担重两者之间的关系入手分析其相关性，并且以区为调查对象设计了相应的调查问卷进行实例分析，得出规范教育行政部门的管理行为对于减轻小学生学习负担来说极其必要的结论。最后，她从政策设计的角度提出建议：宏观上，中央要进一步发挥主导作用，改革社会用人制度，削弱学历的重要性，还要借鉴他国的减负经验来提升减负的质量；中观上，教育行政部门要进一步建立科学的评价标准，重视实践课的开展，改革高考制度，建立社区教育，改革教材的选用；微观上，教师、家长和社会主动、积极地响应政策的号召，要让广大民众对政策有清晰的理解和认识。[①]

张铭凯、罗生全从政策治理的角度提出了学业负担政策治理的思路。着眼于政策治理的思考角度旨在探寻根治的政策之道，从政策网络中审视，学业负担问题是公共政策失范、教育政策失准和相关政策失位共同作用的结果。基于公共政策观照的环境系统、教育政策化解的作用系统和相关政策测度的保障系统的"三位一体"系统是学业负担政策治理的逻辑体系。基于此，创新学业负担政策治理的机制设计在于从人治到法治的公共政策价值匡正，从结果到过程的教育政策科学研判，以及从单一到多元的相关政策协同联动。[②]

三、关于国外学业负担和减负的研究

关于国外学业负担和减负，国内学者主要做了一些比较研究，较有代表性的有马德益、刘宝存、杨秀治、娄立志等人的研究。国外学者则围绕家庭作业、课外补习、认知负荷等进行了许多研究。

（一）揭示宏观规律性的研究

马德益[③]、娄立志[④]从教育发展历史、教育改革和课程改革切入，分析了

---

① 徐敏：《小学生减负的教育政策设计——以规范教育行政部门管理行为为视角》，硕士学位论文，复旦大学，2008。

② 张铭凯、罗生全：《学业负担的政策治理机制》，载《全球教育展望》，2015(12)。

③ 马德益：《日美俄基础教育学习负担改革动向及特征》，载《外国中小学教育》，2006(5)。

④ 娄立志：《关于学生学业负担：20世纪世界教育改革的启示》，载《教育理论与实践》，1999(3)。

一些国家学业负担的变化，试图从中找出一些变化的规律。这在前文已经介绍过。张端鸿、陈庆从学业负担的角度比较了中国和芬兰的基础教育，认为芬兰基础教育压力小的原因主要是高质量的师资保障、普通教育与职业教育贯通、以检测为目的的评估性考试、家长对子女的尊重与支持。[①]

（二）选择若干负担指标进行国别比较研究

如杨秀治、刘宝存从课时数、校日制、课程难度、家庭作业等维度进行了一些比较研究。[②] 姜丽华对中日两国中小学生的课业负担从学习时间、课程分量、课程难度、课程种类、课业评估等方面进行了比较。[③]

（三）关于家庭作业和校外辅导的研究

国外学者开展的研究中与学业负担紧密相关的话语是家庭作业和校外辅导。国外学者把家庭作业看作学生的学习负担之一。吴勋[④]、任宝贵[⑤]、胡苇[⑥]等人对国外家庭作业的功能、作业量、作业时间、作业形式等问题进行了比较研究。

在作业的功能上，爱泼斯坦（Epstein）认为家庭作业的目的有：练习技能；增加学习经验；增加责任感、自信和时间管理能力；建立和保持学校和家长之间的沟通。[⑦]库珀（Cooper）则提出不同年级的家庭作业有不同的目的：对刚进入小学的学生来说，应培养积极的态度、习惯，加强课堂上简单技能的学习；对小学高年级的学生来说，应对学业成绩起到更直接的作用；对六年级以上的学生来说，应对提高标准化考试成绩起到重要作用。

[①] 张端鸿、陈庆：《学业负担视角下的中国与芬兰基础教育比较》，载《世界教育信息》，2019(6)。

[②] 杨秀治、刘宝存：《中小学生学习负担的国际比较》，载《上海教育科研》，2002(4)。

[③] 姜丽华：《中日中小学生课业负担现状的比较研究》，载《辽宁师范大学学报》，1999(1)。

[④] 吴勋：《美国中小学家庭作业的历史发展及其启示》，载《外国中小学教育》，2006(8)。

[⑤] 任宝贵：《国外家庭作业研究综述》，载《上海教育科研》，2007(3)。

[⑥] 胡苇：《国外中小学家庭作业问题的研究及启示》，载《外国中小学教育》，2007(12)。

[⑦] Verbra Pfeiffer, "Homework Policy Review: A Case Study of a Public School in the Western Cape Province," *South African Journal of Education*，2018(1), pp. 1-10.

库珀于 2006 年开展了一项有家庭作业和无家庭作业的比较研究，结果表明，有适当家庭作业的学生在知识测验中的成绩比没有家庭作业的学生的成绩高出 23 分。南非西开普省的一所小学进行了无作业实验，取得了积极成果：学生的情绪稳定了，家庭生活更顺利了，家庭阅读开展了，学生的阅读量大了。只有 10％的家长持否定的态度。①

在好的家庭作业上，库珀认为好的家庭作业应该明确作业的目的、数量和频率以及教师、家长和学生各自的责任。有研究者归纳了有效作业的四个要素：第一，家庭作业要与学习目标相关；第二，作业是可管理的，适合于学习者的能力和成熟度；第三，作业要定期布置；第四，学生完成作业后教师要及时检查与反馈。②

在家庭作业的时间和难度上，有研究者对西班牙一所小学的学生、家长和教师进行了调查，发现学生每天都有家庭作业，80％的学生能完成作业，平均每天完成作业的时间为 86.94 分钟；20.5％的家长认为数学作业占时间较多、压力较大；只有 39.5％的学生和家长认为数学没有困难。③美国全国家长—教师协会曾就家庭作业时间给出建议：幼儿园至小学三年级，每天 20 分钟；小学四至六年级，每天 20～40 分钟；七至十二年级，每天 2 小时。④

在校外辅导、影子教育上，马克·贝磊(Mark Bray)对亚非许多国家和地区的影子教育(补习教育)的规模、成本、地域、强度、学科以及对学生学习成绩、学校教育的影响进行了比较系统的研究。⑤ 研究发现，补习教育的规模较大，比例较高，特别是在看重努力的文化、城市地区、中学段和接近考试的年级中；在语言、数学和科学等主要学科补习情况更多。补习的原因主要与考试和学习成绩相关。补习既有积极的作用，也有许多负面

---

① Verbra Pfeiffer，"Homework Policy Review：A Case Study of a Public School in the Western Cape Province," *South African Journal of Education*，2018(1)，pp. 1-10.

② Misheck Ndebele，"Homework in the Foundation Phase：Perceptions of Principals of Eight Public Primary School in Johannesburg," *South African Journal of Education*，2018(2)，pp. 1-12.

③ Elena Parra Gonzalez，Christian A. Sanchez Nunez，"For or Against Homework：A Case Study," *The International Journal of Pedagogy and Curriculum*，2017(4)，pp. 1-7.

④ 徐学福：《美国中小学生家庭作业时间与指导》，载《外国中小学教育》，2001(3)。

⑤ ［英］马克·贝磊：《教育补习与私人教育成本》，93～132 页，北京，北京师范大学出版社，2008。

的影响，包括导致疲劳、缺乏休息时间、牺牲其他方面的教育、加剧竞争以及维持社会的不公平等与学业负担相关的后果。日本、韩国等国家的课外补习比较普遍，我国学者对此的介绍与研究也较多，如彭湃对国外课外补习的研究介绍①；李水山对韩国课外辅导的介绍②；许政法对韩国课外补习政策的评价③；赵霞对中国和韩国的影子教育从发展规模，补习途径，地区、城乡、学科差异，家庭经济支出，影子教育政策等方面进行的比较研究④。总体来看，关于学业负担国际比较的框架还不够稳定，数据和情况的可比性也比较小，总体研究不够系统。

第四节　总体评论

综合现有研究来看，学业负担问题的研究有了比较大的进展，但还存在许多不足和难点。具体而言，有以下几个方面。

第一，在学业负担的内涵和外延方面，内涵的规定更加趋于一致，兼顾客观负担和主观负担感；外延更加注重定义的操作化和指标化，即根据调查等多种方法确定指标，然后编制成量表进行调查和监测，并且大多关注到了作业、考试压力、学习时间、学业难度、主观感受等内容。但对于学业负担的性质、特征、范围的精细化分析还不够。

第二，在学业负担的种类和结构上，研究者更加注重类型化和差异化，把负担进行具体的分类，不是笼统地说负担重不重，而是探讨谁的负担重、什么负担重、什么群体在什么方面的负担重、不同群体在负担上有什么差异。心理学中认知负荷的研究把认知负荷分为外在、内在和关联三种，这也有助于学业负担的研究进一步深入。许多研究注意到了学业负担的结构，并做了一些划分，但对各类负担的深入分析还不够，对学业负担的结构的定量分析很少。

第三，在学业负担的成因分析上，由过去比较简单、浅表的综合分析

---

① 彭湃：《"影子教育"：国外关于课外补习的研究与启示》，载《比较教育研究》，2008(1)。

② 李水山：《韩国课外辅导"高烧"难退》，载《基础教育参考》，2010(2)。

③ 许政法：《韩国课外补习政策述评》，载《上海教育科研》，2009(2)。

④ 赵霞：《中国和韩国的影子教育比较研究》，硕士学位论文，华东师范大学，2013。

进入比较深入的单因素分析及多因素的综合分析，部分研究者试图建构因素模型。建构模型是把因素分析深入化、机制化、关系化的努力。但在因素的合理划分、机制的深入分析、模型的定量建构等方面的研究还需要深入。

第四，在看待和减轻学业负担的视角上，从集中于教育系统的努力逐渐向更加关注各主体利益和系统化的方向转变，并且关注到不同利益群体之间的博弈，关注到支持联盟和反对联盟及其超越的问题。但关于负担调节策略的系统组合、利益的博弈规则及秩序的建构的研究需要深入。

第五，在减负政策研究方面，不少研究者进行了历史性的回顾与反思，从不同历史时期的背景、减负政策内容和文本中看到了减负的历史性、阶段性和时代性特点，并力图从历史过程中发现一些规律性。还有不少研究者从政策本身和政策执行失效的角度进行反思，提出了改进政策的建议。但在提出高效能政策方面的研究还需要深入。

第六，从研究的学科视野和研究方法来看，研究更加趋向多学科化和实证化。在学科上，虽以教育学为主，但已涉及社会学、心理学、管理学、经济学、伦理学和政策学等多学科分析。在研究方法上，研究采用了政策文本分析、问卷调查、多元回归分析、聚类分析、博弈分析等深度调研和分析方法，但还需要把各学科的视野加以综合运用。

第二章　学业负担研究设计

　　本章介绍的是对研究所做的设计，包括四节：第一节对核心概念进行界定，包含学业负担、学业负担结构、过重学业负担、学业负担成因四个主要概念；第二节介绍基于研究问题提出的研究目标、研究假设、研究框架与内容；第三节介绍研究的理论基础，包括人的全面发展理论、开放复杂系统理论、认知负荷理论、社会分层理论等及它们在研究中的运用；第四节介绍研究方法的设计，主要是对调查研究的设计。

第一节　核心概念界定

一、学业负担

　　什么是学业负担？学业负担与课业负担有什么区别？《现代汉语词典（第 7 版）》将课业解释为"功课；学业"[①]；将学业解释为"学习的功课和作业"[②]；将负担解释为"承受的压力或担当的责任、费用等"[③]。从这些解释看，学业负担与课业负担同义。学业负担与学习负担有什么区别？严格地说，学习负担与学业负担有所区别。学习负担的范围比学业负担、课业负担大，因为除功课之外，许多校外的学习活动以及非正规的学习都属于学习的范畴。学业负担或课业负担主要是因国家和学校规定课程带来的学习负担；而学习负担是全部的负担，包括课程的和非课程的（诸如生活技能的学习）、学校的和校外的。从研究目的来看，笔者更加关注学生的全部负

---

　　① 　中国社会科学院语言研究所词典编辑室：《现代汉语词典（第 7 版）》，742 页，北京，商务印书馆，2016。
　　② 　同上书，1489 页。
　　③ 　同上书，407 页。

担。所以，在一定意义上，笔者把学业负担等同于学习负担。

笔者认为，学业负担是学生个体根据国家、学校、家庭安排需要掌握的学习任务（内容）的数量和难度，完成学习任务实际投入的时间长度与脑力强度，以及学生对学习任务和完成任务的压力的主观感觉。

学业负担包括学习任务、学习投入和负担感三个维度。它表现在两个方面。一方面为客观负担，包括外在的学习任务量和主体的实际投入学习量，可以通过任务的数量（如作业题量、阅读的页数、课程的门数等）与任务的难度、完成学习任务的实际时间长度与脑力强度来衡量。在任务量和学习量两个指标中，学习量更具有实际意义，因为任务量不一定实际被纳入学习者的实际活动，可能只是摆在那里。比如，有一些课程或课程内容虽在规定上是要学习的，但教师或学生不一定把它们纳入自己的学习。而学习量是学生在实际学习时的时间消耗、脑力消耗、认知付出，这是真正的学习负荷。另一方面为主观负担感，即个体对承担和完成的任务量及其难度的一种认识和心理感觉，是学生在承担学习任务的全过程中体验到的。主观负担感可以用学业压力感、负担感的程度来表征。

客观负担和主观负担感之间是什么关系？两者之间是有联系的。主观负担感是对客观负担的认识和感觉。因此，客观负担越重，主观负担感一般来说也越大。但主体对客观负担的认知既与自身承受力和能力有关，也与主体的认识能力、认识倾向等因素有关。因此，在客观负担和主观负担感之间会有一定的差距，即不同主体在主观认识上会有较大偏差。例如，同一个班级的学生，在客观学业负担方面大体是一致的，但主观负担感的差异可能就较大。这说明探讨学业负担时，最核心的还是主观负担感，这是学业负担的关键要素；在衡量学业负担时，应把负担感作为学业负担的主要指标。也只有这种主观负担感才能在各个主体之间进行比较。当然，主观负担感虽然是一种主观感觉和认识，但它也不可能完全脱离客观负担来判断。目前，大多数研究是以学习时间长度作为操作指标来衡量学业负担的。

二、学业负担结构

我们不仅要关注学生的学业负担量，还要关注学生学业负担的结构。从一般意义上讲，结构决定功能。学业负担结构不同，学生发展的结果就会有差异。因此，关注学业负担结构十分有意义。所谓学业负担结构，就是学生在学习过程中不同类型的负担所占的比例以及形成的关系结构。那么，有哪些学业负担结构呢？

第一，根据学业的性质，可以把学业负担分为学科负担和活动负担两种。学科负担是完成各门学科学习所承受的负担，包括学校开设的各门学科所产生的学业负担；活动负担是完成各种活动所承受的负担，主要包括社会活动、政治活动、文艺活动、体育活动等各种活动产生的负担。两者加在一起是全部的学业任务量，我们可以根据学科学习时间和活动时间来计算其比例。

第二，按照学业内容的性质，可以把学习任务分为学术性学业任务和非学术性学业任务，理论上可把语文、数学、英语、科学、思想品德等知识性强的学科视为学术性学业任务，把体育与健康、美术、音乐、通用技术、综合实践活动及其他活动等技艺性任务视为非学术性学业任务。因此，相应的学业负担分为学术性学业负担和非学术性学业负担。在操作上，本研究用学生一天的学习时间代表学术性学业负担，用运动游戏时间代表非学术性学业负担。

第三，学习主要是认知的过程。按照认知过程，学习任务包括感知、思维、记忆、解决问题和技能练习等环节。每个环节都有学习负担，如感知负担、思维负担、记忆负担等。或按照学习的形式，将学习任务分为上课、作业、课外学习、其他活动等，学业负担相应地可以划分为上课负担、作业负担、课外学习负担、其他活动负担。学业任务的主要负担应在思维方面。而实际上，许多学生的记忆负担较重，一是所学知识量大，需要记忆的多；二是一些学生不会加工和理解，靠机械记忆，又不得法，花的时间也就很长。由于在学生的学习过程中，这些环节和过程并非分得那么清楚，很多环节是杂糅在一起的，而且是内隐的，看不见、摸不着，因此只有在理论分析和讨论时才从认知过程上加以具体、细致的区分，在实际研究时尚无法实现。

第四，根据学业负担的来源，学业负担可以分为校内学业负担和校外学业负担。校内学业负担由国家、地方和学校三方面决定。国家决定国家课程的门类、课时等，地方决定地方课程，学校决定校本课程。校外学业负担主要是由家长决定的，是因参加各种校外辅导班、特长班而形成的负担，通常包括上辅导班、特长班的时间和作业时间，也有研究者算上了路途上的时间。① 在操作上，笔者选用两类作业时间来代表校内负担和校外负担，分别是学校作业时间和校外作业时间。

第五，根据学业负担的表现，学业负担可分为生理负担和心理负担。生理负担主要体现在大脑、身体的投入上；心理负担主要是认知活动的负荷和情感情绪等活动的负荷，也被称为心理努力。在学习的过程中，生理和心理的投入是分不开的，心理活动都要通过人的神经系统和各种感知觉器官，比如，观察活动离不开眼睛，思维活动需要大量供血供氧。在研究的操作上，可将两者分开。

综上所述，学业负担结构有性质结构、内容结构、来源结构、过程结构等。笔者主要从负担性质(学科与活动)、负担内容(学术性与非学术性)、负担来源(校内与校外)和各类活动时间四个方面，采用时间指标进行学业负担的结构分析。其中，各类活动时间又分为上课时间、作业时间(分学校作业时间和校外作业时间)、课外学习(课外阅读)时间、运动游戏时间和睡眠时间五种活动时间。各类活动时间是更具体的结构分析。

三、过重学业负担

(一)学业负担的衡量

学业负担表现为一定的量，这个量需要衡量。学业负担的衡量是一定主体对学生学业负担进行测查和判断的活动。它是由衡量主体、衡量客体、衡量工具和方法、衡量结果构成的活动。

首先，衡量主体。主体可以包括校长、教师、学生、家长、督导评价人员、教育行政人员。其中，学生与其他主体不同，学生是学业负担的直接承担者，有直接的感受和较大的发言权；其他主体都不是直接承担者，不能直接感受负担的情况，往往基于以往的经验或某种理论、基于对学生的观察了解做出判断。不同的主体在判断时，一方面与对学生学业负担客观事实的了解程度相关，另一方面还与其价值立场相关。因此，第一，要有客观的观察和了解，如果没有这个过程，往往就会产生武断和错误的判断。有校长说："对于减负，你得去调查研究，然后发言。"②不能想当然。

---

① ［英］马克·贝磊：《教育补习与私人教育成本》，104 页，北京，北京师范大学出版社，2008。

② 李良智：《有一种被误读的学业负担过重》，载《基础教育论坛》，2012(12)。

第二，要注意价值立场的影响。家长和教师希望学生取得好的学习成绩，他们基于学习成绩与时间花费成正比（所谓"一分耕耘，一分收获"）的假设或理论，一般都希望学生的学习任务多一些，而不会过多考虑学生的承受力，因此他们判断的学业负担可能轻一些。学生是学习任务的直接承担者，他们希望学业负担轻一些，所以在判断时会觉得学业负担重。督导、教育行政人员是教育方针政策的贯彻者和评判者，他们既希望学生取得理想的学习成绩，又希望负担比较轻，希望学校和教师按照教育的规律办事，所以他们常常会认为学业负担比较重。

其次，衡量客体，即负担本身。它包括学业负担的数量、构成、类型、范围和时间长度等。在构成上，要分析哪些部分的量是过多的。在类型上，要分析哪些类型的量过多。在范围上，要明确衡量的负担的范围，比如，是所有负担，还是学科负担、作业负担等。通常来说，范围越大，越难以准确衡量；范围越小，越容易衡量。在时间长度上，短时间内（如一天）的学业负担容易衡量，而长时间内（如一周、一个月等）的学习负担因为学业内容多，不易记住，所以比较难衡量。

再次，衡量工具和方法。由于有客观负担和主观负担感两方面，衡量的工具和方法也就不同。客观负担可以根据学业任务的数量来计量，还可以根据学生学习的时间来计量，比较客观。目前的研究大多数以学生的学习时间来代表学业负荷与负担。主观负担感则可以采用等级量表，用重与不重等程度词或等级来表示和评判，比较主观。

最后，衡量结果。学业负担程度衡量的结果在数量上无非有三种：一是负担比较轻，二是负担比较适中，三是负担比较重。当然，程度可以被分得更细致些。在学业负担的性质、结构上，衡量结果还有其他情况。

（二）过重的标准问题

过重学业负担是严重超过学生的认知水平、身体承受能力、必要休息时间和其他活动必要时间的学习任务量。判断学业负担是否过重，关键是明确学生的认知水平能够承担的学习任务量有多少，学生必要的休息和其他活动时间应该有多少。明确了这些内容，学业负担是否过重自然就比较清楚了。

学业负担过重可从量、质及后果三方面来评判。①过重首先是个量的概念，即任务是否过重、时间是否过长，比如，学习时间的适合量（标准）是 8 小时，那么，8 小时以上就是过重了；某科作业题一天为 20 道题比较合适，如果布置 30 道题可能就过重了。②过重其次是个质的概念，即这种学习任务是否合理、内容是否有价值、难度是否过大，不合理的、无价值的、太难的也应被视作过重负担。③后果过重最后是个结果概念，如果影响到学生的身心健康，造成过度的压力、紧张、疲倦、身心疾病，则负担是过重的。后果可以通过身体检查和心理测验来了解。

因为学业负担量的标准既与任务有关，又与学生个体的能力有关，所以标准是很难统一的，没有适合于所有人的统一的衡量标准。那么，是否需要一些统一的标准？仅仅就客观负担部分或学习任务部分，是否应该有统一的标准？

关于过重学业负担的衡量，从主体的角度，因为有群体和个体两种主体形式，即一群学生的学业负担和一个学生的学业负担，所以衡量时应该提两类标准，一类是群体统计标准，另一类是个体判断标准。个体判断标准由每个学生自己来判断，每个学生的标准是不同的，因为对客观任务量每个人的承受力不同，所以不会有统一的标准；但可以通过主观负担感来判断，笔者将主观负担感分为很轻(0～20 分)、较轻(21～40 分)、中间(41～60 分)、较重(61～80 分)、很重(81～100 分)五个等级，超过 80 分为过重，个体之间可以通过负担感的值进行比较。群体标准是教育管理者和研究者采用的，是针对调查统计群体而言的，也可以将个体对主观负担感的描述或打分在 80 分以上的比例作为群体学业负担过重的标准。总之，无论是对群体的情况还是对个体的情况，都主要通过主观负担感的程度值来判断和比较。

四、学业负担成因

学业负担成因是影响学业负担的轻重与结构的内部和外部因素，有时也被称为学业负担的来源。

笔者基于相关文献、研究和思考，依据聚类、归纳、从简等原则，提出四个基本影响因素——学习任务、学习能力、教学支持和外部压力，也可简称为任务因、学生因、教师因和社会因。[1]

学习任务是学生根据规定和要求需要完成的学习任务，包括各方面的学习。大体分为三类：教材的学习任务(数量、难度、类型)，作业与练习

---

① 钟祖荣：《科学认识和积极对待"减负"》，载《北京教育(普教)》，2013(4)。

任务，课外学习任务（补课学习、特长学习、课外阅读等）。一般而言，任务越重、难度越大，则负担越重。

学习能力，即学生完成学习任务的胜任力，是学生胜任学习任务的综合能力。它包括：生理发展水平与承受能力、动机水平、智力水平、学习策略等。巴班斯基曾提出"学生实际学习能力"的概念。[①] 这个概念指学生学习的生理、心理潜力及间接的支持条件。学习能力与此概念相似。一般而言，学生学习的综合能力越强，负担越轻。

教学支持，即教师教学指导能力，是教师帮助学生完成学业任务的综合能力，也称学习支持。它包括教师的专业水平、教学能力、教学方法、师生关系等。一般而言，教师的教学能力越强，学生负担越轻。

外部压力，即社会评价导向环境，是由用人部门、家长、学校、教育行政部门等构成的，影响学生评价、考试与升学选拔机制的导向性环境。它主要包括：社会的多元程度与竞争程度、入学机会（获得优质教育的机会）、评价机制、家长和教师的期待、传统文化观念。一般而言，社会分层机制不合理、单一化，社会承认途径单一，评价过于注重成绩，入学机会或优质教育资源缺乏，社会竞争激烈，都会造成学生的负担过重。

在以上四个因素中，学习任务和学习能力是最直接的，学习支持和外部压力则是间接的。外部压力主要作用于学习任务，由于社会竞争激烈、评价单一，家长和学生就会通过增加学习任务、延长学习时间以获得竞争优势。社会如何选人、用人指挥着教育如何选拔人、培养人。教育系统的考试招生与评价因素也被纳入此因素。学习支持主要作用于学习能力，因为学生的学习是在学校环境下、在教师指导下进行的，教师是学生学习的主要帮助者和学习能量的促进因素，而且具有长期性，所以教师的教学是重要因素。教师水平越高，学生能力越强，则学生负担越轻。

以往的研究对影响学业负担的因素进行了许多分析，都有些道理，但也存在庞杂、平铺、缺乏归类聚类、缺乏模型建构、很多问题说不清楚或解释不透的问题。因此，笔者着力于构建影响因素模型，一是阐述各因素之间的逻辑关系和作用机制，二是通过问卷调查建构因素的回归模型。

---

① ［苏联］尤·克·巴班斯基：《教学教育过程最优化》，165 页，北京，教育科学出版社，1986。

第二节　研究的目标、假设与内容

一、研究目标

研究的目标就是尽可能地解决所提出的问题。

笔者制定的研究主要目标是：第一，在调查的基础上，揭示小学生学业负担状况及学业负担结构；第二，在调查的基础上，通过探索性因素分析，找出影响小学生学业负担的主要因素，构建小学生学业负担的因素模型；第三，解释小学生学业负担、学业负担结构及其影响因素的差异性；第四，在吸纳前人研究成果和自身研究的基础上，对学业负担的性质、结构、成因、类型等主要问题进行讨论分析，完善学业负担的相关理论；第五，在对政府减负政策、学校减负实践进行研究的基础上，结合学业负担理论，提出各个主体、各类负担调控的有效对策。

简言之，一是揭示现状；二是做出更好的解释，更好地把握学业负担形成的规律性；三是提出更好的办法，更好地帮助不同主体调控学业负担，使之优化。

二、研究假设

根据研究的主要问题和研究目标，笔者提出如下研究假设。对这些假设笔者通过调查研究来加以验证。

针对学业负担结构问题，提出以下两条假设。

假设①：在小学生学业负担结构中，学术性学习时间远大于非学术性活动时间。

假设②：学生成绩不同，在睡眠时间、学校作业时间与校外作业时间、学术性学习时间与非学术性活动时间等方面都有显著差异。

针对学业负担成因问题，提出以下两条假设。

假设③：学习任务、学习能力、教学支持、外部压力四因素对小学生学业负担的形成都有显著影响。

假设④：小学生学业负担在性别、年级、家庭背景、学校背景等方面存在显著差异。

三、研究框架与内容

研究框架是根据研究的问题和目标对研究的具体内容进行的设计。笔者设计的研究框架如表 2-1 所示。

表 2-1   研究框架

一级指标	二级指标	三级指标
学业负担结构	学科/活动	无
	学术性/非学术性	无
	校内/校外	无
	各类活动时间	睡眠、作业、课外学习、运动
学业负担量	客观负担	课程任务、投入时间
	主观负担感	压力、紧张
学业负担成因	学习任务	课程、作业、考试、辅导班
	学习能力	学习方法、学习习惯、学习品质
	教学支持	教学、指导、评价
	外部压力	期待、竞争、评价
变量	家庭	文化程度、收入、职业
	学校	地域、类型
	学生	性别、成绩、年级、干部

根据研究框架和目标，笔者制定的主要内容如下。

①学业负担的性质，从各个维度去认识学业负担的性质，有助于深化学业负担的理论，揭示其成因。

②小学生学业负担的结构，包括学业负担的总体状况、各类负担的结构比例、学业负担的差异性。

③小学生学业负担的影响因素及其模型，揭示影响学业负担的影响因素并建构模型，分析其运行机制。

④小学生学业负担的调控对策，从不同主体、不同影响因素、不同类型负担等角度提出调控对策。

第三节　研究的理论基础

一、人的全面发展理论

人的全面发展理论是马克思主义的组成部分。马克思在《德意志意识形态》《哥达纲领批判》等著作中论述了人的全面发展的问题，最全面集中的论述是在《资本论》中。马克思通过对 16 世纪中叶到 18 世纪末 200 多年手工工场生产致使人发展片面的考察，以及对 18 世纪后期由于产业革命兴起，机器大工业生产需要全面发展的人的考察，阐述其全面发展的学说。

马克思认为，人的本质是社会性，人是一切社会关系的总和。人的发展是同生产的发展相一致的，既和他们生产什么相一致，也和他们怎么生产相一致。劳动的分工造成了人的片面发展，劳动被分成几部分，人自身也就被分成几部分；为了训练某一种单一的技能，人的其他能力的发展就成了牺牲品。劳动分工在工场手工业中得到高度发展，因而"工场手工业把工人变成畸形物，它压抑工人的多种多样的生产志趣和生产才能，人为地培植工人片面的技巧……个体本身也被分割开来，转化为某种局部劳动的自动的工具"①。马克思所指的是脑体脱节，智力得不到发展，身体的发展也是片面的。

生产力的发展、机器大工业的出现给人的发展带来了根本性的变化。它对人的全面发展既提出了要求，也提供了可能。首先，现代生产是建立在科学技术基础上的，现代科技不仅引起工人职能及劳动过程中社会结合的变化，也使工人从一个生产部门转移到另外一个生产部门。马克思说："大工业的本性决定了劳动的变换、职能的更动和工人的全面流动性。"②大工业通过承认劳动的变换，从而承认工人尽可能多方面的发展是社会生产的普遍规律。其次，分工的变化要求的不是专业化而是普遍化。大工业不是按照手工业活动的方式分成不同的局部操作，而是按照生产过程分解为各个要素，把生产过程的多种样态分解为自然科学的分类运用，而工艺学揭示了重大的基本运动形式，一切生产活动必然在这种形式中进行。只有

---

① 《马克思恩格斯全集(第四十四卷)》，417 页，北京，人民出版社，2001。
② 同上书，560 页。

让工人和他们的子女受到一种工艺学和生产工具的实际操作的教育，工人才能适应机器生产的普遍要求。最后，以科学技术为基础的大工业生产客观上要求劳动者懂得一定的文化科学和技术知识，了解生产过程的基本原理，并掌握一般的操作技能，这就必然打破脑体劳动的分工，实现脑体结合。马克思说："我们把教育理解为以下三件事。第一：智育。第二：体育，即体育学校和军事训练所教的内容。第三，技术培训，这种培训要以生产各个过程的一般原理为内容，并同时使儿童和少年学会各种行业基本工具的实际运用与操作。"①马克思是在生产发展过程中分析人是如何实现全面发展的，他所说的全面发展主要是劳动中的脑体结合，在生产流动中掌握普遍性的原理。

毛泽东同志对我国教育方针进行了论述，主张让学生在德、智、体诸方面都得到发展，并且是生动、活泼、主动的发展。全面发展是我国基本的教育目的。我国关于人的全面发展理论既受到苏联教育学基本原理的影响，又结合了我国的教育实际。苏霍姆林斯基说："要实现全面发展，就要使智育、体育、德育、劳动教育和审美教育深入地相互渗透和互相交织，使这几方面的教育呈现为一个统一的完整过程。"②凯洛夫在其主编的《教育学》中，不仅对全面发展的教育目的进行了阐述，还专门谈了课外活动和校外活动，论述了两种活动在人的全面发展中的作用。课外活动是在学校必修的教学计划之外和必修的教学大纲之外所采取的丰富多彩的、具有教养性质的作业和教育措施。校外活动是校外儿童教育机关采取的文化教育措施和政治教育措施。凯洛夫把这些活动分为：科学知识活动，劳动和技术活动，政治教育活动，各种艺术活动，游戏、体育和运动。③

根据全面发展的理论，我们在给学生设置学习任务、设置课程时，就要考虑到人的全面发展的需要，考虑到教育的各个组成部分的相互交织，考虑其全面性和结构性，而不能由于学习任务设置的片面性而导致学生的片面发展。对该理论笔者主要运用在学业负担的结构分析、任务因素以及学业负担的调控（结构优化）上。

---

① 《马克思恩格斯全集（第二十一卷）》，270 页，北京，人民出版社，2003。

② ［苏联］B. A. 苏霍姆林斯基：《帕夫雷什中学》，9 页，北京，教育科学出版社，1983。

③ ［苏联］伊·阿·凯洛夫：《教育学》，421～422 页，北京，人民教育出版社，1957。

二、开放复杂系统理论

耗散结构理论创始人普里戈金认为，我们现在正从简单性科学向复杂性科学转变。一般系统论就是处理复杂性的探索。贝塔朗菲说："我们被迫在一切知识领域中运用'整体'或'系统'概念来处理复杂性问题。"[①]信息学家魏厄尔的论文《科学与复杂性》区分了简单性和复杂性，又把复杂性划分为无组织的复杂性和有组织的复杂性。他认为，20世纪前半叶主要发展的是无组织复杂性科学，即建立在统计基础上的科学；后半叶则主要研究有组织的复杂性。20世纪70年代产生了自组织理论，普里戈金、哈肯、艾根认为复杂性是物质世界自组织运动的产物。20世纪80年代，圣塔菲研究所聚集了大批科学家，试图建立处理一切复杂性的一元化理论，其主要手段是计算机模拟。与此同时，钱学森提出开放复杂巨系统的概念。

圣塔菲研究所的学者霍兰提出，适应造就复杂性。复杂性有很多侧面；复杂性是生成的，而不是给定的；复杂性生成的内因是系统为了维持生存和发展而适应环境，在适应中涌现出复杂性。圣塔菲研究所提出了复杂适应系统(CAS)，它具有以下特征：由大量不同组分聚集而成，组分之间广泛地相互作用，能够在环境中学习、积累经验，通过改进自身行为规则而适应复杂多变的环境，从而使系统在整体性上表现出运行的协调性。霍兰还提出了复杂适应系统的四个特性和三个机制。四个特性是：①聚集，即众多适应性行动者聚集在一起就可能涌现出协调性、适应性、持存性；②非线性，即行动者之间、它们和环境之间的相互作用是非线性的；③流，即作为非平衡系统，其中有物质、能量和信息的流动；④多样性，即行动者的多样性、相互作用的多样性、规则的多样性等。三个机制是：①标识，它是聚集体的一面旗帜或组织纲领；②内部模型，行动者在大量涌入的输入信息中进行识别和选择，将经验提炼为各种图式，这种图式的集合就是内部模型，行动者就是基于内部模型来进行预测和适应的；③积木，即构建行为规则的积木，规则是可以重组的。[②]

---

① ［美］冯·贝塔朗菲：《一般系统论：基础、发展和应用》，2页，北京，清华大学出版社，1987。

② 苗东升：《系统科学精要(第3版)》，229～230页，北京，中国人民大学出版社，2010。

不同地区、区域的学业负担问题就如同一个开放、复杂的巨系统，是众多行动者相互作用和适应环境的聚集，是诸多因素相互作用而形成的系统结果。这其中的行动者主体包括政府、学校、家长、校外机构和学生等。他们都基于内部模型来调适自己的行为，以便使自己在教育或学习的竞争中获得有利的地位。在研究中，首先，笔者把学业负担当作一个系统，从社会、学校、家庭等多个因素上做系统分析；其次，笔者把学业负担的变化过程看作一个系统演进的过程，考虑不同时期的变化；最后，对于内部模型，笔者试图通过量化的研究和机制的分析，揭示学业负担的模型，以及不同主体的内部模型（思维和行为方式、图式的集合）。总之，开放复杂系统理论在研究中主要被运用于成因模型的分析和学业负担的系统调控，它主要从方法论的角度提供理论和方法的支持。

三、认知负荷理论

20 世纪 80 年代，斯威勒（Sweller）提出了心理学领域的认知负荷理论，较好地解释了学业负担的内容和因素。学业负担是学生学习过程中进行认知加工时所投入的心理资源总量，也是学生在学习过程中承载的认知加工任务的分量。认知负荷理论主要包括内涵、种类、成分、测量及调节等内容。认知负荷理论主要是为教学设计提供依据，因此主要在心理学和教育技术领域开展研究。

（一）认知负荷的含义

斯威勒认为，认知负荷是在一个特定的作业时间内施加于个体认知系统的心理活动总量。库珀把认知负荷定义为在一个特定的作业时间内施加于个体的工作记忆的心理活动总量。帕斯认为，认知负荷是执行一项具体任务时施加于个体认知系统的负荷。我国学者孙崇勇认为，学生学习过程中的认知负荷指学生对学习的任务、责任及时间压力的知觉和体验。[①] 认知负荷的产生有三个条件：与具体任务相联系；完成任务必须动用工作记忆中有限的资源，在工作记忆中操作；要有相应心理能量的支持。

---

① 孙崇勇、李淑莲：《认知负荷理论及其在教学设计中的运用》，5 页，北京，清华大学出版社，2017。

（二）认知负荷的种类

斯威勒根据认知负荷不同来源的性质，将认知负荷区分为内在认知负荷、外在认知负荷和关联认知负荷三种。内在认知负荷是由学习材料及其复杂程度决定的，材料的信息要素越多，交互作用越多，占用的内在认知负荷就越大。内在认知负荷和学习任务、教材分量、材料难度、学习时间长度等因素相关。过去教育行政部门推出的减负措施主要是减少学习的任务和时间，也就是减少内在认知负荷。外在认知负荷是由信息呈现的方式和学习者需要的学习活动引起的，它与教师的教学设计和教学方法相关，若教学设计合理简洁，呈现材料的方式合理，则学生进行学习活动的负荷较小，反之则较大。关联认知负荷是由学习过程中图式的建构与自动化引发的，它能够帮助学习者更好地处理材料，提高效率。

（三）认知负荷的成分

帕斯认为，认知负荷的核心是心理努力。赵俊峰把学习过程中的心理努力细分为心理投入、情绪投入和时间投入三种。心理投入是学生在学习过程中所投入的注意、感知、记忆、思维等认知成分和意志努力的程度。情绪投入是学生在学习过程中付出的情绪努力或情绪资源。时间投入是学生在学习过程中所花费的时间。[①]

（四）认知负荷的特征

孙崇勇等揭示了认知负荷的四个特征：①主观性，即个体特征与任务特征交互作用而导致的主观体验，可以通过主观自我评定的方法来测量认知负荷；②内隐性，指认知加工过程是在大脑内部发生的，不能直接被观察到，具有较明显的内隐性；③变化性，即随着时间段、学习材料、任务性质的变化，认知负荷也有所变化；④相对性，即认知负荷是相对于不同个体、个体的不同时期、不同任务材料来讲的，认知负荷不是一成不变的。[②]

---

① 赵俊峰：《解密学业负担：学习过程中的认知负荷研究》，46～49 页，北京，科学出版社，2011。

② 孙崇勇、李淑莲：《认知负荷理论及其在教学设计中的运用》，16～17 页，北京，清华大学出版社，2017。

（五）认知负荷过重的后果

若认知负荷过重或出现超负荷，个体就会产生学习中的心理疲劳。心理疲劳的主要成分是认知疲劳。邹志伟根据对学生和教师的访谈结果，把学习中的认知疲劳分为四个维度：认知功能弱化、认知情绪消极、认知意志薄弱和认知行为退缩。[①] 认知疲劳会引发认知上的退化和情绪上的消极。

认知负荷理论对我们揭示学业负担的实质、划分学业负担的类型具有重要的意义。比如，将认知负荷区分为三个方面有助于我们认识学业负担的来源、原因，也有助于学业负担的分类。减轻学生学业负担要从认知负荷的三个方面采取措施。关于心理努力的细分能帮助我们细化学生学习投入的内容。过去我们看到的主要是时间投入，而对心理投入（认知投入、意志投入）和情绪投入关注得不够，现在有了心理努力的概念，我们在分析学业负担时则多了一种视角，在调节学业负担时我们也可以从认知、情绪、意志等多方面心理因素去干预。

四、社会分层理论

社会分层理论是社会学的理论。社会分层是人们的社会地位按照高低顺序进行排列而形成的不平等体系，其实质是社会资源在社会中的不均等分配。这些资源主要是财富、收入、声望和教育机会等。马克思用阶级来描述社会的等级，韦伯则用阶层来描述。韦伯认为，阶层是由财富、权力和声望三个维度构成的，分别对应经济地位、政治地位和社会地位。关于人的社会分层，有功能主义和冲突理论两种观点。功能主义的理论认为，社会不平等不仅是不可避免的，而且对社会的正常运转来说是必要的。社会中有一些工作更加重要，需要由能力更高的人开展，并赋予其更好的社会地位。学校的功能就是根据能力水平筛选个体，将他们安排到相应的阶层中。但是，先赋性因素影响人的能力的形成。冲突理论认为，不平等不是社会运行必不可少的，而是因为社会上占据统治地位的阶级控制着生产资料，他们为了保持其地位而设置对他们有利的规则。教育不过是再生产社会关系或社会的阶层。"每个群体都在为了更多地分享社会中'美好生活'

---

① 邹志伟：《学生学习过程中的认知疲倦及其现状》，硕士学位论文，河南大学，2012。

的构成要素——财富、权力和声望——而奋斗，正是这种竞争，冲突才得以存在。""教育实际上是再生产了这种权力、收入和社会地位的不平等。社会的价值观、规则和制度反映了优势群体的利益，反映了统治阶级的利益，这一点在教育机构里资源分配方式上显而易见。"①

社会分层是由先赋性因素和后致性（自致性）因素引起的。先赋性因素是人们不可控的因素，包括种族、出身等；后致性因素是个体自身可控的因素，如教育、努力、品质等。一般而言，多数人社会地位的获得都是先赋性与后致性因素共同作用的结果。根据教育社会学的研究，美国人的社会地位获得过程模式呈现了六种先赋性或后致性因素：第一，父母受教育程度、父亲的职业、家庭收入；第二，成绩或智商测验反映的能力；第三，学业成就；第四，重要他人的鼓励；第五，职业志向；第六，受教育成就直接影响的职业获得情况。② 鲍尔斯和金蒂斯认为，学校和家庭就像经济生产一样，家庭的阶层差异通过控制学校财政、评估和内容等方式，在学校教育中维持这种差异。不同阶级的学生受的学校教育结果大不相同，一些学生获得了更多的引向成功的文化资本，而另外一些学生却没有获得，这样就再生产了社会的阶级结构。③

教育社会学研究了教育分层问题。教育分层一方面指教育在社会分层中的作用，另一方面指教育的获得是诸多社会因素作用的结果。法国社会学家布迪厄认为，学生的学业成绩与文化背景有密切的关系。他在分析成绩的阶级差别时提出两个概念：文化资本和阶级气质。文化资本是指由遗传得来的促进学业成就的语言与文化的能力；阶级气质比较模糊，是一种深入内心的评价方式，一个儿童在教育上、事业上的抱负和前程是由其父母的教育经验和文化实践在结构上决定的。上层社会的学生从他们受过教育的父母那里继承了社会上层的文化形态，这种在家庭预先获得的文化资本与学校所提供的文化资本很接近，因此他们能够利用这种文化资本顺利学习，获得优良的学业成绩；相反，家庭背景差的学生则需要花费更多的时间去适应这种不同形式的文化符号，所以学习不够顺利，且时间负担较

---

① ［美］珍妮·H. 巴兰坦：《教育社会学：一种系统分析方法》，59页，南京，江苏教育出版社，2005。

② 同上书，56~57页。

③ 张人杰：《国外教育社会学基本文选（修订版）》，186~193页，上海，华东师范大学出版社，2009。

重，还得不到积极评价。① 英国学者伯恩斯坦还研究了社会阶级之间的不同语言方式：一种是公共语言（生活语言），主要为劳工阶级使用；另一种是正式语言，为中上层阶级使用。他在对劳工阶级和中上层阶级儿童所做的语言研究中发现，在词汇选择、语法使用、修辞等方面这两个阶级的儿童都存在差异。据此，他提出两种认知倾向：一种是偏向具体的、情境的，另一种是抽象的、概括的。他认为，学校文化实际上是一种中上层阶级的文化，学校语言有利于中上层阶级的子女，而对于劳工阶级的子女来说，他们要脱离原来的文化去学习一种新的语言，会不可避免地产生学业成就的差异。

学业负担是和学业成绩、学习质量分不开的一对"孪生兄弟"。关于社会分层的研究显示了家庭的社会、文化、经济资本以及学校资源对学生学业成绩、教育获得有重要影响。我们也可以推测，家庭背景、学校背景对学业负担也有重要影响，在学业负担方面也可能会存在背景上的差异。这是我们分析学生学业负担差异时主要依据的理论。

五、其他相关理论

除了以上主要的理论基础，笔者在研究和分析学业负担时还从心理学、教育学、社会学、管理学、政策学、经济学、工效学等学科视角，运用相关理论进行综合分析，特别是对学业负担成因的分析。

从心理学视角看，学习过程的理论可以解释学业负担的构成，心理压力理论可以解释学业负担形成的内部机理。

从教育学视角看，课程计划理论、考试选拔理论、教育评价理论可以解释学业负担的任务来源以及学业负担形成的原因。教学理论、教师专业化理论可以解释教师的教学支持因素，帮助分析负担形成的原因。

从社会学视角看，竞争理论（社会竞争与考试竞争）、互动论（不同群体在学业负担问题上的互动）、文化特性理论（中国的学习文化）等可以解释学业负担的社会和文化成因。

从管理学视角看，学校改进理论有助于分析减负活动的实施，学校管理理论有助于分析学业负担的学校管理成因和学校层面的学业负担调控。

---

① 转引自谭光鼎、王丽云：《教育社会学：人物与思想》，394、401 页，上海，华东师范大学出版社，2009。

从政策学视角看，政策分析、政策工具、政策执行模式等可以用来分析我国减负政策的效用问题，帮助提出更好的政策建议。

从经济学视角看，教育投资与收益(教育竞争的经济学依据)、成本与效益、成本替代(资源有限时不同资源的使用与组合)、博弈论(竞争决策)等理论有助于分析人们在学业负担方面的决策过程，帮助分析学业负担的成因。

从工效学、脑科学、卫生学等视角看，学业负担是大脑的负荷，本质上是大脑在做功，包括神经活动的生化、电反应等。神经活动的规律是我们认识学业负担的重要依据。目前，脑科学、认知神经科学不断发展，它们也会成为研究学业负担的重要学科。

第四节　研究方法

一、技术路线

笔者制定的技术路线是：①通过对学业负担的文献综述，把握研究的起点与不足，进一步厘清研究的突破点；②通过调查并进行探索性因素分析，呈现负担量、负担结构、负担成因的实际状况及其差异性，构建影响学业负担的因素模型，解决学业负担是"什么样"和"为什么"的问题；③对学业负担性质、结构、因素模型进行理论分析和阐释，形成关于学业负担的理论观点；④基于调查的情况、减负案例分析和学业负担理论分析，推导出学业负担调控的对策，解决"怎么办"的问题。

二、问卷调查

(一)工具

本研究采用笔者自编问卷《小学生学习情况调查问卷(学生卷)》。笔者前期对问卷进行了预测试(对三至六年级学生进行测试)，收回 240 份问卷，问卷信度为 0.692；然后通过请少数小学生试答，了解学生对题目的理解情况，并进行文字表达上的修改；另外，笔者与教育统计与测量专家、小学校长进行讨论，反复修改，最后形成调查问卷。

在此问卷中，负担来源和负担感构成 2 个一级维度；负担来源按主体分为学校、家庭、社会、学生 4 个二级维度，负担感分为生理感觉和心理感觉 2 个二级维度；在二级维度下设有若干三级维度(如表 2-2 所示)。

表 2-2 问卷结构

一级维度	二级维度	三级维度		观测点
负担来源（负担成因）	学校	学习任务	课程	课程难度、非考试科目是否被占用、学习时间（几节课、作息）
			作业	作业题量、作业时间、作业难度、作业形式
			考试	考试难度、考试次数
		教学支持	教师教学	讲解水平、方法指导、对学生的期望、课堂评价导向
			同伴	同伴帮助、作业上的帮助
	家庭	外部压力	家长期待	对孩子成绩的期望、评价导向
		学习任务	校外学习任务	报补习班情况、报班原因、校外作业、校外学习每周时间、购买辅导资料的情况
	社会	外部压力	就业与升学	学业与就业关系、升学竞争、升学途径、升学压力
	学生	学习能力	学习方法	复习、预习、作业、课外学习、学习习惯
			学习动机	学习动力、学习兴趣
			非智力因素	注意力、克服困难
负担感（主观感受）	生理感觉	睡眠与休息		睡眠时间、起床与睡眠时间点、双休日休息情况、运动与游戏时间
		疲劳感		上课疲劳情况、累的感觉、近视
	心理感觉	认知		学习负担的程度评估、理想的负担
		行为		发泄行为
		情绪		在学校的情绪体验、考试前后的情绪体验（焦虑、紧张、疲倦）

内容（因素）与题目的对应情况如表 2-3 所示。

表 2-3 内容（因素）与题目的对应情况

内容（因素）		题目题号
负担感（12题）		3，10，14，15，16，17，18，24，25，26，27，29
负担来源（34题）	外部压力（5题）	49，58，63，64，65
	学习任务（13题）	4，5，6，7，8，32，38，39，40，41，42，53，54
	学习能力（10题）	66，67，68，69，70，72，73，74，76，77
	教学支持（6题）	34，44，45，46，47，48

表 2-3 中的所有题目都由 5 个选项（A～E）组成。根据每个选项反映的程度，分别赋予 1～5 分，分数越高，说明反映的程度越大。

研究采用克龙巴赫 α（Cronbach's α）系数作为信度指标，计算公式为：

$$\alpha = \left[k/(k-1)\right] \times \left[1 - \left(\sum S_i^2 / S_x^2\right)\right]$$

其中，k 为量表中题项的总数，S_i^2 为第 i 题得分的题内方差，S_x^2 为全部题项总得分的方差。需要强调的是，S_x^2 不是总离差平方和。将问卷题目进行处理，去掉填空题和缺失较严重的多选题，共用 66 道题目进行测试，将选择题的各个选项分别赋予 1～5 分，计算得到的 α 系数为 0.747，表明问卷具有比较良好的信度。

笔者通过专家评定法对问卷的内容效度进行分析。问卷编写完后，笔者请 5 位专业研究者和 3 位小学校长对问卷的研究向度、题项是否可以测量该因素、表述用词是否适合等进行评定。8 位专家采取匿名评价方式，对问卷是否符合测量的目标和要求等进行五点判断——非常符合、比较符合、一般、比较不符合、非常不符合，并分别赋予 5、4、3、2、1 分。结果显示，专家评定的平均分为 4.25，说明问卷有较好的内容效度。

因素分析的目的在于求得量表的结构效度。在探索性因素分析中，问卷提取七个因子，其解释总变异的累积变异量为 50％；修改后的问卷提取五个因子，其解释总变异的累积变异量为 46.162％。这说明问卷有较好的结构效度。

（二）抽样

研究是以北京为例开展的。笔者采用整群抽样法，并注意到分层抽样的要求，取样时注意了各个维度的要求。从样本情况看，样本与北京市教育事业统计资料中小学生的总体分布比例是基本吻合的，有良好的代表性。

调查对象的区域和类型：以北京市小学生为对象，涵盖城区和郊区、优质学校和普通学校，分布在 15 个区；其中，城区优质学校 4 所，城区普通学校 8 所，郊区优质学校 4 所，郊区普通学校 11 所，共计 27 所。

调查对象的年级：小学三至六年级，每所学校三至六年级各选择一个班的学生。

问卷调查包括学生问卷、家长问卷和教师问卷。2013 年 5 月，笔者采用前述问卷对样本小学生进行了调查，并且对其家长进行了问卷调查，回收学生有效问卷 2577 份，家长问卷 2628 份。其中，学生问卷和家长问卷对应且相关信息齐全的有 1958 份。样本小学生的基本信息如表所示。

表 2-4　样本小学生的基本信息

项目		人数/人					比例/%
		三年级	四年级	五年级	六年级	合计	
性别	男	193	214	254	218	879	44.89
	女	230	256	289	304	1079	55.11
	合计	423	470	543	522	1958	100.00
区域	城区	234	297	311	273	1115	56.95
	郊区	189	173	232	249	843	43.05
	合计	423	470	543	522	1958	100.00
学校	普通校	269	297	344	327	1237	63.18
	优质校	154	173	199	195	721	36.82
	合计	423	470	543	522	1958	100.00
是否担任班干部	否	131	149	194	197	671	34.27
	是	292	321	349	325	1287	65.73
	合计	423	470	543	522	1958	100.00
成绩	优秀	97	104	108	138	447	22.83
	较优秀	150	169	202	189	710	36.26
	中等	143	140	159	137	579	29.57
	较差	27	47	62	45	181	9.24
	很差	6	10	12	13	41	2.09
	合计	423	470	543	522	1958	100.00
是否为独生子女	是	268	308	368	354	1298	66.29
	否	155	162	175	168	660	33.71
	合计	423	470	543	522	1958	100.00
出生地	北京	308	310	395	348	1361	69.51
	外地	115	160	148	174	597	30.49
	合计	423	470	543	522	1958	100.00

续表

项目		人数/人					比例/%
		三年级	四年级	五年级	六年级	合计	
家庭月收入	20000 元及以上	46	52	67	52	217	11.08
	16000～19999 元	34	40	46	45	165	8.43
	10000～15999 元	63	74	80	64	281	14.35
	5000～9999 元	134	131	163	144	572	29.21
	2000～4999 元	102	111	122	170	505	25.79
	2000 元以下	44	62	65	47	218	11.13
	合计	423	470	543	522	1958	100.00

此外，笔者调查了 27 所小学的 942 名教师。其中，男教师 190 人，女教师 752 人；城区教师 481 人，郊区教师 461 人；特级教师 4 人、中学高级教师 11 人，小学高级教师 574 人，小学一级教师 287 人，小学二级教师 11 人，其他 55 人。

三、访谈

访谈的目的主要是就案例学校的减负情况进行实地和材料研究，以总结案例学校在减负方面的做法，并基于学校改进的理论[①]，从学校改进层面研究减负的经验，提出学业负担调控的对策。

访谈所选案例学校是北京市昌平区某小学。该校在减负方面进行了比较长期的探索，具有典型性。笔者从 2010 年起参加了该校多次研究和展示活动，于 2017 年访谈了该校校长和骨干教师。访谈对象包括校长 1 人、语文和数学骨干教师各 4 人。

访谈提纲如下。

①学校是如何提出减负问题的？提出的背景是什么？

②学校减负的思路是什么？如何形成改进方案？

③学校是如何建构减负的改进能量的？

---

① 梁歆、黄显华：《学校改进：理论和实证研究》，上海，华东师范大学出版社，2010。

④减负的改进经过了几个阶段？各阶段的任务和特点是什么？

⑤在减负过程中，大家创造了什么样的策略和技术？各个学科获得了哪些具体的经验？

⑥改进过程中有哪些障碍和困难？不同主体的利益点是什么？如何协调各方利益？

⑦减负提质的效果如何？

四、文本分析

文本资料分析主要是就减负政策的文本材料做分析。笔者收集了中华人民共和国成立以来关于减负的主要文件，特别是改革开放后的减负文件，分析的主要政策文本如下。

1983 年，《教育部关于全日制普通中学全面贯彻党的教育方针，纠正片面追求升学率倾向的十项规定（试行草案）》。

1988 年，《国家教委关于减轻小学生课业负担过重问题的若干规定》。

1993 年，《国家教委关于减轻义务教育阶段学生过重课业负担、全面提高教育质量的指示》。

1994 年，《国家教委关于全面贯彻教育方针，减轻中小学生过重课业负担的意见》。

2000 年，《关于在小学减轻学生过重负担的紧急通知》。

2010 年，《国家中长期教育改革和发展规划纲要（2010—2020 年）》。

2013 年，《教育部办公厅关于开展义务教育阶段学校"减负万里行"活动的通知》。

2018 年，《关于切实减轻中小学生课外负担开展校外培训机构专项治理行动的通知》。

2018 年，《关于印发中小学生减负措施的通知》。

对减负政策的文本材料，笔者依据教育政策科学的理论进行分析，分析内容包括课程、作业、在校时间、考试、练习册、体育锻炼和休息睡眠等，并进行了内容上的比较分析及政策工具分析。[1]

---

① 陈学飞：《教育政策研究基础》，297～337 页，北京，人民教育出版社，2011。

第三章　学业负担实证研究结果

本章基于研究设计，呈现问卷调查结果与定量分析结果，还包括减负案例分析；其中问卷调查结果与定量分析主要包括主观负担感和学业负担结构，学业负担的影响因素，学业负担的因素建模以及学业负担的探索性因素分析，并且在各部分进行了差异性检验。

第一节　学业负担的结构

一、主观负担感的情况

（一）实际的主观负担感

主观负担感的最大值是 60.00 分，中位数是 36.00 分，均值是 26.39 分，表明学生的主观负担感水平是较低的，在 40.80～60.00 分的仅占 3.01％。从直接询问负担感的第 18 题回答来看，回答特别重和比较重的仅占 7.71％。笔者还让学生对学业负担直接打分，满分为 100 分，学生打分的均值为 41.22 分；若按 5 等级处理，均值为 2.4。表 3-1、表 3-2、表 3-3 分别展示了学生主观负担感的得分分布、对第 18 题的回答及对学业负担直接打分的情况。

表 3-1　学生主观负担感的得分分布

统计项	12.00～21.59 分	21.60～31.19 分	31.20～40.79 分	40.80～50.39 分	50.40～60.00 分	合计
频次	509	1014	376	56	3	1958
比例	26.00％	51.79％	19.20％	2.86％	0.15％	100％

表 3-2　学生对第 18 题的回答

统计项	特别重	比较重	一般	不重	很轻松	合计
频次	13	138	736	610	461	1958
比例	0.66%	7.05%	37.59%	31.15%	23.55%	100%

表 3-3　学生对学业负担直接打分的情况

统计项	0～20 分	21～40 分	41～60 分	61～80 分	81～100 分	合计
频次	430	545	650	179	53	1857
比例	23.2%	29.3%	35.0%	9.6%	2.9%	100%

其他调查项目也可以佐证。

从学生对学校生活的评价来看，76.1%的小学生认为学校生活有趣或非常有趣，20.7%的小学生认为学校生活趣味性一般，另有 3.2%的小学生认为学校生活无趣或非常无趣。

关于上课疲倦感情况，49.5%的学生上课学习的时候从未感觉疲劳困倦，36.4%的学生偶尔感觉疲劳，11.1%的学生有时候上课感觉疲倦，2.3%的小学生经常在上课时感觉疲倦，0.7%的学生一直感觉疲倦。

从学生近视的情况看，61.5%的小学生认为自己不近视，37.4%的小学生认为自己近视，另有 1.1%的小学生未回答或回答无效。这也反映学业负担是较轻的。

（二）理想的主观负担

关于理想的学习负担值，笔者请家长、教师、学生三类人群分别进行打分。家长（2181 人）认为比较理想的负担均值是 50.92 分。学生（1817 人）认为理想的负担均值为 41.97 分。教师（914 人）认为理想的负担均值为 45.23 分。三类人群理想负担的平均分为 46.04 分。对理想负担值家长打分最高，教师次之，学生最低，依次相差 5.69、3.26 分。这也反映出不同主体的期待：家长期待最高，学生期待最低。

对学生实际负担打分，家长均值是 44.79 分，教师均值为 40.18 分，学生均值为 41.21 分，三类人群平均分为 42.06 分。理想负担平均分高于实际负担平均分 3.98 分。

二、学生各项活动所花时间的情况

(一)各项活动时间分布

对小学生的负担结构笔者以时间为指标进行分析，看学生时间分配的结构情况是否合理。调查的时间包括每天睡眠时间、每天完成老师布置的作业的时间、每天完成课外辅导老师布置的作业的时间、平均每天做自己喜欢的运动和游戏的时间、平均每天看自己喜欢的课外书的时间、每天在学校和家里学习的总时间。

小学生每天晚上睡眠时间在 7 小时以上的人数占 94.6%，集中在 7~10 小时，人数占所调查学生的 89.5%；睡眠时间为 8~10 小时的学生占 68.7%；只有 5.5% 的小学生睡眠在 7 个小时以下。在询问是否睡眠充足时，14.4% 的小学生回答睡眠不太足或不足。

写作业时间在 0.5~1 小时的小学生所占的比例为 48.0%；79.7% 的小学生在 1 小时之内即可完成作业，绝大多数学生(约 95.2%)在 2 小时之内可完成作业，剩余的约 4.8% 的学生则需要 2 小时以上才能完成作业。

有 5.7% 的学生几乎没有时间运动和游戏，11.5% 的学生运动和游戏时间在 0.5 小时内，82.8% 的学生都有 0.5 小时以上的运动和游戏时间。

有 13.9% 的小学生有 10 小时以上的总学习时间。

双休日时间的使用情况较不乐观。双休日里有 1 天在学习的小学生所占比例最大，为 36.9%；0.5 天在学习的占 32.1%；1.5 天在学习的占 21.9%；有 5.4% 的小学生双休日几乎都在休息；有 3.7% 的小学生则双休日全部都在学习。双休日有 1.5 天以上的时间在学习的学生合计 25.6%。数据显示，26.8% 的小学生没有参加任何课外补习班与兴趣班，参与 1 个课外班的占 24.7%，参与 2 个课外班的占 21.8%，参与 3 个课外班的占 14.4%，参与 4 个及以上课外班的占 12.3%。关于报课外班的原因，按其重要性由大到小依次为：提高学习成绩，培养特长和兴趣，父母要求，因其他同学都报而怕自己不报学习就跟不上。

(二)赋值后的统计分析

笔者对各个选项进行了赋值，以便进行统计分析。赋值规则如表 3-4 所示。

表 3-4　赋值规则

各项活动时间	选项	赋值
每天睡眠时间	A. 6 小时以内	6
	B. 6～7 小时	6.5
	C. 7～8 小时	7.5
	D. 8～10 小时	9
	E. 10 小时以上	10
每天完成老师布置的作业的时间	A. 3 小时以上	3
	B. 2～3 小时	2.5
	C. 1～2 小时	1.5
	D. 0.5～1 小时	0.75
	E. 0.5 小时以内	0.5
每天完成课外辅导老师布置的作业的时间	A. 3 小时以上	3
	B. 2～3 小时	2.5
	C. 1～2 小时	1.5
	D. 1 小时	0.75
	E. 0.5 小时以内	0.5
	F. 没有作业	0
平均每天做自己喜欢的运动和游戏的时间	A. 几乎没有时间	0
	B. 0.5 小时以内	0.5
	C. 0.5～1 小时	0.75
	D. 1～2 小时	1.5
	E. 2 小时以上	2
平均每天看自己喜欢的课外书的时间	A. 几乎没有时间	0
	B. 0.5 小时以内	0.5
	C. 0.5～1 小时	0.75
	D. 1～2 小时	1.5
	E. 2 小时以上	2
每天在学校和家里学习的总时间	A. 12 小时以上	12
	B. 10～12 小时	11
	C. 8～10 小时	9
	D. 6～8 小时	7
	E. 6 小时以内	6

赋值后的统计结果如表 3-5 所示。

表 3-5　学生各项活动所花时间

各项活动时间	样本量	最小值	最大值	平均值	标准差
每天睡眠时间	1958	6.0	10.0	8.6	0.8
每天完成老师布置的作业的时间	1958	0.5	3.0	0.9	0.5
每天完成课外辅导老师布置作业的时间	1958	0.0	3.0	0.5	0.6
平均每天做自己喜欢的运动和游戏的时间	1958	0.0	2.0	1.2	0.6
平均每天看自己喜欢的课外书的时间	1958	0.0	2.0	1.0	0.5
每天在学校和家里学习的总时间	1958	6.0	12.0	7.9	1.7

从表 3-5 中可以看出以下几点。

①睡眠时间：被调查学生每天睡眠时间平均约为 8.6 小时，超过 8 小时。

②作业时间：每天完成学校老师布置的作业需要花费约 0.9 小时，接近 1 小时；每天完成课外辅导老师布置的作业需要花费约 0.5 小时；两项合计约 1.4 小时。

③运动和游戏时间：学生平均每天约有 1.2 小时用于做自己喜欢的运动或游戏。

④课外阅读时间：学生平均每天有约 1 小时可以看自己喜欢的课外书。

⑤总学习时间：学生在学校和家里学习的总时间约为 7.9 小时。

三、负担结构的情况

基于上述数据，可以考察两个结构。①学术性和非学术性学业：每天的学习时间属于学术性学业时间，课外阅读及运动和游戏时间为非学术性学业时间，睡眠时间为纯休息时间。②校内和校外学业：完成老师布置的作业的时间为校内作业时间，完成课外辅导老师布置的作业的时间为校外作业时间。

据此可以算出负担结构的比例。

负担结构一：学术性学业时间（7.9 小时）和非学术性学业时间（2.2 小时）的比例约为 1：0.3。

负担结构二：校内作业时间（0.9 小时）和校外作业时间（0.5 小时）的比例约为 1∶0.6。

此外，睡眠时间、学术性学业时间、非学术性学业时间各占全天时间的 35.8％、32.9％和 9.2％。

由此可见，学生学术性学业时间远远大于非学术性学业时间；校外作业时间占校内作业时间的一半多，说明校外学业负担较重。

四、负担结构的差异分析

（一）各项活动时间的差异分析

1. 性别差异

笔者对男女生在 6 项活动上的时间进行了统计（如表 3-6 所示），并对其进行了方差检验（如表 3-7 所示）。

表 3-6　男女生不同活动时间统计

各项活动时间	性别	人数/人	平均数	标准差	标准误
每天睡眠时间	男	879	8.605	0.8600	0.0290
	女	1079	8.595	0.8354	0.0254
每天完成老师布置的作业的时间	男	879	0.861	0.4958	0.0167
	女	1079	0.886	0.5102	0.0155
每天完成课外辅导老师布置的作业的时间	男	879	0.485	0.6444	0.0217
	女	1079	0.505	0.6042	0.0184
平均每天做自己喜欢的运动和游戏的时间	男	879	1.242	0.5933	0.0200
	女	1079	1.135	0.5641	0.0172
平均每天看自己喜欢的课外书的时间	男	879	0.955	0.5529	0.0186
	女	1079	1.035	0.5206	0.0158
每天在学校和家里学习的总时间	男	879	7.845	1.7337	0.0585
	女	1079	7.865	1.6871	0.0514

表 3-7　男女生各项活动时间差异分析

各项活动		莱文方差等同性检验		平均值方程的 t 检验						
		F	显著性	t	自由度	显著性（双尾）	平均值差值	标准误差值	95% 置信区间	
									下限	上限
每天睡眠时间	假设方差相等	0.514	0.474	0.263	1956.000	0.792	0.010	0.039	−0.065	0.086
	假设方差不相等			0.263	1854.267	0.793	0.010	0.039	−0.066	0.086
每天完成老师布置的作业的时间	假设方差相等	2.294	0.130	−1.086	1956.000	0.278	0.025	0.023	−0.070	0.020
	假设方差不相等			−1.089	1896.666	0.276	−0.025	0.023	−0.070	0.020
每天完成课外辅导老师布置的作业的时间	假设方差相等	2.689	0.101	−0.693	1956.000	0.488	−0.020	0.028	−0.075	0.036
	假设方差不相等			−0.688	1824.001	0.491	−0.020	0.029	−0.076	0.036
平均每天做自己喜欢的运动和游戏的时间	假设方差相等	0.266	0.606	4.068	1956.000	0.000	0.107	0.026	0.055	0.158
	假设方差不相等			4.047	1836.189	0.000	0.107	0.026	0.055	0.158
平均每天看自己喜欢的课外书的时间	假设方差相等	0.520	0.471	−3.293	1956.000	0.001	−0.080	0.024	−0.128	−0.032
	假设方差不相等			−3.273	1827.742	0.001	−0.080	0.025	−0.128	−0.032
每天在学校和家里学习的总时间	假设方差相等	0.765	0.382	−0.250	1956.000	0.803	−0.019	0.078	−0.172	0.133
	假设方差不相等			−0.249	1855.693	0.803	−0.019	0.078	−0.172	0.133

由表 3-6 和表 3-7 可知，在上述各项活动中，男生的每天睡眠时间与女生没有显著差异；男生平均每天做自己喜欢的运动和游戏的时间略长于女生(约 0.1 小时)，且达到显著差异；女生完成校内老师和课外辅导老师布置的作业的时间、每天看自己喜欢的课外书的时间和每天在学校和家里学习的总时间均略长于男生，但唯有平均每天看自己喜欢的课外书的时间这一项与男生的差异达到显著水平。"男生相对好动、女生相对好静"的特性在此分析中体现了出来。

2. 不同成绩学生各项活动时间的差异

笔者对不同成绩的学生的活动时间进行了描述统计分析(如表 3-8 所示)、方差分析(如表 3-9 所示)及多重比较(如表 3-10 所示)。

表 3-8　不同成绩学生各项活动时间描述统计分析

各项活动时间	成绩	样本量	均值	标准差	标准误	95% 置信区间		最小值	最大值
						下限	上限		
每天睡眠时间	1.0	447	8.658	0.7615	0.0360	8.587	8.729	6.0	10.0
	2.0	710	8.607	0.8136	0.0305	8.547	8.667	6.0	10.0
	3.0	579	8.596	0.8579	0.0357	8.526	8.666	6.0	10.0
	4.0	181	8.517	1.0407	0.0774	8.364	8.669	6.0	10.0
	5.0	41	8.232	1.0612	0.1657	7.897	8.567	6.0	10.0
	总体	1958	8.599	0.8463	0.0191	8.562	8.637	6.0	10.0
每天完成老师布置的作业的时间	1.0	447	0.807	0.4650	0.0220	0.764	0.850	0.5	3.0
	2.0	710	0.856	0.4593	0.0172	0.822	0.890	0.5	3.0
	3.0	579	0.885	0.5034	0.0209	0.844	0.926	0.5	3.0
	4.0	181	1.041	0.6648	0.0494	0.944	1.139	0.5	3.0
	5.0	41	1.049	0.6330	0.0989	0.849	1.249	0.5	2.5
	总体	1958	0.875	0.5038	0.0114	0.852	0.897	0.5	3.0
每天完成课外辅导老师布置的作业的时间	1.0	447	0.556	0.6882	0.0326	0.492	0.620	0.0	3.0
	2.0	710	0.505	0.5850	0.0220	0.462	0.548	0.0	3.0
	3.0	579	0.443	0.5864	0.0244	0.395	0.490	0.0	3.0
	4.0	181	0.486	0.6416	0.0477	0.392	0.580	0.0	3.0
	5.0	41	0.500	0.8422	0.1315	0.234	0.766	0.0	2.5
	总体	1958	0.496	0.6225	0.0141	0.469	0.524	0.0	3.0

续表

各项活动时间	成绩	样本量	均值	标准差	标准误	95%置信区间		最小值	最大值
						下限	上限		
平均每天做自己喜欢的运动和游戏的时间	1.0	447	1.224	0.6003	0.0284	1.168	1.280	0.0	2.0
	2.0	710	1.163	0.5655	0.0212	1.121	1.205	0.0	2.0
	3.0	579	1.183	0.5686	0.0236	1.137	1.229	0.0	2.0
	4.0	181	1.162	0.5908	0.0439	1.075	1.248	0.0	2.0
	5.0	41	1.183	0.6960	0.1087	0.963	1.403	0.0	2.0
	总体	1958	1.183	0.5797	0.0131	1.158	1.209	0.0	2.0
平均每天看自己喜欢的课外书的时间	1.0	447	1.097	0.5451	0.0258	1.046	1.147	0.0	2.0
	2.0	710	1.006	0.5373	0.0202	0.966	1.046	0.0	2.0
	3.0	579	0.945	0.5194	0.0216	0.903	0.988	0.0	2.0
	4.0	181	0.932	0.5243	0.0390	0.855	1.009	0.0	2.0
	5.0	41	0.890	0.5891	0.0920	0.704	1.076	0.0	2.0
	总体	1958	0.999	0.5367	0.0121	0.976	1.023	0.0	2.0
每天在学校和家里学习的总时间	1.0	447	7.946	1.7684	0.0836	7.782	8.111	6.0	12.0
	2.0	710	7.873	1.6781	0.0630	7.750	7.997	6.0	12.0
	3.0	579	7.762	1.6912	0.0703	7.624	7.900	6.0	12.0
	4.0	181	7.983	1.7590	0.1307	7.725	8.241	6.0	12.0
	5.0	41	7.341	1.4424	0.2253	6.886	7.797	6.0	11.0
	总体	1958	7.856	1.7077	0.0386	7.780	7.932	6.0	12.0

注：在成绩一列，1.0 表示成绩优秀，2.0 表示成绩较优秀，3.0 表示成绩中等，4.0 表示成绩较差，5.0 表示成绩很差。

表 3-9　不同成绩学生各项活动时间方差分析

各项活动时间		平方和	自由度	均方	F	显著性
每天睡眠时间	组间	8.354	4	2.088	2.927	0.020
	组内	1393.425	1953	0.713		
	总计	1401.778	1957			

续表

各项活动时间		平方和	自由度	均方	F	显著性
每天完成老师布置的作业的时间	组间	8.632	4	2.158	8.635	0.000
	组内	488.086	1953	0.250		
	总计	496.718	1957			
每天完成课外辅导老师布置的作业的时间	组间	3.333	4	0.833	2.155	0.072
	组内	755.078	1953	0.387		
	总计	758.411	1957			
平均每天做自己喜欢的运动和游戏的时间	组间	1.127	4	0.282	0.839	0.501
	组内	656.454	1953	0.336		
	总计	657.581	1957			
平均每天看自己喜欢的课外书的时间	组间	7.274	4	1.818	6.382	0.000
	组内	556.476	1953	0.285		
	总计	563.749	1957			
每天在学校和家里学习的总时间	组间	22.804	4	5.701	1.959	0.098
	组内	5684.582	1953	2.911		
	总计	5707.385	1957			

表 3-10 不同成绩学生各项活动时间多重比较

各项活动时间	成绩(I)	成绩(J)	均值差(I-J)	标准误	显著性	95%置信区间	
						下限	上限
每天睡眠时间	1.0	2.0	0.0507	0.0510	0.912	−0.107	0.208
		3.0	0.0619	0.0532	0.852	−0.102	0.226
		4.0	0.1411	0.0744	0.463	−0.088	0.371
		5.0	0.4260*	0.1378	0.049	0.001	0.851
每天完成老师布置的作业的时间	4.0	1.0	0.2344*	0.0440	0.000	0.099	0.370
		2.0	0.1855*	0.0416	0.001	0.057	0.314
		3.0	0.1563*	0.0426	0.009	0.025	0.288
		5.0	−0.0073	0.0865	1.000	−0.274	0.259

续表

各项活动	成绩(I)	成绩(J)	均值差 (I−J)	标准误	显著性	95％置信区间	
						下限	上限
每天完成课外辅导老师布置的作业的时间	1.0	2.0	0.0510	0.0375	0.764	−0.065	0.167
		3.0	0.1134	0.0391	0.079	−0.007	0.234
		4.0	0.0697	0.0548	0.805	−0.099	0.239
		5.0	0.0559	0.1015	0.990	−0.257	0.369
平均每天做自己喜欢的运动和游戏的时间	1.0	2.0	0.0612	0.0350	0.548	−0.047	0.169
		3.0	0.0412	0.0365	0.866	−0.071	0.154
		4.0	0.0627	0.0511	0.826	−0.095	0.220
		5.0	0.0413	0.0946	0.996	−0.250	0.333
平均每天看自己喜欢的课外书的时间	1.0	2.0	0.0908	0.0322	0.095	−0.009	0.190
		3.0	0.1516*	0.0336	0.000	0.048	0.255
		4.0	0.1644*	0.0470	0.016	0.019	0.309
		5.0	0.2065	0.0871	0.230	−0.062	0.475
每天在学校和家里学习的总时间	1.0	2.0	0.0731	0.1030	0.973	−0.245	0.391
		3.0	0.1847	0.1074	0.566	−0.147	0.516
		4.0	−0.0371	0.1503	1.000	−0.501	0.426
		5.0	0.6048	0.2784	0.318	−0.253	1.463

注：在成绩(I)和成绩(J)两列中，1.0 表示成绩优秀，2.0 表示成绩较优秀，3.0 表示成绩一般，4.0 表示成绩较差，5.0 表示成绩很差；* 表示 $p < 0.05$。

考察不同成绩的学生各项活动时间的差异可以发现，不同成绩的学生在每天睡眠时间、每天完成老师布置的作业的时间、平均每天看自己喜欢的课外书的时间上存在组间显著差异。

①睡眠时间：进一步比较各组之间的差异发现，成绩优秀的学生比成绩很差的学生睡眠时间多约 0.4 小时，且达到显著水平；且每天睡眠时间随学生成绩的下降呈递减趋势，这说明成绩越差，可能花在学习上的时间越多，睡眠时间越少。

②学校作业时间：完成老师布置的作业的时间随学生成绩的下降呈

增加趋势，即成绩较好的学生完成校内老师布置的作业所用的时间较少；成绩优秀的学生比成绩较差的学生完成校内老师布置的作业所用的时间少约 0.23 小时，达到显著水平；成绩较优秀的学生比成绩较差的学生完成校内老师布置的作业所用的时间少约 0.19 小时，达到显著水平；成绩一般的学生比成绩较差的学生完成校内老师布置的作业所用的时间少约 0.16 小时，达到显著水平。

③校外作业时间。在完成课外辅导老师布置的作业的时间上，成绩优秀的学生比其他组的学生花费的时间都长，但未达到显著水平，这说明学习好的学生在校外学习上花的时间更多。

④运动和游戏时间。在平均每天做自己喜欢的运动和游戏时间上，成绩优秀的学生比其他组的学生花费的时间都长，但未达到显著水平。

⑤课外阅读时间。平均每天看自己喜欢的课外书的时间随学生成绩的下降呈递减趋势；其中，成绩优秀的学生比成绩一般和成绩较差的学生花费的时间分别长约 0.15 小时和 0.16 小时，达到显著水平；这说明成绩越好，学生完成作业的时间越短，越有时间看课外书。

⑥总学习时间。在每天在学校和家里学习的总时间上，时间最长的是成绩较差的学生，其次为成绩优秀的学生，各组学生之间不存在显著差异。

（二）负担结构一的差异分析

1. 不同性别学生在负担结构一上的差异分析

对男女生的学术性学业时间和非学术性学业时间进行统计，得到表 3-11。对两者进行独立样本检验，得到表 3-12。

表 3-11 男女生的学术性学业时间和非学术性学业时间统计

负担结构	性别	人数	平均值	标准差	标准误差平均值
学术性学业时间	男	879	7.845	1.7337	0.0585
	女	1079	7.865	1.6871	0.0514
非学术性学业时间	男	879	2.197	0.9175	0.0310
	女	1079	2.171	0.8875	0.0270

表 3-12　独立样本检验

负担结构		莱文方差等同性检验		平均值等同性 t 检验						
		F	显著性	t	自由度	显著性（双尾）	平均值差值	标准误差值	95%置信区间	
									下限	上限
学术性学业时间	假定等方差	0.765	0.382	−0.250	1956.000	0.803	−0.0194	0.0776	−0.1716	0.1328
	不假定等方差			−0.249	1855.693	0.803	−0.0194	0.0778	−0.1721	0.1332
非学术性学业时间	假定等方差	0.056	0.813	0.650	1956.000	0.516	0.0266	0.0409	−0.0537	0.10692
	不假定等方差			0.648	1850.785	0.517	0.0266	0.0411	−0.0540	0.10719

方差齐性检验显示，学术性学业时间和非学术性学业时间的 p 值均大于 0.05，接受方差齐性。不同性别学生在学术性学业时间和非学术性学业时间上的平均数差异不显著，p 值均大于 0.05，这说明学术性学业时间和非学术性学业时间在性别上无显著差异。

2. 不同成绩学生在负担结构一上的差异

由表 3-9 可知，不同成绩学生在学术性学业时间上没有显著性差异（$p = 0.098$，> 0.05）。

对不同成绩学生在非学术性学业时间上进行方差分析（如表 3-13 所示）和多重比较（如表 3-14 所示），发现组间有显著差异（$p = 0.004$，< 0.01）。进行多重比较发现，成绩优秀的学生比成绩中等、成绩较差的学生在非学术性学业上花费的时间都长，分别长约 12 分钟、13 分钟，且存在显著差异，p 值均小于 0.05。成绩优秀的学生与成绩较优秀的学生和成绩很差的学生在非学术性学业时间上无显著差异。

表 3-13　不同成绩学生在非学术性学业时间上的方差分析

统计项	平方和	自由度	均方	F	显著性
组间	12.322	4	3.081	3.817	0.004
组内	1576.250	1953	0.807		
总计	1588.572	1957			

表 3-14 不同成绩学生在非学术性学业时间上的多重比较

成绩(I)	成绩(J)	平均值差值 (I−J)	标准误差	显著性	95%置信区间	
					下限	上限
1.0	2.0	0.15201	0.05424	0.050	0.0000	0.3040
	3.0	0.19279*	0.05656	0.007	0.0343	0.3513
	4.0	0.22711*	0.07915	0.041	0.0053	0.4489
	5.0	0.24786	0.14660	0.615	−0.1630	0.6587
2.0	1.0	−0.15201	0.05424	0.050	−0.3040	0.0000
	3.0	0.04078	0.05031	0.996	−0.1002	0.1818
	4.0	0.07509	0.07481	0.977	−0.1346	0.2848
	5.0	0.09584	0.14430	0.999	−0.3086	0.5003
3.0	1.0	−0.19279*	0.05656	0.007	−0.3513	−0.0343
	2.0	−0.04078	0.05031	0.996	−0.1818	0.1002
	4.0	0.03432	0.07650	1.000	−0.1801	0.2487
	5.0	0.05507	0.14519	1.000	−0.3519	0.4620
4.0	1.0	−0.22711*	0.07915	0.041	−0.4489	−0.0053
	2.0	−0.07509	0.07481	0.977	−0.2848	0.1346
	3.0	−0.03432	0.07650	1.000	−0.2487	0.1801
	5.0	0.02075	0.15538	1.000	−0.4148	0.4563
5.0	1.0	−0.24786	0.14660	0.615	−0.6587	0.1630
	2.0	−0.09584	0.14430	0.999	−0.5003	0.3086
	3.0	−0.05507	0.14519	1.000	−0.4620	0.3519
	4.0	−0.02075	0.15538	1.000	−0.4563	0.4148

注：在成绩(I)和成绩(J)两列中，1.0 表示成绩优秀，2.0 表示成绩较优秀，3.0 表示成绩一般，4.0 表示成绩较差，5.0 表示成绩很差；* 表示 $p < 0.05$。

(三)负担结构二的差异分析

1. 不同性别在负担结构二上的差异

从表 3-6、表 3-7 中可以看出校内作业时间、校外作业时间在不同性别上的情况。方差齐性检验显示，校内作业时间和校外作业时间的 p 值均大于 0.05，接受方差齐性。不同性别学生在校内作业时间和校外作业时间上的平均数差异不显著，p 值均大于 0.05。

2. 不同成绩的学生在负担结构二上的差异

从表 3-8、表 3-9、表 3-10 中可以看出不同成绩的学生在校内作业时间和校外作业时间上的情况。校内作业时间组间差异显著，p 小于 0.001。成绩较差的学生的校内作业时间较长。校外作业时间组间差异不显著，p 大于 0.05。成绩优秀的学生比其他组的学生花费的时间都长一点，但差异不显著。

第二节　学业负担的影响因素

一、影响因素的情况

（一）影响因素的分值与分布情况

笔者把反映各因素的题目得分求和，情况如表 3-15 所示。

表 3-15　各因素描述统计（$N=1958$）

负担感及负担来源	最小值	最大值	均值	标准差
负担感	12	52	26.39	6.92
外部压力	8	25	17.03	3.02
学习任务	15	55	31.61	6.08
学习能力	18	50	38.58	6.03
教学支持	12	30	24.76	2.99

负担感的得分范围是 12～60 分，中位数为 36 分，实际样本的分布范围是 12～52 分，样本均值为 26.39，样本标准差为 6.92；外部压力的得分范围是 5～25 分，中位数为 15 分，实际样本分布范围是 8～25 分，样本均值为 17.03，样本标准差为 3.02；学习任务的得分范围为 13～65 分，中位数为 39 分，实际样本分布范围是 15～55 分，均值为 31.61 分，样本标准差为 6.08；学习能力的得分范围是 10～50 分，中位数为 30 分，实际样本分布范围是 18～50 分，均值为 38.58 分，标准差为 6.03；教学支持的得分范围是 6～30 分，中位数为 18 分，样本实际得分范围是 12～30 分，样本均值为 24.76 分，样本标准差为 2.99。

从标准差看，负担感、学习任务、学习能力的标准差相对比较大，这说明学生在这几方面的分散程度相对较大。外部压力和教学支持的分散程度相对较小。

（二）外部压力分数分布

外部压力满分为 25 分，实际样本均值为 17.03 分，高于中位数（15分），说明外部压力较大（如表 3-16 所示）。

表 3-16　外部压力分数分布

统计项	5～8.99 分	9～12.99 分	13～16.99 分	17～20.99 分	21～25 分	合计
频次	2	122	727	841	266	1958
比例	0.1%	6.2%	37.1%	42.9%	13.6%	100.0%

从班主任老师的要求来看，51.0%的小学生认为班主任老师对自己的学习要求程度一般，43.5%的小学生认为班主任老师对自己的学习要求很高或比较高，仅有 5.4%的小学生认为班主任老师对自己的学习要求比较低或很低。

从家长的期望来看，约 84.8%的小学生非常同意或比较同意"父母对你的学习成绩和升学有很高的期望"这一表述；有 10.5%的小学生不确定；只有 4.7%的小学生不同意或不完全同意。

从升学压力来看，对于"只有进入好学校，将来才能有好的工作和前途"这一观点，小学生的回答并未呈现十分集中的趋势，不完全同意或不同意这一观点的小学生占 46.4%，比较同意或非常同意这一观点的占 39.3%，另有 14.2%的小学生不确定。对于"在北京，大家上好学校的竞争十分激烈"这一表述，非常同意或比较同意的小学生占 70.9%，不完全同意或不同意这一观点的小学生占 8.7%，另有 20.4%的小学生不确定。59.9%的小学生不完全同意或不同意"升学压力让自己喘不过气来"的表述，21.4%的小学生比较同意或非常同意，另有 18.8%的小学生不确定。

（三）学习任务分数分布

学习任务满分为 65 分，实际样本均值 31.61 分，低于中位数（39 分）。应该说，任务总体是比较轻的。当然，也有少数学生认为任务比较重（如表 3-17 所示）。

表 3-17　学习任务分数分布

统计项	13.0～23.39 分	23.4～33.79 分	33.8～44.19 分	44.2～54.59 分	54.6～65.0 分	合计
频次	173	1077	666	41	1	1958
比例	8.8%	55.0%	34.0%	2.1%	0.1%	100.0%

从课程难度来看，感觉所学课程难度适中的小学生所占比例最大，占
50.6%；42.8%的小学生感觉所学课程不难或很容易；另有6.6%的小学生
感觉所学课程比较难或非常难。

关于感觉难的学科，笔者根据选项所在的次序位置打分，某选项被选
在次序1得3分，选在次序2得2分，选在次序3得1分。笔者对各选项的
得分求平均数，得出各选项的得分，得分越高的选项越难。结果如表3-18所
示，各门课程的难度由大到小依次为：语文、英语、数学、体育、科学、音乐、
思想品德、美术。

表 3-18　小学生感觉难的学科分布

统计项	语文	数学	英语	美术	音乐	体育	思想品德	科学	其他
次序 1	318	356	541	67	125	119	55	170	156
次序 2	168	198	205	124	118	92	77	169	32
次序 3	106	72	84	75	92	47	48	81	48
合计	592	626	830	266	335	258	180	420	236
得分	2.86	2.45	2.55	1.97	2.10	2.28	2.04	2.21	2.46

从作业量和作业难度来看，认为老师布置的作业量适中的小学生所占
比例最大，约为46.7%；45.5%的小学生认为老师布置的作业比较少或非
常少；有7.8%的小学生认为老师布置的作业比较多或非常多。53.2%的小
学生觉得老师布置的作业比较容易或非常容易，约43.1%的小学生觉得老
师布置的作业难度适中，另有3.7%的小学生认为老师布置的作业比较难或
非常难。

从考试次数和考试难度来看，认为学校考试次数适中的小学生所占比
例最大，占51.4%；36.0%的小学生认为学校考试次数比较少或很少；有
12.6%的小学生认为学校考试次数较多或很多。认为考试难度适中的小学
生所占比例最多，占63.7%；认为考试比较简单或很简单的小学生占
19.2%；认为考试比较难或很难的小学生占17.1%。

从校外学习任务来看，双休日时间的使用情况较不乐观。如前文所述，
双休日里有1.5天以上的时间在学习的学生占25.6%，只有26.8%的小学
生没有参加任何课外补习班与兴趣班。

（四）学习能力分数分布

学习能力满分是 50 分，中位数是 30 分，实际样本均值是 38.58 分。这说明学生的学习能力是比较强的（如表 3-19 所示）。

表 3-19　学习能力分数分布

统计项	10～17.99 分	18～25.99 分	26～33.99 分	34～41.99 分	42～50 分	合计
频次	0	32	383	867	676	1958
比例	0	1.6%	19.6%	44.3%	34.5%	100.0%

从学生的学习方法和习惯来看，关于预习，有 24.3% 的小学生天天都会课前预习，33.6% 的小学生经常在课前预习，而 39.5% 的小学生有时或偶尔在课前预习，另有 2.6% 的小学生从不在课前预习。关于上课情况，74.8% 的小学生认为自己一直或经常在上课时认真听讲并积极思考，18.9% 的小学生认为自己有时候如此，6.3% 的小学生认为自己很少如此或从未如此。关于复习，44.8% 的小学生每天或经常在课后复习当天的功课，51.3% 的小学生有时或偶尔在课后复习当天的功课，另有 3.9% 的小学生从不复习当天的功课。关于自觉完成作业情况，有约一半（49.6%）的小学生在写作业时从来不需要家长提醒或督促，另有 44.4% 的小学生有时候或偶尔需要家长提醒或督促，只有约 6.0% 的小学生经常或总是需要家长提醒或督促。关于父母或老师对孩子学习习惯的看法，64.7% 的小学生认为父母或老师很少或从未说过自己学习习惯不好，其中很少说的为 39.2%；30.1% 的小学生认为父母或老师有时或偶尔说自己学习习惯不好；另有 5.2% 的小学生认为父母或老师经常说自己学习习惯不好。

从学习兴趣、动机和态度来看，关于是否喜欢上课，65.0% 的小学生喜欢或非常喜欢上课，21.4% 的小学生在一般程度上喜欢上课，而有 13.6% 的小学生不太喜欢或非常不喜欢上课。关于小学生努力学习的原因，按其重要性由大到小排列依次是：为了以后上理想的学校，为了掌握知识、锻炼能力，父母要求自己这样做，为了实现自己的理想，为了得到老师的表扬。关于克服学习困难的情况，79.8% 的小学生认为自己在学习中遇到困难时总是或经常想尽各种办法去克服，19.4% 的小学生有时候或偶尔如此，仅有 0.8％的小学生从未如此。关于写作业时的注意力情况，80.1％的小学生认为自己写作业时总是或经常注意力集中，19.1％的小学生认为自己有时或偶尔如此，只有近 0.8％的小学生认为自己从未如此。

关于学生的能力，问学生"大家是否都夸你很聪明？"，结果是：回答大家都夸的占 11.7％，不少人夸的占 27.9％，一些人夸的占 40.0％，很少人夸的占 14.9％，没人夸过的占 5.5％，大体呈现正态分布。

（五）教学支持分数分布

教学支持满分为 30 分，中位数为 18 分，实际样本平均值为 24.76 分，可见，对教师的评价总体是高的（如表 3-20 所示）。

表 3-20　教学支持分数分布

统计项	6.0～10.79 分	10.8～15.59 分	15.6～20.39 分	20.4～25.19 分	25.2～30.0 分	合计
频次	0	8	179	890	881	1958
比例	0	0.4％	9.1％	45.5％	45.0％	100.0％

从教师的教学方法来看，对"多数老师讲课清楚明白"的表述，92.3％的小学生非常同意或比较同意，即认为多数老师讲课清楚明白；约 3.0％的小学生不同意或不完全同意，另有 4.6％的小学生不确定。对"多数老师上课比较有趣"的表述，79.0％的小学生完全同意或比较同意，即认为多数老师上课比较有趣；11.1％的小学生不同意或不完全同意，另有 9.9％的小学生不确定。在"对学习的难点老师一般都能讲清楚"这点上，88.2％的小学生非常同意或比较同意，即认为老师一般都能讲清楚学习的难点；4.8％的小学生不同意或不完全同意，另有 7.0％的小学生不确定。关于老师指导学习方法的情况，调查数据显示，83.7％的小学生认为老师在课堂上总是或经常给学生讲学习的方法思路，4.9％的小学生认为老师偶尔或从来不这样做，11.4％的小学生认为老师有时候这样做。

负担感、外部压力、学习任务、学习能力、教学支持的得分分布直方图如图 3-1 至图 3-5 所示。

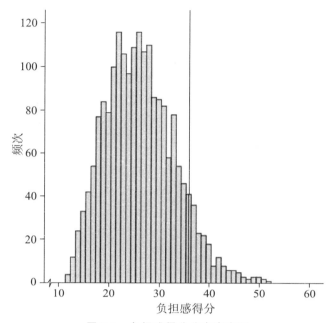

图 3-1　负担感得分分布直方图

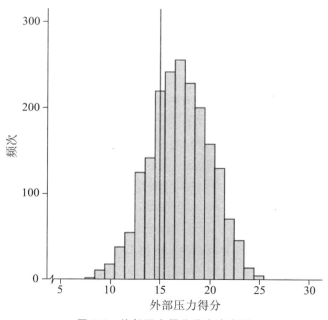

图 3-2　外部压力得分分布直方图

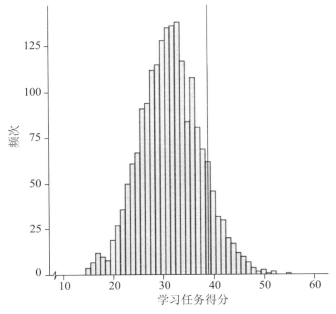

图 3-3　学习任务得分分布直方图

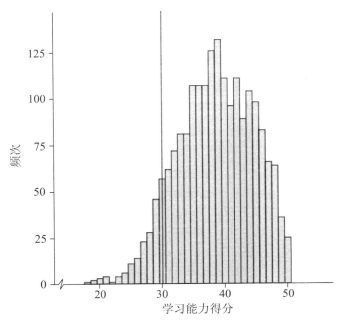

图 3-4　学习能力得分分布直方图

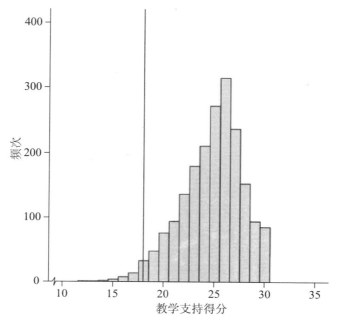

图 3-5　教学支持得分分布直方图

二、负担值及影响因素的差异比较

笔者在性别、学校类型、是否为北京生源、是否为独生子女、是否为班干部等方面进行了比较，并且分析了年级、学习成绩、父亲学历、家庭月收入对负担感和负担来源的影响。

（一）不同性别学生的比较

表 3-21 显示了男生和女生样本的均值和标准差。从中可以发现，男生的负担均值为 26.24，略微低于女生的负担均值 26.50；男生的外部压力均值要比女生高；女生的学习任务偏多；在学习能力上，男生明显低于女生；在教学支持方面，男生略微高于女生。

然后，笔者检验了样本均值差异的显著性。首先，笔者检验负担感、外部压力、学习任务、学习能力和教学支持在男生和女生中的方差是否一致。从检验结果来看，学习能力的方差在男生和女生之间有显著性差异；而负担感、外部压力、学习任务和教学支持四项的方差在男生和女生中是一致的。根据方差一致性检验的结果，笔者进行了对应的 t 检验。在 0.05 的置信水平下，负担感、学习任务和教学支持在男女生之间没有显著差异，外部压力和学习能力在男女生之间有显著差异，并且男生的外部压力显著高于女生，女生的学习能力明显强于男生。

表 3-21　负担感及负担来源的性别差异分析

负担感及负担来源	性别	人数	均值	标准差	t
负担感	男	879	26.24	6.921	−0.819
	女	1079	26.50	6.933	
外部压力	男	879	17.22	2.984	2.593**
	女	1079	16.87	3.041	
学习任务	男	879	31.35	6.121	−1.647
	女	1079	31.81	6.051	
学习能力	男	879	37.43	6.213	−7.691***
	女	1079	39.52	5.713	
教学支持	男	879	24.79	2.988	0.501
	女	1079	24.72	2.999	

注：** 表示 $p < 0.01$，*** 表示 $p < 0.001$。

(二)不同类型的学校学生之间的比较

对学校笔者采用两种分组方式：一种将学校分为城区学校和郊区学校；另一种将学校分为优质学校和普通学校。笔者分别对这两种分类方式进行比较。

1. 城区学校和郊区学校学生之间的比较

对城区学校和郊区学校学生进行独立样本 t 检验，结果表明，城区学校学生在负担感、外部压力、学习任务、学习能力和教学支持方面，均显著高于郊区学校学生(如表 3-22 所示)。

表 3-22　城郊学校在负担感及负担来源上的差异分析

负担感及负担来源	学校	人数	均值	标准差	t
负担感	城区	1115	26.97	7.096	4.275***
	郊区	843	25.62	6.623	

续表

负担感及负担来源	学校	人数	均值	标准差	t
外部压力	城区	1115	17.52	2.847	8.401***
	郊区	843	16.37	3.117	
学习任务	城区	1115	32.56	6.176	8.109***
	郊区	843	30.34	5.727	
学习能力	城区	1115	38.82	6.006	2.011*
	郊区	843	38.27	6.054	
教学支持	城区	1115	24.95	3.057	3.375***
	郊区	843	24.49	2.888	

注：* 表示 $p<0.05$，*** 表示 $p<0.001$。

2. 优质学校和普通学校学生之间的比较

对优质学校和普通学校学生进行独立样本 t 检验，结果表明，优质学校的学生和普通学校的学生在负担感上没有显著差异，但在外部压力、学习任务、学习能力和教学支持方面有显著差异，优质学校学生的外部压力、学习任务、学习能力和教学支持均显著高于普通学校学生（如表 3-23 所示）。

表 3-23　优质学校和普通学校学生在负担感及负担来源上的差异分析

负担值及负担来源	学校	人数	均值	标准差	t
负担感	优质校	721	26.22	7.185	−0.817
	普通校	1237	26.49	6.773	
外部压力	优质校	721	17.22	2.896	2.183*
	普通校	1237	16.91	3.086	
学习任务	优质校	721	32.22	6.809	3.244***
	普通校	1237	31.25	5.592	
学习能力	优质校	721	39.55	5.743	5.546***
	普通校	1237	38.02	6.126	
教学支持	优质校	721	25.23	2.915	5.350***
	普通校	1237	24.48	3.005	

注：* 表示 $p<0.05$，*** 表示 $p<0.001$。

(三)北京生源和非北京生源的比较

对北京生源和非北京生源进行独立样本 t 检验，结果表明，北京生源和非北京生源在负担感、外部压力、学习任务和教学支持方面均没有显著差异，但在学习能力方面有显著差异，北京生源的学习能力显著高于非北京生源（如表 3-24 所示）。

表 3-24 生源地在主观负担感及负担来源上的差异分析

负担感及负担来源	生源地	人数	均值	标准差	t
负担感	北京	1361	26.24	6.863	−1.369
	非北京	597	26.71	7.066	
外部压力	北京	1361	17.01	3.008	−0.332
	非北京	597	17.06	3.050	
学习任务	北京	1361	31.67	6.158	0.755
	非北京	597	31.45	5.919	
学习能力	北京	1361	38.84	6.001	2.787**
	非北京	597	38.01	6.068	
教学支持	北京	1361	24.81	2.952	1.229
	非北京	597	24.63	3.084	

注：** 表示 $p < 0.01$。

(四)独生子女和非独生子女之间的比较

对独生子女和非独生子女进行独立样本 t 检验，结果表明，独生子女和非独生子女在负担感、学习任务、学习能力和教学支持方面有显著差异，在外部压力方面没有显著差异。独生子女的负担感显著低于非独生子女，但学习任务、学习能力和教学支持显著高于非独生子女（如表 3-25 所示）。

表 3-25 是否为独生子女在主观负担感及负担来源上的差异分析

负担感及负担来源	是否为独生子女	人数	均值	标准差	t
负担感	独生子女	1298	26.09	6.923	−2.681**
	非独生子女	660	26.97	6.902	

续表

负担感及负担来源	是否为独生子女	人数	均值	标准差	t
外部压力	独生子女	1298	17.07	3.017	0.921
	非独生子女	660	16.94	3.026	
学习任务	独生子女	1298	31.81	6.231	2.094*
	非独生子女	660	31.21	5.772	
学习能力	独生子女	1298	39.05	6.035	4.828***
	非独生子女	660	37.67	5.923	
教学支持	独生子女	1298	24.94	2.948	3.774***
	非独生子女	660	24.40	3.052	

注：* 表示 $p < 0.05$，** 表示 $p < 0.01$，*** 表示 $p < 0.001$。

（五）班干部和非班干部之间的比较

对班干部和非班干部进行独立样本 t 检验，结果表明，班干部和非班干部在负担感、学习任务、学习能力和教学支持方面有显著差异，在外部压力方面没有显著差异。班干部的负担感、学习任务显著低于非班干部，学习能力和教学支持显著高于非班干部（如表 3-26 所示）。

表 3-26　班干部和非班干部在负担感及负担来源上的差异分析

负担感及负担来源	是否为班干部	人数	均值	标准差	t
负担感	班干部	1287	25.78	6.733	−5.297***
	非班干部	671	27.55	7.146	
外部压力	班干部	1287	17.05	2.969	0.402
	非班干部	671	16.99	3.118	
学习任务	班干部	1287	31.38	6.110	−2.253*
	非班干部	671	32.03	6.018	
学习能力	班干部	1287	40.02	5.572	15.413***
	非班干部	671	35.84	5.931	
教学支持	班干部	1287	25.01	2.892	5.045***
	非班干部	671	24.27	3.125	

注：* 表示 $p < 0.05$，** 表示 $p < 0.01$，*** 表示 $p < 0.001$。

（六）年级因素对学生负担感和负担来源的影响

以年级为因素进行单因素方差分析，结果如表 3-27 所示。可以发现，年级因素对外部压力、学习任务和教学支持有显著影响。图 3-6、图 3-7、图 3-8、图 3-9、图 3-10 显示了负担感及负担来源数值随年级的变化趋势：负担感总体上升，五年级比四年级略有下降；外部压力四年级最高，五年级下降，六年级回升；学习任务持续上升；学习能力呈现倒 U 形；教学支持随年级持续下降。

表 3-27　年级因素的方差分析结果

负担感及负担来源		平方和	自由度	均方	F	显著性
负担感	组间	204.820	3	68.273	1.424	0.234
	组内	93695.509	1954	47.951		
	总数	93900.329	1957			
外部压力	组间	71.573	3	23.858	2.622	0.049
	组内	17780.099	1954	9.099		
	总数	17851.672	1957			
学习任务	组间	514.908	3	171.636	4.661	0.003
	组内	71948.708	1954	36.821		
	总数	72463.616	1957			
学习能力	组间	69.924	3	23.308	0.640	0.589
	组内	71125.671	1954	36.400		
	总数	71195.596	1957			
教学支持	组间	216.335	3	72.112	8.136	0.000
	组内	17319.484	1954	8.864		
	总数	17535.819	1957			

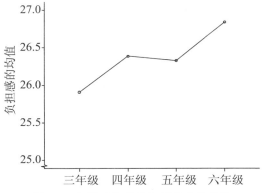

图 3-6　负担感均值随年级的变化趋势

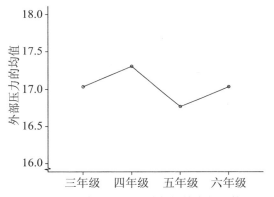

图 3-7　外部压力均值随年级的变化趋势

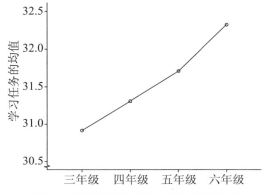

图 3-8　学习任务均值随年级的变化趋势

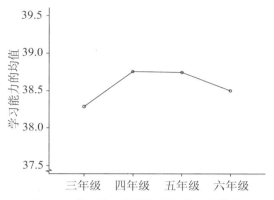

图 3-9　学习能力均值随年级的变化趋势

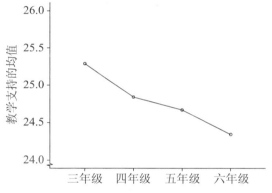

图 3-10　教学支持均值随年级的变化趋势

（七）学习成绩对负担感和负担来源的影响

以学习成绩为因素进行单因素方差分析，结果如表 3-28 所示。可以发现，学习成绩因素对负担感、学习任务、学习能力和教学支持四个指标有显著影响。图 3-11、图 3-12、图 3-13、图 3-14、图 3-15 显示了负担感、外部压力、学习任务、学习能力和教学支持随成绩的变化趋势：负担感均值随成绩下降而上升；外部压力的均值基本无变化；学习任务的均值随成绩下降有所增加，但成绩很差的学生的学习任务下降；学习能力的均值随成绩下降而下降；教学支持的均值随成绩下降而略有下降，而成绩很差的学生略有回升。

表 3-28　成绩因素的方差分析结果

负担感及负担来源		平方和	自由度	均方	F	显著性
负担感	组间	5814.438	4	1453.609	32.229	0.000
	组内	88085.892	1953	45.103		
	总数	93900.329	1957			
外部压力	组间	58.352	4	14.588	1.601	0.171
	组内	17793.320	1953	9.111		
	总数	17851.672	1957			
学习任务	组间	1107.229	4	276.807	7.576	0.000
	组内	71356.387	1953	36.537		
	总数	72463.616	1957			
学习能力	组间	16742.901	4	4185.725	150.125	0.000
	组内	54452.694	1953	27.882		
	总数	71195.596	1957			
教学支持	组间	717.339	4	179.335	20.825	0.000
	组内	16818.479	1953	8.612		
	总数	17535.819	1957			

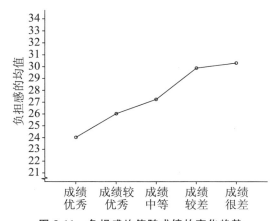

图 3-11　负担感均值随成绩的变化趋势

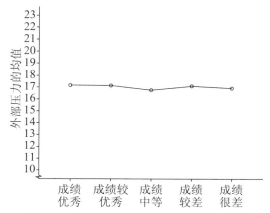

图 3-12 外部压力均值随成绩的变化趋势

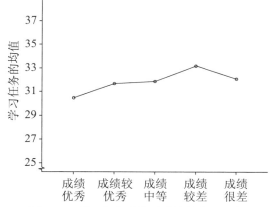

图 3-13 学习任务均值随成绩的变化趋势

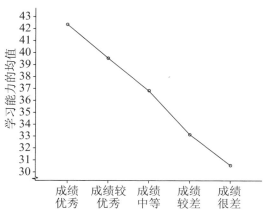

图 3-14 学习能力均值随成绩的变化趋势

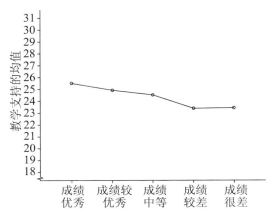

图 3-15　教学支持均值随成绩的变化趋势

（八）父亲学历对学生负担感和负担来源的影响

以父亲学历为因素进行单因素方差分析，结果如表 3-29 所示。我们发现，父亲学历对学生负担感、学习任务、学习能力和教学支持四个指标有显著影响。图 3-16、图 3-17、图 3-18、图 3-19、图 3-20 显示了负担感、外部压力、学习任务、学习能力和教学支持随父亲学历的变化趋势：父亲学历为高中及以下的学生的负担值高；外部压力基本无变化，父亲学历为初中及初中以下，外部压力下降；研究生父亲的孩子学习任务最重；学习能力和教学支持随父亲学历降低而降低，学习能力的下降趋势更明显。

表 3-29　父亲学历因素的方差分析结果

负担感及负担来源		平方和	自由度	均方	F	显著性
负担感	组间	767.081	5	153.416	3.215	0.007
	组内	93133.249	1952	47.712		
	总数	93900.329	1957			
外部压力	组间	81.259	5	16.252	1.785	0.113
	组内	17770.412	1952	9.104		
	总数	17851.672	1957			
学习任务	组间	1273.434	5	254.687	6.983	0.000
	组内	71190.182	1952	36.470		
	总数	72463.616	1957			

续表

负担感及负担来源		平方和	自由度	均方	F	显著性
学习能力	组间	3225.312	5	645.062	18.525	0.000
	组内	67970.284	1952	34.821		
	总数	71195.596	1957			
教学支持	组间	447.956	5	89.591	10.234	0.000
	组内	17087.863	1952	8.754		
	总数	17535.819	1957			

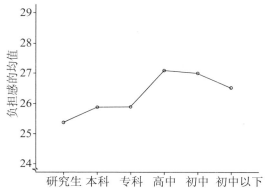

图 3-16　负担感均值随父亲学历的变化趋势

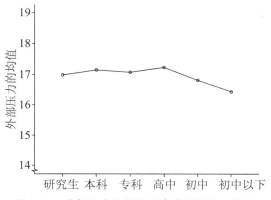

图 3-17　外部压力均值随父亲学历的变化趋势

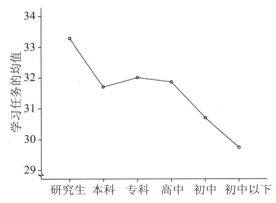

图 3-18　学习任务均值随父亲学历的变化趋势

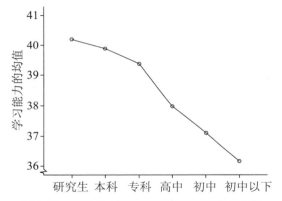

图 3-19　学习能力均值随父亲学历的变化趋势

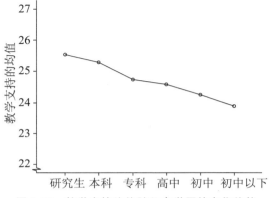

图 3-20　教学支持均值随父亲学历的变化趋势

（九）家庭月收入对负担感和负担来源的影响

以家庭月收入为因素进行单因素方差分析，结果如表 3-30 所示。可以发现，家庭月收入因素对负担感、学习任务、学习能力和教学支持四个指标有显著影响。图 3-21、图 3-22、图 3-23、图 3-24、图 3-25 显示了负担感及负担来源随家庭月收入的变化趋势：负担感与家庭月收入呈双峰分布，家庭月收入为 16000～19999 元和 2000～4999 元的学生负担感最重；在外部压力上，除家庭月收入为 16000～19999 元的学生略高外，其他基本无变化；学习任务与收入呈双峰分布；学习能力和教学支持总体随家庭月收入下降而下降。

表 3-30 家庭月收入因素的方差分析结果

负担感及负担来源		平方和	自由度	均方	F	显著性
负担感	组间	720.454	5	144.091	3.019	0.010
	组内	93179.876	1952	47.736		
	总数	93900.329	1957			
外部压力	组间	59.941	5	11.988	1.315	0.255
	组内	17791.731	1952	9.115		
	总数	17851.672	1957			
学习任务	组间	1553.174	5	310.635	8.551	0.000
	组内	70910.441	1952	36.327		
	总数	72463.616	1957			
学习能力	组间	2494.608	5	498.922	14.176	0.000
	组内	68700.988	1952	35.195		
	总数	71195.596	1957			
教学支持	组间	332.922	5	66.584	7.555	0.000
	组内	17202.896	1952	8.813		
	总数	17535.819	1957			

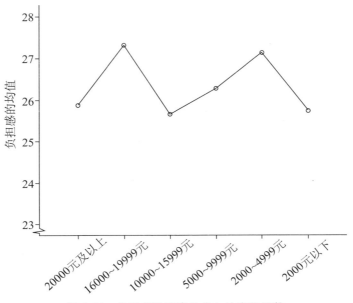

图 3-21　负担感随家庭月收入的变化趋势

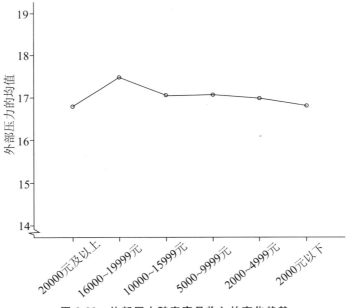

图 3-22　外部压力随家庭月收入的变化趋势

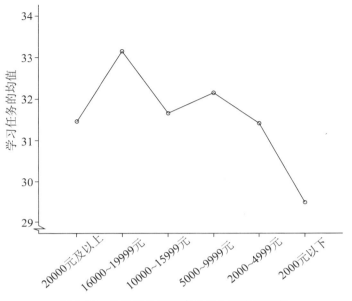

图 3-23 学习任务随家庭月收入的变化趋势

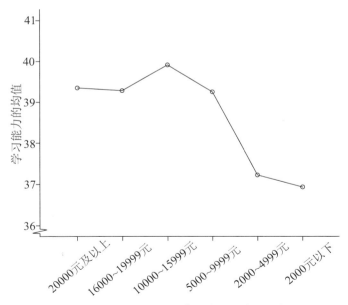

图 3-24 学习能力随家庭月收入的变化趋势

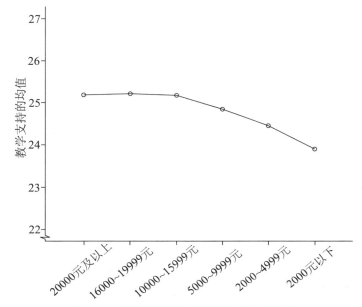

图 3-25　教学支持随家庭月收入的变化趋势

第三节　学业负担的因素建模

笔者通过建立线性模型来研究外部压力、学习任务、学习能力和教学支持这四个要素对于学生负担的影响。

第一，对负担感及负担来源进行相关分析，结果表明，外部压力和学习任务与负担感有显著正相关关系，外部压力越大、学习任务越重，负担感越强；学习能力和教学支持与负担感有显著负相关关系，学习能力越强、教学支持越多，负担感越弱（如表 3-31 所示）。

表 3-31　相关分析结果

项目	负担感	外部压力	学习任务	学习能力	教学支持
负担感	1	0.391**	0.606**	−0.418**	−0.322**
外部压力	0.391**	1	0.358**	−0.082**	0.044
学习任务	0.606**	0.358**	1	−0.271**	−0.248**
学习能力	−0.418**	−0.082**	−0.271**	1	0.428**
教学支持	−0.322**	0.044	−0.248**	0.428**	1

注：** 表示 $p < 0.01$。

第二，使用各负担来源的值和学生负担建立含有截距项的线性模型。对模型显著性进行的 F 检验发现，模型对解释学生负担的变化有显著的效果。表 3-32 的 R^2 说明模型可以解释 48.5％ 的学生负担变异。表 3-33 中的非标准化系数和 t 统计量两栏分别展示了回归系数和对回归系数显著性的检验，从中可以发现，所有的变量都是显著有效的。模型为：

$$Y = 19.496 + 0.513 \times X_1 + 0.492 \times X_2 - 0.261 \times X_3 - 0.294 \times X_4$$

其中，Y 表示负担感，X_1 表示外部压力得分，X_2 表示学习任务得分，X_3 表示学习能力得分，X_4 表示教学支持得分。

对负担感及影响因素进行回归分析的结果表明，外部压力、学习任务、学习能力、教学支持均能预测负担感。其中，外部压力和学习任务对负担感有正向预测作用，学习能力和教学支持对负担感有显著的负向预测作用，学习任务在四个负担来源维度中对负担感的影响最大。

表 3-32 多元回归分析结果

预测变量	β	R	R^2	ΔR^2	F
外部压力	0.223***				
学习任务	0.432***	0.697	0.485	0.484	460.172***
学习能力	−0.228***				
教学支持	−0.127***				

注：*** 表示 $p < 0.001$。

表 3-33 回归结果

变量	R	非标准化系数	标准误差	标准化系数	t 统计量
常数项		19.496	1.400		13.904*
外部压力	0.39*	0.513	0.040	0.223	12.703*
学习任务	0.61*	0.492	0.021	0.432	23.556*
学习能力	−0.42*	−0.261	0.021	−0.228	−12.426*
教学支持	−0.32*	−0.294	0.043	−0.127	−6.913*

注：* 表示 $p < 0.05$。

通过回归模型可以发现如下几点。

①不考虑学生的学习能力、外部压力、学习任务和教学支持的影响，学生的平均负担感水平为 19.496。

②外部压力的提高会导致负担感的增强，外部压力的指标每提高 1，负

担感提高 0.513。

③学习任务的提高会导致负担感增强，学习任务的指标每提高 1，负担感提高 0.492。

④学习能力的提高会使负担感减弱，学习能力的指标每提高 1，负担感下降 0.261。

⑤教学支持的提高会使负担感减弱，教学支持的指标每提高 1，负担感下降 0.294。

因为外部压力的取值范围为 5～25，学习任务的取值范围为 13～65，学习能力的取值范围为 10～50，教师支持的取值范围为 6～30，为解决取值范围不同的问题，笔者对数据进行标准化处理，然后建模，结果在表 3-34 的标准化系数一栏显示出来，所以模型为：

$$Zscore(Y) = 0.223 \times Zscore(X_1) + 0.432 \times Zscore(X_2) -$$
$$0.228 \times Zscore(X_3) - 0.127 \times Zscore(X_4)$$

另外，笔者通过将数据减去最小值再除以数据极差，把数据变换为 0～1 范围内的数值，再建模回归，结果如表 3-34 所示。

表 3-34　变换后的回归结果

变量	R	非标准化系数	标准误差	标准化系数	t 统计量
常数项		0.268	0.018		14.494*
外部压力	0.39*	0.218	0.017	0.223	12.703*
学习任务	0.61*	0.492	0.021	0.432	23.556*
学习能力	−0.42*	−0.209	0.017	−0.228	−12.426*
教学支持	−0.32*	−0.132	0.019	−0.127	−6.913*

注：* 表示 $p < 0.05$。

所以变换后的模型为：

$$Y' = 0.268 + 0.218 \times X_1' + 0.492 \times X_2' - 0.209 \times X_3' - 0.132 \times X_4'$$

这就是得到的学业负担模型。

笔者直接询问学生负担重的原因："如果负担重，你觉得主要来自什么方面(可多选，按主次排序)?"选项有：学习任务重；老师要求高；家长要求高；老师教得不好；自己不太会学习；其他。根据选项所在的次序位置打分，被选在次序 1 得 5 分，被选在次序 2 得 4 分，被选在次序 3 得 3 分，被选在次序 4 得 2 分，被选在次序 5 得 1 分。笔者对各选项的得分求平均，得出选项的得分，结果如表 3-35 所示。

表 3-35　负担重的原因统计结果

统计项	学习任务重	老师要求高	家长要求高	老师教得不好	自己不太会学习	其他
次序 1	453	87	496	4	563	0
次序 2	50	82	178	11	163	33
次序 3	5	21	53	3	34	12
次序 4	2	0	2	2	8	3
次序 5	0	0	0	1	0	0
合计	510	190	728	21	768	48
得分	4.87	4.35	4.61	3.71	4.67	3.63

可见，小学生觉得负担重的原因，按分值由大到小依次为：学习任务重、自己不太会学习、家长要求高、老师要求高、老师教得不好、其他。这与模型得出的结论是基本一致的。

第四节　学业负担的探索性因素分析

对可能的学生负担来源，笔者用第 24、30、31、32、34、38、39、41、42、43、44、45、46、47、48、49、58、59、60、63、64、65、66、67、68、69、70、72、73、74、76、77 题这 32 个题目进行了探索性因素分析。在探索性因素分析前，笔者对第 24、30、31、32、34、38、39、41、42、43、49、58、60、63、64、65、66、67、68、69、72 题做了正向计分（即 A～E 分别计分 5～1 分），其他题项反向计分。结果如表 3-36 所示。

表 3-36　KMO 及巴特利特球形检验

KMO 取样适切性量数		0.910
巴特利特球形检验	近似卡方值	15328.317
	自由度	496
	显著性	0.000

由表 3-36 可知，KMO 值为 0.910，远大于 0.5，表示变量间的共同因素多，适合进行因素分析。因素分析的碎石图如图 3-26 所示。

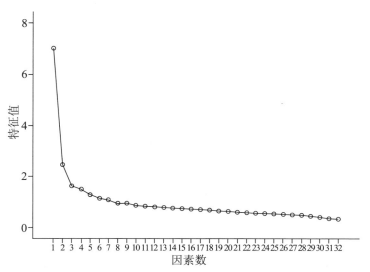

图 3-26　碎石图

从图 3-26 可以看出，从第 7 个因素后，坡度线甚为平坦，因此保留 5～9 个因素较为适宜。整体解释的变异数如表 3-37 所示。

表 3-37　整体解释的变异数

因素	未转轴的特征值			特征值大于 1 者			转轴后的数据		
	特征值	变异数百分比/%	累积解释变异数的百分比/%	特征值	变异数百分比/%	累积解释变异数的百分比/%	特征值	变异数百分比/%	累积解释变异数的百分比/%
1	7.021	21.939	21.939	7.021	21.939	21.939	3.361	10.505	10.505
2	2.453	7.667	29.606	2.453	7.667	29.606	3.152	9.850	20.355
3	1.621	5.066	34.672	1.621	5.066	34.672	3.058	9.555	29.910
4	1.492	4.662	39.334	1.492	4.662	39.334	1.797	5.615	35.525
5	1.271	3.973	43.307	1.271	3.973	43.307	1.644	5.138	40.664
6	1.140	3.564	46.871	1.140	3.564	46.871	1.636	5.113	45.777
7	1.067	3.333	50.204	1.067	3.333	50.204	1.417	4.427	50.204
8	0.937	2.930	53.134						
9	0.931	2.910	56.044						
10	0.851	2.660	58.704						

续表

因素	未转轴的特征值			特征值大于 1 者			转轴后的数据		
	特征值	变异数百分比/%	累积解释变异数的百分比/%	特征值	变异数百分比/%	累积解释变异数的百分比/%	特征值	变异数百分比/%	累积解释变异数的百分比/%
11	0.823	2.572	61.275						
12	0.807	2.523	63.798						
13	0.783	2.447	66.245						
14	0.757	2.366	68.611						
15	0.742	2.318	70.929						
16	0.720	2.249	73.178						
17	0.701	2.189	75.367						
18	0.682	2.131	77.498						
19	0.641	2.002	79.500						
20	0.639	1.997	81.497						
21	0.601	1.878	83.375						
22	0.587	1.836	85.211						
23	0.564	1.761	86.972						
24	0.553	1.727	88.699						
25	0.538	1.682	90.381						
26	0.519	1.621	92.002						
27	0.504	1.573	93.575						
28	0.489	1.527	95.102						
29	0.455	1.422	96.524						
30	0.410	1.282	97.806						
31	0.358	1.118	98.923						
32	0.345	1.077	100.000						

注：抽取方法采用主成分分析法。

　　从表 3-37 来看，轴转后 7 个共同因素可以解释的变异量为 50.204％。转轴后的因素矩阵如表 3-38 所示。

表 3-38　轴转后的因素矩阵

题号	共同因素						
	1	2	3	4	5	6	7
第 39 题	0.766	0.215	0.129				
第 32 题	0.708	0.205	0.138		−0.218		
第 42 题	0.700	0.126					0.118
第 38 题	0.694		0.212	0.137	0.139		
第 41 题	0.529		0.166	0.127	0.253	0.137	
第 34 题	0.410	0.344	0.252	0.112	−0.162		0.112
第 43 题	0.382		0.381	0.163	0.296	0.215	0.125
第 65 题	0.361	0.108	0.246		0.323	0.201	0.308
第 68 题	0.116	0.722			0.157	0.174	−0.145
第 77 题		0.701	0.166	0.282			
第 69 题	0.147	0.651			0.123		0.168
第 73 题	0.104	0.613	0.199	0.305			
第 74 题		0.564	0.184	0.260	−0.131		
第 70 题	0.152	0.551	0.223	0.195	−0.336		
第 46 题	0.144	0.140	0.696				
第 45 题	0.100		0.695	0.201			
第 44 题	0.169	0.136	0.657				
第 30 题	0.348	0.171	0.527	0.201			
第 59 题		0.342	0.492		−0.146		0.147
第 47 题			0.478		−0.205	0.165	−0.125
第 31 题	0.292		0.338		0.123	0.314	
第 72 题	0.223	0.133	0.319	0.277			0.107
第 66 题	−0.106	−0.262	−0.163	−0.790			
第 67 题	−0.150	−0.272	−0.188	−0.770			
第 49 题					0.633	−0.108	0.126
第 76 题	0.133	0.286	0.105		−0.589	−0.103	0.299
第 64 题				0.149	0.443		0.401
第 60 题					−0.100	0.717	
第 63 题						0.684	0.158
第 48 题		−0.122	−0.251		−0.242	−0.559	−0.114
第 58 题	−0.118						0.682
第 24 题	0.300	0.115					0.606

注：①抽取方法采用主成分分析法；
　　②转轴法为 Kaiser 正规化最大变异法，旋转在 7 次迭代中收敛。

采取主成分分析法，以 Kaiser 正规化最大变异法进行转轴，抽取特征值大于 1 的因素，共有 7 个，7 个因素的特征值分别为 3.361、3.152、3.058、1.797、1.644、1.636、1.417，其解释变异量分别为 10.505%、9.850%、9.555%、5.615%、5.138%、5.113%、4.427%，累积的解释变异量为 50.204%。结果如表 3-39 所示。

表 3-39　学业负担来源因素分析结果摘要

题号及题目内容	解释变异量	累积解释变异量	抽取的因素						
			1	2	3	4	5	6	7
39. 老师留的作业难度			0.766	0.215	0.129				
32. 学校学习的课程难度			0.708	0.205	0.138		-0.218		
42. 考试的难度			0.700	0.126					0.118
38. 老师布置的作业量			0.694		0.212	0.137	0.139		
41. 学校考试的次数多少	10.505	10.505	0.529		0.166	0.127	0.253	0.137	
34. 听懂老师讲课情况			0.410	0.344	0.252	0.112	-0.162		0.112
43. 主科占用其他课程的时间			0.382		0.381	0.163	0.296	0.215	0.125
65. 升学压力			0.361	0.108	0.246		0.323	0.201	0.308
68. 写作业需要家长提醒或督促			0.116	0.722			0.157	0.174	-0.145
77. 写作业时注意力集中			0.701	0.166	0.282				
69. 学习习惯			0.147	0.651			0.123		0.168
73. 认真完成作业	9.850	2.355	0.104	0.613	0.199	0.305			
74. 想尽各种办法来克服困难			0.564	0.184	0.260	-0.131			
70. 上课时认真听讲并积极思考			0.152	0.551	0.223	0.195	-0.336		

题号及题目内容	解释变异量	累积解释变异量	抽取的因素						
			1	2	3	4	5	6	7
46.学习的难点老师一般都能讲清楚			0.144	0.140	0.696				
45.多数老师上课比较有趣			0.100		0.695	0.201			
44.多数老师讲课清楚明白			0.169	0.136	0.657				
30.学校生活有意思、有趣味			0.348	0.171	0.527	0.201			
59.在学习上遇到困难向同学求助时，他们都很愿意帮助	9.555	29.910	0.342	0.492		-0.146		0.147	
47.老师们在课堂上给我们讲学习的方法思路			0.478		-0.205	0.165	-0.125		
31.学的课程门数多			0.292		0.338		0.123	0.314	
72.喜欢上课			0.223	0.133	0.319	0.277			0.107
66.课前会预习	5.615	35.525	-0.106	-0.262	-0.163	-0.790			
67.每天课后会复习当天的功课			-0.150	-0.272	-0.188	-0.770			
49.班主任老师对学习要求很高			0.633	-0.108	0.126				
76.大家都夸我聪明	5.138	4.664	0.133	0.286	0.105		-0.589	-0.103	0.299
64.上好学校的竞争十分激烈						0.149	0.443		0.401
60.班里学习成绩不好的同学的朋友一般很少						-0.100	0.717		
63.只有进入好学校，将来才能有好的工作和前途	5.113	45.777						0.684	0.158
48.老师总表扬学习成绩好的学生				-0.122	-0.251		-0.242	-0.559	-0.114

续表

题号及题目内容	解释变异量	累积解释变异量	抽取的因素						
			1	2	3	4	5	6	7
58. 父母对我的学习成绩和升学有很高的期望	4.427	5.204	−0.118						0.682
24. 如果成绩不理想，会担心父母、教师或同学的评价			0.300	0.115					0.606

注：①抽取方法采用主成分分析法；
　　②转轴法为 Kaiser 正规最大变异法，旋转在 7 次迭代中收敛。

　　第一个因素包含"老师留的作业难度""学校学习的课程难度""考试的难度""老师布置的作业量""学校考试的次数多少""听懂老师讲课情况""主科占用其他课程的时间""升学压力"这八个因子。这些都与学校课程、作业以及考试的量和难度有关，笔者称之为"学习任务与压力"。

　　第二个因素包含"写作业需要家长提醒或督促""写作业时注意力集中""学习习惯""认真完成作业""想尽各种办法来克服困难""上课时认真听讲并积极思考"这六个因子。这些都与个人学习态度、习惯、方法有关，笔者称之为"学习态度与习惯"。

　　第三个因素包含"学习的难点老师一般都能讲清楚""多数老师上课比较有趣""多数老师讲课清楚明白""学校生活有意思、有趣味""在学习上遇到困难向同学求助时，他们都很愿意帮助""老师们在课堂上给我们讲学习的方法思路""学的课程门数多""喜欢上课"这八个因子。这些多与学校教师授课、同学帮助及兴趣有关，笔者称之为"教师同学指导支持"。

　　第四个因素包含"课前会预习""每天课后会复习当天的功课"这两个因子。这些主要与个人课下学习付出有关，笔者称之为"个人学习投入"。

　　第五个因素包含"班主任老师对学习要求很高""大家都夸我聪明""上好学校的竞争十分激烈"这三个因子。这些均与周围评价有关，笔者称之为"社会评价"。

　　第六个因素包含"班里学习成绩不好的同学的朋友一般很少""只有进入好学校，将来才能有好的工作和前途""老师总表扬学习成绩好的学生"，均与学校及社会氛围有关，笔者称之为"舆论氛围压力"。

第七个因素包含"父母对我的学习成绩和升学有很高的期望""如果成绩不理想，会担心父母、教师或同学的评价"，这些主要来自父母的期望和要求，笔者称之为"父母教师期望和要求"。

如果去掉两个只包含两个因子的因素，结果与上述结果的差异不太大。唯一变化是第一个因素中"主科占用其他课程的时间"这一因子被归到第三个因素中。

去掉第 24、58、66、67 题并重新进行因素分析，结果如表 3-40 所示。

表 3-40 去掉 4 道题后的因素分析结果

题号及题目内容	因素				
	1	2	3	4	5
77. 写作业时注意力集中	0.746	0.075	0.196	−0.045	−0.043
73. 认真完成作业	0.678	0.100	0.236	−0.067	−0.014
68. 写作业需要家长提醒或督促	0.654	0.096	−0.047	0.145	0.128
69. 学习习惯	0.627	0.145	0.017	0.199	0.047
74. 想尽各种办法来克服困难	0.623	0.078	0.215	−0.102	−0.026
70. 上课时认真听讲并积极思考	0.609	0.162	0.226	−0.287	0.085
39. 老师留的作业难度	0.220	0.773	0.128	−0.065	0.020
32. 学校学习的课程难度	0.224	0.717	0.121	−0.176	0.048
42. 考试的难度	0.137	0.710	0.082	−0.005	0.020
38. 老师布置的作业量	0.035	0.684	0.251	0.110	0.017
41. 学校考试的次数多少	−0.024	0.520	0.204	0.247	0.117
34. 听懂老师讲课情况	0.382	0.415	0.239	−0.098	0.138
45. 多数老师上课比较有趣	0.065	0.102	0.722	0.057	−0.047
46. 学习的难点老师一般都能讲清楚	0.128	0.136	0.683	−0.014	−0.003
44. 多数老师讲课清楚明白	0.143	0.160	0.653	−0.018	−0.015
30. 学校生活有意思、有趣味	0.226	0.342	0.547	0.099	0.078
47. 老师们在课堂上给我们讲学习的方法思路	0.069	0.095	0.483	−0.241	0.146
59. 在学习上遇到困难向同学求助时，他们都很愿意帮助	0.357	0.063	0.448	−0.085	0.082
43. 主科占用其他课程的时间	0.043	0.380	0.406	0.321	0.222
72. 喜欢上课	0.226	0.225	0.358	−0.005	0.092

续表

题号及题目内容	因素				
	1	2	3	4	5
31. 学的课程门数多	0.084	0.279	0.323	0.147	0.323
49. 班主任老师对学习要求很高	0.003	0.052	−0.040	0.638	−0.125
64. 上好学校的竞争十分激烈	0.005	0.017	−0.043	0.552	0.156
76. 大家都夸我聪明	0.366	0.170	0.069	−0.472	−0.001
65. 升学压力	0.129	0.352	0.242	0.414	0.246
60. 班里学习成绩不好的同学的朋友一般很少	−0.013	0.035	0.052	−0.096	0.705
63. 只有进入好学校，将来才能有好的工作和前途	0.051	0.077	−0.087	0.008	0.703
48. 老师总表扬学习成绩好的学生	−0.081	−0.045	−0.218	−0.271	−0.554

注：①抽取方法采用主成分分析法；

　　②转轴法为 Kaiser 正规最大变异法，旋转在 5 次迭代中收敛。

调整后分析出五个因素，可以概括命名为"学习态度与习惯""任务难度与数量""教师指导与支持""升学压力与竞争""舆论氛围压力"，解释变异量分别为 11.803％、11.515％、10.941％、5.968％、5.936％。五个因素整体解释变异量为 46.162％（如表 3-41 所示）。

表 3-41　整体解释的变异数

因素	未转轴的特征值			特征值大于 1 者			转轴后的数据		
	特征值	变异数百分比/%	累积解释变异数的百分比/%	特征值	变异数百分比/%	累积解释变异数的百分比/%	特征值	变异数百分比/%	累积解释变异数的百分比/%
1	6.380	22.787	22.787	6.380	22.787	22.787	3.305	11.803	11.803
2	2.315	8.267	31.055	2.315	8.267	31.055	3.224	11.515	23.318
3	1.529	5.461	36.516	1.529	5.461	36.516	3.063	10.941	34.259
4	1.444	5.157	41.673	1.444	5.157	41.673	1.671	5.968	40.227
5	1.257	4.490	46.162	1.257	4.490	46.162	1.662	5.936	46.162
6	0.981	3.504	49.666						
7	0.921	3.291	52.957						

续表

因素	未转轴的特征值			特征值大于1者			转轴后的数据		
	特征值	变异数百分比/%	累积解释变异数的百分比/%	特征值	变异数百分比/%	累积解释变异数的百分比/%	特征值	变异数百分比/%	累积解释变异数的百分比/%
8	0.851	3.040	55.996						
9	0.842	3.007	59.004						
10	0.837	2.988	61.992						
11	0.788	2.813	64.805						
12	0.760	2.716	67.520						
13	0.739	2.640	70.161						
14	0.715	2.554	72.715						
15	0.703	2.511	75.226						
16	0.666	2.377	77.603						
17	0.640	2.287	79.890						
18	0.626	2.236	82.125						
19	0.602	2.150	84.276						
20	0.568	2.029	86.305						
21	0.565	2.019	88.324						
22	0.539	1.925	90.249						
23	0.521	1.860	92.109						
24	0.510	1.820	93.929						
25	0.486	1.737	95.666						
26	0.454	1.623	97.289						
27	0.411	1.469	98.758						
28	0.348	1.242	100.000						

注：抽取方法采用主成分分析法。

　　以上探索性因素分析的结果与前文关于学业负担因素的理论构建基本上是吻合的。研究设计部分提出了四个因素，即学习任务、学习能力、教学支持、外部压力。在五因素模型中，"学习态度与习惯"相当于学习能力，

"任务难度与数量"相当于学习任务，"教师指导与支持"相当于教学支持，而"升学压力与竞争"和"舆论氛围压力"可以整合起来，相当于外部压力这个因素，从中可见两者的一致性。

第五节　学校减负案例分析

一、学校基本情况

本研究选取的案例学校是北京市昌平区某小学。选取该校是因为其在减负方面积累了很好的经验，在社会上产生了一定的影响。该校建校于 1963 年，1981 年迁入现址。开展调查时，学校有 31 个教学班，教职工 97 人，学生 1200 余人。专任教师 92 人，其中特级教师 1 人，市级学科带头人 1 人，市级骨干教师 4 人，获评北京市"紫禁杯"优秀班主任者 10 人。学校坚持"营造和谐，创造快乐"的办学理念，以"让每一颗心都快乐"为宗旨，以减负提质为突破口，实现了学校全面发展和特色发展。

二、学校减负的提出与思路形成

（一）学校减负课题的提出

减负源于校长的经验和认识。该校校长就任于 2006 年 9 月。2007 年 1 月，她在学校正式举行了将减负进行到底的课题研讨启动仪式，这标志着学校开始正式的减负研究和实践。该校校长为什么如此积极地将减负作为主要研究任务呢？这和她自身的经验及在工作过程中形成的认识有关。她1981 年毕业于师范学校后被分配到该学校任数学教师。刚到学校时，一位语文老师对她说："我们语文课好比一桌丰盛的宴席，而你们数学课则是单调的盒饭，学生不爱学。"从此，她就下决心要让数学课丰富多彩，让学生对数学兴趣盎然，这也许就是她减负的最初动力。参加工作后，她学习马芯兰数学教学经验，从 1986 年开始不给学生留书面的家庭作业。通过十几年的试验，学生学习的积极性、主动性大大提高，学生的学习成绩也没有下降。实践证明，作业减负是可行的。2000 年，她参加国家级骨干教师培训时，一位教授说："你们这些小学教师不把学生搞'残废'了决不收兵。"教授的话刺激了她，也激励她一定要让学生快乐地学习。2006 年，《现代教育报》刊登了关于她将减负进行到底的报道，引发了她进一步的思考和认识的深化。她说："我们的教师愿意加班加点增加自己和学生的负担吗？不！他们没有找到一条既减负又增质的光明大道。""攻克癌症是医生的责任，提高粮食产量是农业工作者的责任，减轻学生课业负担、提高教学质量是我们教育工作者的责任。"① 于是，她开始对减负进行深入思考，并开始课题研究。

（二）学校减负思路的形成

从 2007 年开始，该校在研究减负问题时边实践边总结，逐步形成了一些工作思路。

第一，系统的思路。"减负开展一段时间后，我们越发觉得减负是一个庞大的工程，绝不是教师少给学生留点作业就可以轻松了事的。"②

第二，全员的思路。减负是全员工程，如果学校只要求教师给学生减负，反过来再按学生成绩给予奖励，那么减负工作只能停留在表面。③ 于是，"给谁减负"的设计包含了给教师减负、给学生减负、给家长减负三个方面，每个主体都有不同的减负任务。

第三，全科的思路。各个学科结合自己的实际，形成各学科的减负思路。比如，语文通过找两篇以上课文的结合点以提高效率，数学进行单元整合教学，英语进行教学生活化。

第四，减负增效并举。减负的目的是提高学生的全面素质，为学生一生健康发展打好基础。所以，学校在做减法的同时也在做加法，主要是为学生组织各种活动团体，如鼓乐队、体育锻炼队、合唱团、古诗文朗诵社等，培养学生的实践能力，激发学生的兴趣，增强学生的体质，使学生更加健康地成长。

第五，分段推进。学校给减负工作分了三个阶段，即启动阶段、全面铺开阶段和深入推广阶段。2008 年，学校申报了北京市教育科学"十一五"规划课题，有计划地开展研究。

---

① 柏继明：《"减负"：我们的责任》，3 页，北京，团结出版社，2010。
② 同上书，3 页。
③ 同上书，3 页。

三、学校减负实施的策略

基于学业负担来源的四个因素，减负的对策应该与之相适应，即控制学习任务、减少外部压力、提高教学支持水平、提升学习能力。笔者基于这个框架来介绍和分析案例学校的减负策略。

（一）控制学习任务

第一项是对作业量的控制。案例学校制定了"七不"要求，采取了诸多措施，主要有：坚持落实国家对小学生作业要求的规定；不变相体罚学生，如学生写错字后最多再写三遍；不留过多的、无用的、机械性的抄写作业；在中高年级分层次布置作业；设计学生记作业本（如表 3-42 所示）。

表 3-42　学生记作业本

日期	学科	作业内容	各科时间及合计	是否自觉独立完成

设计记作业本的目的，一是督促学生完成作业，二是统计时间以把握和检查。根据该校的统计，62％的学生的家庭作业一般可以在 1 小时内完成，92％的家长表示孩子的作业能在 1.5 小时内完成。[①]

第二项是对书包的控制。书包重是学业负担重的一种具体表现形式。学校组织学生设计了 6 种不同的小书包，学生拎着轻便的小书包上下学，减轻了背上的重量。此外，学生在学校有储物柜，可以放比较重的词典等，减轻了学生书包过重的负担。

第三项是对课程任务的控制，主要策略是加强课程的整合。数学教研组整合教材，压缩课时，从 108 课时压缩到 70 课时，然后开展拓展学习。此外，教师进行集体备课和单元备课，找准单元知识主干，教给学生单元学习的方法。语文教师通过找两篇课文之间的联系进行整合教学。例如，许多写景文都是"总—分—总"的结构，都运用了拟人、比喻、排比等。教师抓住排比这一个共同点，通过学排比、读排比、写排比的过程训练学生。

---

① 柏继明：《"减负"：我们的责任》，18 页，北京，团结出版社，2010。

这是找相同写法的结合点。①

第四项是增加文体活动，优化负担的结构。学校在减负的同时增加了许多活动，特别是文艺体育活动。学校坚持每天锻炼 1 小时的制度；组织了学生喜爱的各种活动团体，如鼓乐队、体育锻炼队、合唱团、古诗文朗诵社等。学校在减负的同时，丰富了学生的课余生活，促进了学生的全面发展。该校校长形象地说，学校让学生"致富"，"富"在学生的健康，"富"在学生的兴趣，"富"在学生的特长，"富"在学生的心理。

（二）减少外部压力

学校通过给家长做工作来减轻家长和学生的外部压力。学校通过减负讲座动员让家长理解减负，要求家长不擅自给学生增加作业，减少给孩子报课外班的数量。

（三）提高教学支持水平

该校校长及教师在访谈中提到了以下措施：①学校组织教师外出学习、观摩，学习好的教学经验；②不查教案，减轻教师写教案的负担，把重点放在教学设计上，培养教师的自觉性；③为教师搭建平台，展示教学，共同研究提高；④组织教师开展各种文化活动，激发教师的工作热情；⑤组织名师讲坛、师徒结对、学科研讨，通过专家引领、干部引导、活动引领，提高教师的教学水平。

（四）提升学习能力

教师在教学过程中注意对学生学习习惯的培养和对学生学习方法的指导，激发学生学习的兴趣。该校专门为家长组织了关于一年级学生学习习惯培养的讲座，讲座内容包括基本习惯、倾听习惯、说话习惯、朗读习惯和写字习惯等。访谈中教师们谈到，近年来学校每周安排 1 小时，通过益智器具活动培养学生的思考力、动手能力和空间能力，该活动十分受欢迎，效果也很好。此外，学校还注意扩大学生的阅读量，促进学生写作水平的提高。

---

① 刘月霞：《走在减负路上——小学语文》，77 页，北京，北京出版社，2013。

四、从减负看学校改进的机理

(一)作为专项学校改进的减负的能量建构

根据学校改进能量建构的研究，结合减负的实践，笔者认为，专项学校改进的内部能量大体包括四个方面。①专项改进的共同目标的能量，包括对专项改进意义的认识、努力的目标、具体的改进方案、具体的任务要求等。案例学校启动减负研究后，先后举办减负讲座，转变教师的观念；通过减负展示课，明确做法；组织减负研讨会，总结经验；召开家长会，听取意见；利用减负汇报会，寻求认同。[①] 通过这一系列的行动，学校在目标上达成了共识，在能量上得到了聚集。②学校的组织结构及学校文化的能量，包括组织结构的驱动力、学校文化的影响力。学校文化也包含教师群体、教师组织的能量，教师群体之间如何合作对专项改进有较大的影响。案例学校形成了人文管理的氛围，真诚的往来、及时的关爱、灵活的制度，使教师间关系融洽；改变成绩评估，改变教案提交次数的规定，改变业务学习和教学活动形式等，给教师减压；搭建平台，实现教师价值；增加活动形式，丰富教师生活。[②] 这些措施集聚了专心研究教学、促进质量提升的正能量。③教师积极性、主动性、创造性的能量。教师具有实践智慧，他们往往发挥自己的创造性改进经验，推动专项改进，努力达到改进的目标。④学校领导的激励和引导能量。领导有很大的影响力，他们对教师的引导、指导、评价、激励等都是很大的能量。案例学校校长是数学特级教师，课教得好，在外影响大，同时十分关心教师的成长发展与生活，经常组织大家外出学习，营造了很好的教师文化，所以领导的力量在该校减负过程中发挥了很大的作用，这也是重要的能量。除了内部能量，还有外部的支持能量。案例学校提出的减负研究课题正好契合了国家和北京市教育行政部门关于小学生减负的要求，因此也引起了教育行政部门关注和支持。北京市教育委员会相关负责人及有关专家参加了该校组织的几次研讨会，并给予了指导。媒体也进行了一定的宣传，这对学校改进来说也是一种助力和推力。

在学校改进的过程中也会出现各种阻力，阻力的克服是推进专项学校

---

①　柏继明：《"减负"：我们的责任》，3 页，北京，团结出版社，2010。

②　同上书，9～13 页。

改进的重要条件。一般来说，改进的阻力有：①对于专项改进价值的认识不易达成共识，可能有分歧和不同意见；②教师过去工作的惯性不易被打破，建立新的动力模型需要时间，而且能否成功尚存在疑问；③在持续推进的过程中，各方可能出现疲倦；④对学生成绩下滑的担心、外部对学校的评价使学校承受压力。在案例学校中，内部的阻力主要是一些认识问题和能力问题，但并不大，学校领导主要通过上述措施集聚正能量，帮助教师发展以克服阻力。

（二）减负过程中学校改进各主体间的互动

动力是基于各主体的利益的。在减负过程中，学校内的主体包括校长、教师、家长、学生四类，四类主体在减负上既有一致的地方，也有不一致的地方。家长在竞争性环境中，希望通过更多的努力和最大的负荷使孩子取得竞争优势，因此在减负中往往有抵触心态。学生若基于眼前的需要，则希望减轻负担；若基于竞争性的短期或长期需要，则希望增加负担。校长通常是减负决策的发起人，要动员各方力量去实现目标，不仅希望减负，而且希望增效。教师作为执行者，一方面面临竞争压力，或许有一定的抵触；另一方面由于执行和落实的策略不明确、不清楚，会产生畏难情绪。这种复杂的关系在执行减负决策的过程中会呈现出复杂力量的交错。在案例学校，由于学校质量口碑好，在减负问题上利益比较一致，家长大多支持。可以看出，在多方互动中，学校领导先带动教师再带动家长和学生的互动模式比较明显。

（三）减负专项改进的过程与关联

学校改进是一个持续的过程，学校通常会按照一定的时间周期来安排，如三年、一年、一个学期、一个月等，每个时间周期会有一定的具体任务。这个过程，按照耐温的三阶段，包括解冻、建立新模式、固化新模式。专项改进在建立新模式的过程中，还会有一个逐步深入的过程。每个阶段推进一些工作方案，会发现一些问题，然后继续制定新的方案，新方案或者深入，或者拓展，形成更加系统、更加有效的新模式。案例学校推进减负，经历了动员—形成思路—实施定型—补充发展的过程，一直深入，效果良好。此外，减负虽然是专门项目，但实际上是牵一发而动全身的课题，在实际运行中涉及全方位的工作，如教师发展、学生学习、家长工作和学校管理等。可见，专项改进虽然聚焦某个方面，但实际上是全方位的改进。

第四章　学业负担理论的建构

本章基于第三章的调查结果和因素模型，并结合其他人的研究和有关理论，对学业负担的相关问题进行理论上的讨论，目的是构建有关学业负担的理论，包括：学业负担的性质与特点、学业负担的结构、学业负担因素及模型分析、学业负担的类型分析、学业负担差异性分析。前两个问题本质上是学业负担本体和结构问题，后三个问题本质上是学业负担成因问题。

第一节　学业负担的性质与特点

学业负担的性质与特点是学业负担理论的基本内容。它并非仅仅是概念的内涵和外延问题。揭示学业负担的性质与特点有助于深化我们对学业负担的认识，形成相应的学业负担理论，同时也能更好地调节学业负担。

关于学业负担的性质与特点，已有的研究比较少，且主要集中在客观性和主观性的讨论上，其他特点很少涉及。齐美玲、孙崇勇提出了学业负担的四个特点：个体性、具体性、独立性、动态性。[①] 个体性即每个人对相同学业负担的承受能力是不一样的，因学生本身的特点、学习的时间段、具体的学习情境而不同。具体性即学生需要完成的学业任务是具体的、可以量化的客观物，如作业、测试等。独立性即在判断学业负担轻重时不能以精确和科学的方法来计算和评价，也不能用逻辑分析的方法来认识，只能根据学生具体的情况去理解。动态性即学业负担具有动态变化的特点，不是固定不变的，而是随学生的教育背景、学习环境、个性特征等因素而变化的。

---

① 齐美玲、孙崇勇：《中小学学业负担的积极意义探讨》，载《现代中小学教育》，2016(4)。

　　根据研究，综合前人的讨论，笔者认为，从学生学业负担的表征、来源、评量、方向、分布、背景等方面来看，学业负担具有以下六个特点。

一、客观性和主观性

　　学业负担如何表征或表示？是用客观的、外在的指标，还是用主观的感受？学业负担是客观的还是主观的，抑或是主客观相结合的？这些是研究中的重要问题。笔者认为，学业负担是由客观负担和主观负担感两方面构成的。因此，学业负担也就具有客观性和主观性两重性，即要通过客观指标和主观感受两方面来表征学业负担。

　　首先，客观性指学习任务的客观存在。这种任务可以通过任务量、任务难度等指标来判断和衡量，如字数、页数、篇数和题数等。这种客观性对不同的主体(学习者)而言，数量和难度是一定的、相同的。比如，全班每个学生都要完成 10 道相同的作业题，任务量和知识难度是一定的。其次，学习者要完成特定的任务，必定花费一定的时间、脑力，这种时间和脑力的花费也是客观的，是可以计量的。时间成为目前评价负担的一个十分重要的指标。许多研究者对时间做了很细致的划分，比如，数学时间、补习时间、兴趣班时间等[1]；又如，平时完成作业的时间、课后自由活动的时间、睡眠时间、周课时总量等[2]。总之，客观性需要建立一套比较稳定的指标体系，目前主要由学习任务和学习投入(核心是时间)两个维度表示。

　　主观性是个体对学业负担的感受。有研究者提出"主观负担感"的概念，这是很重要的概念。现在越来越多的研究者开始注重主观感受。同样的客观负担，因为每个人在学习能力、心理承受力、学习动力上存在差异，因此在主观感受上会有差异：有人觉得负担重，有人觉得负担不重。所以减轻学生过重学业负担要考虑每个学生的主观感受差异。不仅要考虑学生的主观感受，还要研究这种主观感受的形成过程和机制，从而有针对性地进行调节。阴国恩、李勇采用"紧张环"概念分析了学习压力产生的过程，即压力情景，产生情景知觉、对应付情景的能力的认识(评价过程)，产生对

---

① 　陈霜叶、柯政：《从个人困扰到公共教育议题：在真实世界中理解中小学生课业负担》，载《全球教育展望》，2012(12)。

② 　上海教育信息调查队、上海市教育科学研究院普通教育研究所：《关于上海市中小学生课业负担调查报告》，载《上海教育科研》，2005(2)。

情景的主观体验(即知觉情景),通过决策过程做出反应和选择,通过作业过程表现为行为,行为再输出给情景。这个感受的过程即评价过程,是客观情景与主观认知相互作用的结果。①

二、多源性和合成性

学业负担是外部赋予的,是有来源的。学业负担具有多源性和合成性。多源性是指学生的学业负担来源多样,有学校教师布置的任务,也有家长布置的任务,还有学生自己安排的自主学习任务。在减轻负担的过程中,必须梳理负担的来源,明确哪些负担是主要来源、哪些是次要来源。合成性是指多种来源的负担最终组成学生的总学业负担。而在合成的过程中,不同的来源之间还存在一定的博弈。

学生的学业负担不是由某一单一主体决定的。在其现实性方面,它是由诸多主体共同决定的。这些主体包括:政府、学校、教师、家长、学生、校外辅导机构(市场)。不同的主体有不同的利益诉求,有不同的视角,在对待学生学业负担问题上有不同的思维方式、不同的逻辑。梁情等人提到了国家逻辑、地方逻辑和学校逻辑。② 这主要是从减负主体及其逻辑来谈的。而从学业负担的角度来看则有多重逻辑,且不同的逻辑之间是相互作用的,或者说是相互博弈的,既有不同类主体间的博弈,也有同一类主体个体之间的博弈。从教育权利的角度看,政府、学校、教师、家长都有一定的教育权,这也意味着各方面的权利都应得到一定的尊重和考虑。有学者认为,过去强调教育的统一、强调权威,造成"国家的权力限制了教师和学生家长的权力",而"家长对他们子女的教育拥有的权力需要适当地尊重,教师在教学中的自由也需要适当地尊重"。③

政府在学生学业负担方面有自身利益和立场。政府是国家教育事业的管理者,同时也是受益者和需求方。作为受益者和需求方,政府需要促使学生努力学习,提高教育质量,培养大批社会需要的人才,保持国家在国际上的竞争力。从这方面出发,政府是希望学生保持一定的学业负担的。

---

① 阴国恩、李勇:《学习负担的压力理论与对策》,载《天津教育》,2004(10)。

② 梁情、林克松、朱德全:《多重制度逻辑下的课业负担问题治理》,载《教育发展研究》,2013(6)。

③ 马凤岐:《教育:在自由与限制之间》,255 页,北京,中国工人出版社,2001。

如果学生过于松散，教育的质量就难以保证，这不是政府所希望的。美国近四十年的教育改革很明显地反映了这一点，美国担心国家处于危机中，强调不让一个学生掉队，提出较高的质量标准，加强教育改革与考试。作为教育事业的管理者，政府应该是理性的，出台的政策既要从国家和社会的利益出发，也要具有科学性和合理性。因此，关于学业负担，政府需要进行控制，不能使之过重或不合理。政府通过课程计划来调控学业负担是最主要的调控方式。在各种关系和各个因素之间保持合适的度可能是国家的逻辑。

学校是教育的提供方、服务方，它的质量要受到各方面的评价，在提高教育质量方面承受着较大的压力。学校主要由学校管理层负责，负责课程的安排、师资的提升、学习的促进和考试的组织等。校方同样有两种力：一种是增加学生负担的动力，另一种是减轻学生负担的压力。一方面，教育质量并不全部靠教师，而且一些教师的教学质量并不高，这时就在很大程度上要靠学生，学生只有承担一定的负担、付出较大的努力，学校的教育质量才有保证。因此，许多学校都安排较多的课时，如一天 7 节或 8 节课。此外，学校承受着各方面的压力，如教育行政部门的考核压力、家长评价学校的压力、社会舆论的压力等。这些压力促使学校增强与其他学校（同行）竞争的能力，而竞争力提升的一种来源是增加学生学习时间。在竞争中，如果学校都遵守减负的规则，则收益是等值的；如果自己遵守而其他学校不遵守，则自己的收益是受损的。这是信息不对称时博弈的结果。[①]另一方面，学校不能无节制地增加学生负担。学校作为专业的机构，应该提供专业的教学服务，提高教学质量，这也是赢得社会声誉的来源，所以学校会努力减负提质。此外，学校作为行政部门管理的对象，还会受到政府、督导部门、社会的监督，如果学生负担超过规定的范围，学校就会受到一定形式的处罚，声誉受到损害。

教师作为学校的组成人员，其思考的逻辑大体和学校是一样的。当外部质量压力较大时，教师倾向于增加学生负担，这是有助于提升教学质量的。而当外部压力小时，教师则会减轻学生负担。当然，教师自身的专业追求、专业水平在相当程度上影响着学生的学业负担。教师若追求专业性，则有利于学生减负；教师若不注重专业性追求，则倾向于加负。

---

① 朱镜德、朱晓青：《中小学学生减负与"囚徒困境博弈"论》，载《教育科学》，2002(4)。

　　家长是学生的监护人，不仅关心孩子的成长，还关心孩子的升学和未来，是最直接的利益相关人。无论家长的收入水平如何，文化资本和社会资本如何，总体上，家长会对孩子寄予比较高的期望，总是期待通过教育投资使家庭获得收益，因为这和家长自身的利益密切相关。学生在学业负担上的竞争，从某种意义上说，是家庭之间的竞争。因此，家长总体上是压力施加者、负担施加者。此外，在竞争环境下，家长之间还存在博弈现象。有人认为，家长间的博弈是增负的动力。对361名家长的调查发现，有35.4％的家长给孩子布置作业的原因之一，是别的家长布置了作业，自己不布置作业会吃亏。① 此外，家庭之所以增加学生负担，也是因为家庭不像学校和教师那样受到组织系统的制约与监管，它缺乏直接的制约机制。没有哪位家长因给孩子增加了学业负担而受到组织的处罚。当然，家长从监护人的角度、从亲情的角度，也会关心孩子的身体和心理压力，并不希望孩子承受过度的压力，产生意外的后果。

　　学生是学业负担的承担者，也是自身未来的决定者。一方面，学生自身的期待和目标以及作为受教育者的义务（学习是学生的义务）使学生必定有成就的动机和愿望，也有竞争的心理。这会使学生在可承受的范围内增加学习的负担。学习要刻苦、勤奋出天才，这是我们传统文化中的成才观，对学生有着深刻的影响。另一方面，学生作为未成年人有不成熟性，有生理的规律，也有一定的惰性，因此也希望压力小些、负担轻些。

　　校外辅导机构是在学校之外给学生提供额外教育服务的机构。因为校外辅导机构一般为私营，所以市场机制起着重要的作用。也就是说，它是受经济利益驱使的。参加校外辅导的学生越多、时间越长，它的经济收益就会越大。总体上，校外辅导机构是趋向于增加学生负担的。中国、日本、韩国等东亚国家的校外辅导机构十分繁荣，这与这些国家重视教育、重视升学竞争分不开。据调查，1994年，日本参加补习班的学生比例，小学为23.4％，初中为59.5％；2007年，日本有25.9％的公立学校小学生参加课外补习班；"睡4小时意味着胜利，睡5小时意味着失败"一度成为日本学生的口头禅。②

　　恩格斯曾提出历史发展的"合力理论"。他说："最终的结果总是从许多

---

① 刘旭纯：《博弈视角下中小学生减负的困境——基于济南市的调查》，载《当代教育科学》，2013(24)。

② 李海爽：《对日本中小学生课外补习热的冷思考》，载《世界教育信息》，2009(11)。

单个的意志的相互冲突中产生出来的，而其中每一个意志，又是由于许多特殊的生活条件，才成为它所成为的那样。这样就有无数互相交错的力量，有无数个力的平行四边形，由此就产生出一个合力，即历史结果。"①借用这个理论分析学生学业负担的状况，则发现学生学业负担实际上是各方面博弈的结果，是各方面利益追求和妥协的结果。要形成合理的负担结构和合理的度，需要在考虑各方利益的前提下，协调各方利益，正视冲突，协调平衡。在加负的力量和减负的力量中，我们也很难简单地说加负是错的，减负就是对的，一切都应该根据价值性和合理性予以评判。此外，还有一个力量大小的问题。在负担的施加者和调控者中，政府和学校是主导者，因为政府有权威，有政策、行政等手段，而学校作为教育的主要提供者承担着主要的责任。因此，在诸多主体中，力量的结构是不同的。

三、量度性和结构性

如何评量学生的学业负担呢？越来越多的研究者认为，这不仅是一个量和度的问题，还是一个结构性问题。对于学业负担，不是单纯减少、减轻，而是该减的减、该加的加，调整和优化负担的结构。问题是如何确定和界定负担的结构以及如何确定结构中的比例关系。

首先，学业负担具有量度的特征，即可以通过一定的数量来说明学生的学业负担状态。根据前面的分析，这个量包括学习任务量和学习投入量（主要是学习时间量）。学生的学业负担量从状态上说有三种：轻的量、合适的量和重的量。

其次，学业负担具有结构性特征，并呈现出具体的结构——规定性的结构（如课程与课时）和自发形成的结构。自发形成的结构就是在各种来源的作用下、在学生的选择下，最后形成的学业负担结构或学习时间上的结构。对每个学生而言，学业负担都是由许多不同性质的任务、不同学科的负担组成的，是有内部结构的。比如，按照学习环节和学习类型，有预习、复习、练习、考试，还有思考、记忆、观察等任务，这些环节和类型的学习任务相应地构成学生不同的学业负担，我们可以称之为"学习环节负担""学习类型负担"。再比如，按照学习的内容和材料，有不同的学科、不同的活动，如社会实践活动、生产劳动、文艺体育活动、交往交流活动等。

① 《马克思恩格斯选集（第四卷）》，605 页，北京，人民出版社，2012。

活动之间也有结构，我们可以称之为"内容负担""学科负担""活动负担"。

再次，学业负担有范围的大小和时间的长短。在范围上，有全部任务和内容的学业负担、某一学科的学业负担、某一单元任务的学业负担等。在时间上，既有学年、学期、季度、月度等长时间的学业负担，也有一周、一天、一节课等短时间的学业负担。不同范围和时间的学业负担，其内容和容量是不同的。在调查和测度时，我们在问题题干上要说明时间和范围。

最后，结构的比例关系是学业负担优化的对象。如何优化负担结构包括两个主要问题。第一，负担结构优化的依据是什么？这实际上是价值问题、目的问题、目标问题，即判断学生课程结构、内容结构及其相应的时间结构是否合理，主要看特定时期教育的目标、对人才素质的取向，这是优化的依据。比如，当前我们强调学生的核心素养，那么就要依据核心素养的要求和关键能力的结构去调整课程、内容和时间的结构。第二，调控的主体、方式、机制是什么？关于调控的问题在第五章中有详细讨论。

四、价值性和合理性

从学业负担的方向来看，学业负担具有价值性和合理性。学业负担的价值性是指学业的内容是否对学生的发展有益，是否体现了主流价值观。有益的负担是有价值的，无益的负担是无价值的。比如，学生玩游戏，有的可能是无益的，再如，对低年级学生而言，学很深奥的数学也可能没有什么价值。学习繁难偏旧的内容就缺少教育价值。对于学校课程及教材，国家要进行严格审核，这种审核的一个方面就是体现意识形态的价值性和方向性。我国成立了国家教材委员会和教材局，这是加强教材管理的重要举措。

学业负担的合理性是指学习任务是否符合学生的年龄特征、身体和心理承受能力、学习的规律等。如果学习任务不符合学生的年龄特征，超出学生的身体和心理承受能力，不符合学生学习的规律，则是不合理的。因此，评价和选择学生的学业负担要看是否有价值、是否合理，这是一个重要的标准。

具体而言，什么是合理的负担？根据行动研究和实践总结，笔者认为，合理的负担是为了必须掌握的内容而必须投入的时间、经历的过程。具体表现为：为必须掌握的基本内容而投入的时间；为促进思维发展和道德发展而花费的时间；必经的学习环节（动机—感知—理解—记忆—应用）所需要的时间；为理解、建构而搭建支架（思路方法、必要知识准备、讨论等）

的时间；必要的训练次数和训练量。

不合理的负担主要表现在：形式主义、无意义、无效果的教学环节；教师语言（讲解、提问等）啰嗦、笼统、不清晰；学生已会的仍重复，学生不会的没解决，教学由于缺乏针对性造成时间的浪费；没有兴趣的、被动乏味的学习；学生的难点没有得到解决；学生因为没有掌握方法、机械学习而付出过多时间；等等。这些不合理的负担实际上是造成学生外在认知负荷的因素，以及由于缺少关联认知负荷造成的时间延长或浪费。

五、差异性

从学生学业负担的分布来看，学生的学业负担具有差异性。差异性是指学生在客观负担和主观负担感方面的背景差异和个体差异。也就是说，学生学业负担在学生中不是同等程度的，并非每个学生的负担都一样。第一，在客观负担方面会有差异。比如，有的地方课程开不齐，学生的课业负担就小些；有的地方学校作业量小，负担也就小；有的学校安排考试次数多，负担就重些。第二，在主观负担感方面有差异，对同样的学习任务，不同的学生有不同的感知。因此，学业负担不能一概而论。

目前关于负担的差异，学者多从不同家庭环境、不同性别、不同学校、不同年级、不同地域等方面去研究。深入分析的话，可以从差异的性质上去划分，得出四种差异。

第一，背景差异，包括家庭环境、区域特点、学校类型，主要是外部的资源条件问题，说明不同的背景对学业负担的形成有影响。

第二，个体差异，包括学生的性别、年龄、年级的差异，是个体的自然性差异。学生的身份、学业成绩等的差异，则是个体的社会性差异。这些个体的差异说明个体的自然因素和社会因素对学业负担有影响。

第三，类型差异。笔者在研究中发现，学业负担重有单科负担重和多科负担重两种情况。

负担重形成的原因也不同，笔者在个案研究中发现主要有两类：一类是乏能型，即由学习的知识基础弱、方法习惯差、学习能力不足导致的客观负担和主观负担感重；另一类是压力型，即虽然学习基础和成绩好或较好，但由于外部的期望高，或者学生的紧张焦虑等性格特点，学生感到心理压力大、负担重。学业负担重的类型及相应的个案表现如表4-1所示。

表 4-1　学业负担重的类型及个案表现

负担类型	成因类型	个案	表现
单科 负担重	乏能型	学生 L	女，三年级，父亲是司机，母亲是主管助理。对音乐、美术等艺术类学科兴趣浓厚，自己感觉学习成绩总体上属于中等偏下。英语学习负担较重，觉得学校布置的英语作业较多，学习内容难，尤其是在记单词、背课文上的学习负担较重。平时上课听讲容易开小差，注意力很不容易集中，听课效率较低。不经常复习以及开口读英语，造成对于一些以前学过的单词不知如何发音、害怕读错，觉得读课文很难，不爱张口读，久而久之觉得读课文是一个比较大的负担。
	压力型	学生 F	男，四年级，父亲是工程师，母亲是作家。自认为学习成绩可能属于中等偏上。前测的负担值为 93 分。具体表现为：如果成绩不理想，他会非常担心父母、教师或同学对他的评价。双休日，他通常把所有的时间都用来学习；父母为他报了四个课外班。在四个学科中，语文学科的负担较重。
多科 负担重	乏能型	学生 D	男，六年级，自我感觉学习成绩总体上在全班是中等偏下的水平，也未曾担任过班干部、组长或课代表等职务。老家不在北京，父母以收废品为生，家里有五个姐姐。感觉英语负担很重，课堂上不愿意独立回答问题，一是有单词不会读，二是怕说错了同学笑话。在阅读题和仿写上感觉难度大，不会读的单词太多，单词不会拼写，所以根本仿写不出来。此外，语文负担很重，主要在生字词认读、背课文和做语文小报等方面，前测负担感为 79 分。
	压力型	学生 Y	女，六年级，北京生源，父亲和母亲均是大学教师。自认为学习成绩总体上很优秀。前测负担感为 81 分。学习负担主要来自压力，包括外界的期望和自身的压力。父母对她的期望很高。有时学习到很晚，休息不足，影响了第二天的学习。同时，对自己的要求也很高，非常关注考试成绩，经常精神紧张、缺乏自信，焦虑程度高，心理负担很重。课业负担主要来源于校外课程。具体到各个学科，感到负担最重的是英语，虽然英语基础较好，成绩一直稳定在班级前列，但是由于身体原因时常缺课，尤其是期末复习的时候频繁缺课，导致成绩不稳定，造成了一定的压力。语文学科的负担也比较重，主要原因是不够自信，担心犯错，不敢轻易发表自己的看法。数学学科的负担也比较重，主要原因是对自己要求较高，又缺乏自信，不善于表达。

第四，学科差异。学生学习的任务和内容是分学科的，不同学生对学科的负担感知不同。笔者对 4 所学校的 377 名小学生（三至六年级）学科学习负担的调查显示：感觉 4 个学科学习负担都重的只有少部分学生，英语略高，不到 1/4，其次是数学和语文（如表 4-2 所示）。一些调查也表明，数学和英语往往是负担重的学科。杨欣、陶蕾对中学生进行调查的结果是：英语（54%）＞数学（44%）＞物理（21%）＞语文（19%）＞历史（17%）＞化学（14%）。[①]

表 4-2　学科学习负担重的比例

程度	数学	语文	英语	科学
比较重	11.7%	12.2%	14.1%	2.9%
非常重	3.4%	2.4%	9.3%	2.4%
两项合计	15.1%	14.6%	23.4%	5.3%

感觉学科负担重的缘由也各不相同（如表 4-3 所示）。学生认为，语文、数学、英语负担重，前几位的原因是这些科目是考试科目，想考高分又没有把握，学习内容很难。从原因来看，各科有一定的共性，即考试和学科难度是主因。但各科的难点不同：数学主要在解决问题（25.2%）、方程的计算和应用（17.2%）以及计算题的运算（13.3%）；语文主要在写周记和作文（38.5%）、需要写读后感的课外阅读（16.7%）和背课文（12.5%）；英语主要在背单词（22.3%）、背课文（20.2%）、英语写作（21.0%）和阅读理解（15.6%）。

表 4-3　认为学科学习负担重的原因

原因	数学	语文	英语
是考试科目	28.6%	33.2%	29.7%
学习内容很难	14.1%	13.3%	16.7%
布置的作业多	7.2%	8.8%	8.2%
老师讲得不太明白	7.7%	6.1%	9.5%
小测验、练习比较多	7.7%	4.2%	5.6%
想考高分又没把握	17.0%	18.6%	8.8%
课外班学得难、占时多	4.5%	2.4%	8.8%

---

①　杨欣、陶蕾：《我国中小学生学习负担感受调查与分析》，载《现代中小学教育》，2013(4)。

对差异性进行划分的目的是更好地分析差异的形成机制。差异性其实就是规律性。分析成因上的差异有助于更加深入地分析学业负担形成的原因，找出各种本质性因素影响的机制；分析类型上的差异可以深入研究不同类型负担的特点。

六、宏观历史性

从学业负担的背景来看，学业负担具有宏观历史性。宏观历史性是指学业负担问题与国家的社会经济发展程度以及国家对教育质量的期待和要求分不开。因为和教育质量问题紧密相连，因此，学业负担不单纯是学生个体的问题，也是政府必须面对的社会问题。其宏观历史性主要体现在教育战略与课程计划上；此外，宏观历史性还体现在对学业负担的动态调整上。国家往往随着国际竞争而不断调整学业负担，调整课程设置及其时间总量。

我们从几个国家的教育发展历史可以看到这一点。

美国在 19 世纪时，向欧洲国家，特别是德国、英国学习教育，构建义务教育体系，教育内容和方法也比较传统。到 20 世纪初，由于经济上垄断资本的发展与市场的扩张，对人的要求发生了较大变化，要求人更有能力。在杜威实用主义思想的影响下，进步教育运动兴起，在课程上强调活动课程、实际作业，在方法上强调活动与实践，忽视了知识的系统性。1918 年成立的中等教育改组委员会制定了讲求实用的中等教育进步原则，强调综合学校，所有课程贯彻统一大纲，强调教材的功利目的和教育的社会效益。这增强了教育与社会的联系、与生活的联系，增强了学生解决实际问题的能力，但学生的学业水平不高。到 20 世纪 50 年代，苏联人造地球卫星成功发射，美国受到震动，认为自身科技落后、教育质量下降，于是 1958 年通过了《国防教育法》等，通过持续的改革推动教育质量的提升。20 世纪五六十年代，美国改革的重点是加强自然科学、数学、技术知识、现代英语等教育，重视开发学生的智力，加深课程内容，将高深内容下放。这实际上加大了学生的学业负担。由于过高估计了学生的接受能力，课程要求过高，教材难度过大，最终改革失败。1976 年，美国开始一场恢复基础教育的改革运动，针对忽视读写算等基本技能和系统知识教学的问题，主张教育以学生为中心，切合实际，适应学生需要。到了 20 世纪 80 年代，美国高质量教育委员会提出了一份著名的报告——《国家处在危险中：教育改革势在必行》，针对存在的质量下降等问题，强调重视新基础科目的教学，加强英语、数学、自然科学、社会科学和计算机科学的教学，提高教育标准和教育要求。1989 年，美国促进科学协会提出《普及科学——美国 2061 计划》。1991 年，美国总统布什签署了《美国 2000 年教育战略》，提出中学毕业率至少达到 90％等目标。1994 年，美国总统克林顿签署了《2000 年目标：美国教育法》，目的是促进发展高质量的、在国际上有竞争力的教学内容和学习质量标准。2002 年，美国总统小布什签署了《不让一个孩子掉队法》，该法规定各州每年都要对三至八年级的所有学生进行阅读和数学考试，对四年级、八年级学生进行州级统考并以成绩给学生、教师排名。此法无疑是要提升教育的质量，也必定增加学生和教师的压力及学生的学业负担。[①] 2015 年，美国总统奥巴马签署了《每一个学生成功法》，对考试、问责等规定予以改变。从美国教育发展的历史来看，美国根据经济和科技的发展变化以及国际竞争的需要，围绕提高教育质量这一核心进行改革、出台法案，相应地也增加了学生的学业负担，并根据运行的实际对学生学业负担进行适当的调整。

日本在 20 世纪 70 年代经济快速发展，教育上的竞争也十分激烈，有"考试地狱"之说，学生的学业负担重。1977 年，日本在《学习指导要领》中首次提出"宽松和充实的时间"的主张。进入 20 世纪 80 年代，日本针对教育中存在的反复训练、"考试地狱"等教育问题，启动第三次教育改革，重视个性教育、宽松教育和新学力观，减轻学生负担。1996 年，日本重新审议要领，正式提出"宽松教育"，目的是培养学生的生存能力，促进个性发展。1998 年，日本修订了《学习指导要领》，经过试行，从 2002 年开始实施，具体包括消减近 1/3 的课程内容，每周上课 5 天，减少课时总数，增设每周 2~3 课时的综合学习时间。小学的总课时由 1989 年的 5785 课时降为 5367 课时，初中由 3171 课时降为 2940 课时。对此文件争议较多，2001 年对家长、专家的调查发现，赞成的只有 28％，反对的有 67％。《学习指导要领》的实施带来了学生学力的下降。以国际学生评估项目为例，2000 年，日本数学和科学成绩排第一；2003 年排第六；2006 年排第十。为此，日本政府受到了社会的普遍指责。于是，2008 年，日本文部科学省公布了《学习指导要领》最新修正案，扭转了宽松教育的局面。小学的总课时由 2000 年的 5367 节增加到 5645 节，增加了 5.2％；初中总课时由 2000 年的 2940 节增

---

① 王定华：《美国基础教育：观察与研究》，21 页，北京，人民教育出版社，2016。

加到 3045 节，增加了 3.6％。数学和理科的增长幅度大，小学数学由 869
课时增加到 1011 课时，理科由 350 课时增加到 405 课时；初中数学由 315
课时增加到 385 课时，理科由 290 课时增加到 385 课时。此外，初中英语单
词由原来的 900 个增加到 1200 个。① 由日本的课程改革我们可以看到，对
紧张与宽松之间的度的把握始终是政府和社会纠结的问题。而教育的质量
作为关键的信号，在其中起着重要的调节作用。

　　俄罗斯基础教育在学习负担问题上也经历了曲折。早在 20 世纪 20 年
代，由于自由主义、实用主义教育观的影响，对学生的教育强调轻松自由，
注重社会活动，教育质量受到影响。20 世纪 50 年代，苏联进行整顿，恢复
班级授课，实行分科教学，压缩非文化知识的教学活动，提高了教育的质
量，相应地加重了学生的负担。当时，十年制学校开设 17 门课程，总学时
为 9857 课时。其中，普通文化科学科目为 9329 课时，占 94.6％；劳动教
学和职业训练为 528 课时，占 5.4％。1958 年的教育改革把十年制延长为十
一年制，课程不变，但减少了文化课时，增加了教学和劳动职业训练课
时。② 1964 年，苏联将学制又改回十年制，并且加深了课程内容。苏联解
体后，俄罗斯在 1993 年公布了《俄罗斯联邦普通学校基础教学计划》，规定
了课程门类、内容和总课时等。小学课程分俄语和文学、数学、自然科学、
社会科学 4 个知识领域，有 8 门必修课程，加上选修，每周课时一年级为
22 课时，二年级为 25 课时，三年级和四年级为 27 课时。近三十年里，俄
罗斯重视教育的人本性，也重视教育的质量，教材增加了 50％的内容，学
校增设了心理、逻辑、信息技术等新课程，学生感到困难的课程是数学、
物理、化学和生物，有 25％的学生不能理解这些课程的困难章节，另有
25％的学生选择了文科。俄罗斯也在进行一些减负的改革，比如，延长学
制为十二年制、减少约 20％的教学内容、适当减少学习时间等。根据相关
资料，俄罗斯中小学每周 5 天授课，但教学计划是按 6 天制定的，因此，学
生学时多、学业负担重。低年级每天学习 10 学时，高年级每天学习达 12～

---

　　① 　王丽燕：《论日本"宽松教育"的修正及其启示》，载《教育科学》，2010(2)。田
凤：《宽松教育向扎实学力的转型——日本 2007 年度学习考试的内容及结果分析》，载
《考试研究》，2010(3)。李本友、田慧生：《"宽松教育"的逆转及其启示——评日本〈学
习指导要领〉的最新修订》，载《教育探索》，2010(1)。

　　② 　范蔚、褚远辉：《比较课程论》，205～206 页，北京，人民教育出版社，2012。

15 学时。50％的学生结束一天的学习后表示非常疲倦。①

从这些国家的课程改革和学习负担安排来看，国家大多从经济社会发展对人才的要求、保持国际竞争力等必要性因素以及学生的可接受性等可能性因素出发，在把握负担轻重的动态平衡中进行调节。质量和负担是一对需要处理好的矛盾，既要负担合理，又要根据社会的发展提高质量；既不能因为减轻负担而降低了教育的质量，又不能因为提高教育质量而忽视学生的学习负担。

第二节　学业负担的结构

一、负担结构的形成分析

关于学业负担结构，研究设计部分已经进行了界定，区分了若干个维度，包括学科负担和活动负担、学术性学业负担和非学术性学业负担、上课负担和课外学习负担等、校内学业负担和校外学业负担、生理负担和心理负担等，学业负担实证研究结果部分对部分负担结构进行了比例分析，在此节不再赘述。

此处重点探讨目前呈现的负担结构(学术性学业负担远大于非学术性学业负担)是怎样形成的，形成这样的结构的原因是什么，并找出相关的影响因素，从而对负担结构进行调控。综合分析来看，目前学业负担结构受到五方面的影响，即政府的规定、社会的用人导向和文化观念、学校的考试评价、家长的影响和学生的自我调节。

(一)政府的规定

这里指的是政府对教育任务与目标、学校课程等所做的规定，具体体现在课程计划中。课程计划作为一种政策性文本，具有一定的强制性。1992 年颁布的《九年义务教育全日制小学、初级中学课程计划(试行)》指出：课程计划是依据《中华人民共和国义务教育法》制定的。"本课程计划国家安排课程规定的课程门类、教学内容、教学要求和课时分配，体现了国家对义务教育的基本要求，是各级教育部门和小学、初级中学组织安排教育活动的依据，是

---

① 马德益：《日美俄基础教育学习负担改革动向及特征》，载《外国中小学教育》，2006(5)。

编定教学大纲和编写教材的依据，也是督导、评估学校教学工作的依据。"课程计划对课程设置、课时、教学安排等都做出了规定，反映了各种学业任务的结构比例，包括两方面。

一是学科课程和活动课程的比例。从表 4-4 中可以看出，我国基础教育学科课程占比很大，活动课程占比很小。但两者的比例在变化，活动课程占比有明显提升。①

表 4-4　我国基础教育学科课程和活动课程的课时比例

课程分类	1981 年	1984 年	1992 年	1996 年	2000 年	2002 年
活动课程	10.79％	13.48％	15.46％	15.25％	15.12％	17.51％
学科课程	89.21％	86.52％	84.54％	84.75％	84.88％	82.49％

二是各学科的比例。见表 4-5。2001 年，教育部颁布的《义务教育课程设置实验方案》规定了每个年级的周课时数和学年课时数，九年总计 9522 节（按每学年 35 周上课时间计算）。其中各学科占比如表 4-5 所示。从表 4-5 中可以看出，语文、数学、体育占比较高，综合实践的占比也较高，体现了新时期对实践课程的重视。

表 4-5　各学科课时占比②

语文	数学	外语	思想品德	历史与社会	科学	体育	艺术	综合实践
20％～ 22％	13％～ 15％	6％～ 8％	7％～ 9％	3％～ 4％	7％～ 9％	10％～ 11％	9％～ 11％	16％～ 20％

政府在规定课程时，一是根据培养目标来设计，考虑学生的全面发展；二是根据均衡设置原则、课程综合原则和加强选择原则来设计。特别是在均衡设置原则下，强调"根据德智体美等方面全面发展的要求，均衡设置课程，各门课程比例适当，并可按照地方、学校实际和学生的不同需求进行适度调整，保证学生和谐、全面发展"③。由于该规定属于政策范畴，是刚性规定，这就保证了计划的统一性、全面性。从课时比例来看，学生对语文、数学等学术性学科必定较为重视。

---

① 靳玉乐：《课程论》，295 页，北京，人民教育出版社，2012。
② 吴刚平：《学校课程管理实务》，11 页，北京，高等教育出版社，2005。
③ 肖北方：《教育学（修订版）》，233 页，北京，北京出版社，2004。

（二）社会的用人导向和文化观念

用人导向体现在是学历导向还是能力导向上，能力导向又具体体现在哪种能力取向或能力结构上。这些虽然不能直接影响学生的任务结构，但能间接地、隐性地影响学生，特别能影响学校课程之外的学习任务。如果是学历导向，则可能引导学生追求更多的学术性课程的学习，向课程的深度和难度开掘；如果是能力导向，学生在课外就要去培养各种能力，注重各种实践活动。目前我国社会在用人导向上仍较看重学历，而高学历又与高学习成绩密切相关，故容易导致过于重视学术性学习。

文化观念包括人才观、学习观和成功观等。传统文化中"重学轻术"的观念易影响学生，使其注重学术性学习活动，而轻视实践活动。"书山有路勤为径，学海无涯苦作舟""头悬梁，锥刺股"等昭示了一种"苦学"的学习文化，这种文化至今在基础教育学校中仍然有广泛影响。现代社会的学习观念强调"读万卷书，行万里路"，除了读书形式，还强调开放式、活动式、交往式的学习，学习任务的结构也就不同了。

（三）学校的考试评价

学校的考试评价在负担结构中起着导向作用，目前有很多人认可"考试是指挥棒"，考什么、怎么考都会影响学生的学习内容、学习方式。如何影响取决于国家的升学制度、入学制度和招生办法，也取决于学校考试的内容、导向和奖励机制等。学校考试评价若注重全面发展，则能够使任务结构、内容结构更加全面，否则就会导致片面。

目前，我国学校的考试仍然较重视语文、数学、英语等主要学科，这些科目也是中考和高考的主要科目，因此，学生在学术性学业方面的压力较大。其他综合性的评价对学生非学术性学业负担也有一定的影响。学生要安排出一定的时间去完成非学术性作业，但压力不那么大。

（四）家长的影响

笔者通过研究发现，学生完成课外辅导作业的时间约为完成学校作业的时间的一半，这说明小学生的校外负担是比较重的。这种负担和家长有较大的关系。笔者在对家长的调查中发现：①家长对孩子的期望值总体很高，18.6％的家长认为自己对孩子的期望很高，49.7％的家长认为高，29.4％的家长认为中等，只有2.3％的家长认为不太高或很低；②家长在购买辅导资料和报课外班方面发挥着重要作用，19.0％的家长给孩子买很多或较多的资料，43.4％的家长认为买的数量一般，37.6％的家长认为买的数量不多或很少；③在报辅导班方面，23.7％的家长没有给孩子报班，52.1％的家长选择给孩子报1～2个课外辅导班，15.8％的家长选择给孩子报3个课外辅导班，8.3％的家长选择给孩子报4个及以上的课外辅导班。因此，家长在学生学术性学习和校外负担形成方面起了很大的助推作用。

（五）学生的自我调节

学生自我调节的主要机制是自我目标、自我定位、自我选择、自我期待、抱负水平和兴趣爱好等。人的活动动机除外部的要求和期待以外，主要还是看自己的需要、愿望和兴趣。正所谓"兴趣是最好的老师"。一个学生希望自己成为什么样的人、想做什么样的工作，就会朝着这个方向努力积累，相应地在这方面设置的任务数量就比较多，花费的时间就比较长。抱负水平决定学生的努力水平和投入水平。抱负水平高，个人就会投入更多时间，对相应负荷的承载力就更强。此外，学生的学习能力和学习成绩也是中介性调节因素，能力强、分数高，学生完成作业的时间就短，学业负担就比较轻，就可以有较多的时间参加课外阅读及其他活动。当然，学生受到来自家庭和学校的考试与升学压力，自主调节的空间比较有限，尤其是学业成绩一般或不好的学生。因此，学生的负担结构仍然偏重于学术性及主要学科。

二、负担轻重的分析

关于负担轻重，笔者的调查结果是：负担感均值是26.39分，负担感整体水平是偏低的。就直接询问的结果来看，负担感特别重和比较重的仅占8.71％。让学生对学习负担直接打分，满分为100分，均值为41.22分；按5等级处理，均值为2.4分。几种评价形式都显示出学生的学业负担不重。

北京教育科学研究院2011年的调查结论与笔者的调查结果一致。他们认为，小学生（调查对象为三年级、五年级学生，共1721人）负担不重。学生主观感受不太累和不累的比例为65.4％，感觉很累和比较累的比例为10.0％。①

2017年北京市人民政府教育督导室报告，各方的减负监测数据显示小

---

① 北京教育科学研究院基础教育科学研究所减轻学生过重负担 促进学生健康成长项目组：《减负新探》，171页，北京，北京出版社，2012。

学、初中规定指标总分分别为 99.45 分、99.51 分(标准 100 分)，北京市义务教育阶段的课业负担总体上不属于过重状态。存在少数课业负担过重的对象和问题，表现为在"学校制定监控家庭作业量措施落实情况""课外活动形式和内容符合要求，有利于学生在体育、艺术、科技等方面的发展""学生完成教师布置家庭作业的平均时间"和"学期内除统一期末考试外，年级无组织统一考试"等方面的得分较低。

这反映北京的学校近年来在减轻小学生负担方面的工作是有成效的。小学生课业负担不重，可以认为是近年来教育改革与抓减负的结果。第一，经过课程改革，课程的难度有所降低，即学习任务难度有所降低。第二，教学的方式强调自主、合作、探究，较好地调动了学生学习的主动性，促进了学生综合学习能力的提高。第三，教师培养培训加强，教师队伍水平不断提升，提高了教学支持力。第四，近年来加强减负工作，市级督导部门进行了学业负担的专门督导监测，教育行政部门多次召开减负研讨会，交流经验，各区、各学校也采取了一定的措施，控制了学习任务量，因此，从学校层面看学生的负担是不重的。第五，近年来，北京在促进义务教育均衡发展方面采取了不少得力措施，减少了学校之间的差距，减缓了学生和家长由于竞争而增加学业负担的现象。

调查也显示，仍有少部分学生的学业负担比较重，这在部分学校、部分学生身上仍然是存在的。因此，减负的工作需要长期关注，需要更有针对性地开展。

第三节　学业负担因素及模型分析

根据前期的理论研究、文献分析、探索性因素分析，笔者对前面的回归模型进行补充、细化、完善，在原有四因素的基础上，增加了学习资源和负担调控两个因素，并将教学支持、外部压力调整为学习支持、选拔竞争，构建了一个由六个主体、六个因素、七个教育要素构成的学业负担因素模型(如表 4-6 所示)。

表 4-6　学业负担因素

主体	因素	教育要素
政府	学习资源、学习任务、负担调控	教育条件、课程
社会	选拔竞争	教育目标、教育质量、教育评价

续表

主体	因素	对应的教育要素
学校	学习资源、学习任务、学习支持、负担调控	教育条件、教学
家庭	学习资源、学习任务、学习支持、负担调控	教育条件
市场	学习任务、学习支持	教学
学生	学习任务、学习能力、负担调控	学习

一、选拔竞争因素

选拔竞争因素是指社会的人才选拔和教育系统的选拔竞争与评价导向，它对学生的学习产生牵引作用，即原有模型中的外部压力因素。选拔竞争因素与学业负担呈现正相关，即竞争越强，负担越重。社会既是教育的输入端，也是教育的输出端。作为输入端，社会的发展向教育提出人才需求（包括数量、素质质量、结构等），并提供资源。作为输出端，它接纳受过教育的学生作为社会的成员，社会在接纳学生时是通过一些选拔机制来进行区分和安排的。社会的选拔机制是和分配机制相联系的，因为在用人的同时也就明确了其分配办法和收入水平。因此，社会的选拔机制具有很强的导向作用，它涉及人的利益，很多学生学习刻苦是"为了有个好的出路"。现代社会选拔人不是像封建社会那样根据家庭出身，而是根据人的学历和能力。从操作性上看，学历是基础，能力是学历基础上的"另一块砖"，所以现代社会常常被称为"学历社会"。学历社会导致了对高学历的追求，而学历又与学生的学业成绩有直接的关系，所以教育系统的选拔机制也自然与之对接，重视考试成绩，引导教师、学生、家长朝着这个目标去努力、竞争，并增加投入、加负。

二、学习任务因素

学习任务因素是政府、学校、教师、家长和学生基于对教育目的、教育成果预期的理解给学生设定的要完成的学习任务，具体包括学习什么、学习多少、学到什么程度、达到什么目的。学习任务与学业负担是正相关的，即一般来说学习任务重，学业负担也重。

（一）任务来源的多少

任务来源越多，任务可能越重。不同主体通过不同的方式，施加不同的学习任务。一是政府通过制订课程计划、课程标准、教材及质量标准来给学生明确学习任务，这是学生学习任务最主要的来源。从政府规定的学习任务来看，全国具有比较强的一致性、统一性，没有多少差异，因为计划和标准是统一的，教材大多也是统一的。二是学校和教师施加给学生的学习任务。除了把国家课程变成动态的教学活动任务，学校和教师还会补充一些校本课程、选修课程，还会给学生布置一些家庭作业。在这个过程中会有一些差异，在选修课程的有无、有多少上是有差异的，布置作业量的多少也会有一定的差异。三是家长布置的任务。家长基于对孩子的预期，可能会布置一些学习内容，如报补习班、课外班，推荐图书，等等。如上海市教科院实验小学对三至五年级学生的调查表明，60％、66％、57％的家长分别给孩子额外布置语文、数学、英语作业。[①] 家长布置任务的多少会因家长的文化程度、经济条件等不同而有很大的差异。也就是说，家庭文化资本、社会资本、经济条件等起着调节作用。四是学生也会根据自己的目标预期、兴趣爱好给自己设定一定的学习任务。它既包括学术性学业任务，也包括非学术性学业任务，如项目学习、社会活动、课外阅读、文艺体育活动，甚至家务劳动。学生之间在此项上也会有比较大的差异。

（二）任务量的大小

任务量是由不同主体设计的任务量组成的，由不同类型的学业任务量组成。这些类型包括新知识的学习、扩展性知识的学习、课内外作业量和复习考试数量等。一般来说，任务量越大，学生学业负担越重。

（三）任务难度的大小

任务难度是指学习材料、作业材料的难度。任务若过难，学生则会花费很多时间和智力资源去理解，学业负担就加重；任务若过于简单，则学生的学业负担过轻，也不利于学生的发展。任务要有一定难度，既不造成

---

① 方臻、夏雪梅：《作业设计：基于学生心理机制的学习反馈》，5 页，北京，教育科学出版社，2014。

过重负担，又能促进学生发展。苏联教育家赞科夫在《教学与发展》中提出了他的实验教学论原则，其中一条就是高难度原则。这种难度主要体现在知识的系统性、联系性，认识现象的相互依赖性及其本质联系。当然，要把握好难度的分寸。① 关于我国教材的难度，袁振国领衔开展了 10 个国家理科教材的国际比较研究，发现在数学教材方面，俄罗斯最难，其次是美国和中国；在物理教材方面，美国最难，中国排第五；在化学教材方面，俄罗斯最难，美国排第三，中国排第五；在生物教材方面，澳大利亚和德国最难，美国排第四，中国排第七；在地理教材方面，澳大利亚和俄罗斯最难，中国排第四；在科学教材方面，美国最难，中国排第六(小学科学的总平均值，美国 1，俄罗斯为 0.514，日本为 0.438，澳大利亚为 0.294，中国为 0.288，韩国为 0.274，英国为 0.233，法国为 0.166，新加坡为 0.164，德国为 0.073②)。由此可见，我国中小学理科教材难度在 10 个国家中处于中等水平。因此，该研究认为，我国学生学业负担过重并非由教材难度过大所致，主要是由课外加码和教不得法导致的。调查还显示，我国实际教学难度比教材难度平均高出 50％～100％。③

三、学习资源因素

学习资源是政府、学校、家庭为学生学习提供的条件和资源，如校舍场地、仪器设备、师资、经费和环境等。这集中反映在学校的类型上，优质学校集聚了好的学习资源。学习资源提供的是学习的一种条件和环境，它影响学业负担的相关因素。一方面，它影响学习的任务；另一方面，它影响学习支持和学习能力。这种影响的机制是很复杂的，不是单一的线性关系。也就是说，好学习资源既可能增加学业负担，也可能减轻学业负担。好的学习资源可能提供更多的学习任务，在某种程度上会增加学生学业负担；但好的学习资源，特别是好的师资，可以提供更优质的学习支持，有助于在保障学生学业质量的同时减轻学业负担。后一种情况是学生和家长

---

①　[苏联]赞科夫：《教学与发展》，44～45 页，北京，人民教育出版社，1985。

②　胡卫平、严文法等：《中小学理科教材难度国际比较研究(小学科学卷)》，258 页，北京，教育科学出版社，2016。

③　袁振国：《总序》，见胡卫平、严文法等：《中小学理科教材难度国际比较研究(小学科学卷)》，7～9 页，北京，教育科学出版社，2016。

更加看重的，因此，优质学习资源成为竞争的对象。

学习资源的丰富性、充裕性、适合性、先进性等指标在现实中是有差异的。政府受当地的经济发展水平、财政收入状况的制约，对教育的投入会有较大差异，由此可将各地分为经济较发达地区、经济中等地区、经济欠发达地区等。学校的水平也有较大的差异，从历史上看，这和20世纪七八十年代我国建设重点学校有很大关系，后来虽然强调教育的均衡化，政府也采取了很多措施，但这一转变过程是漫长的。今天我们实际上还是可以分出不同类型的学校。比如，优质学校、普通学校、薄弱学校；再如，城市学校、城镇学校、乡村学校。按地域区分学校不一定能反映真实的情况，因为通过均衡化建设，乡村学校中也有条件很好的学校，城市学校中也存在薄弱学校。家庭能够提供什么样的学习资源则受到家庭的经济、文化、社会等条件的制约。尽管在义务教育阶段实现免费教育在一定程度上消除了家庭经济条件的制约，但家庭的社会资本、文化资本对学生的学习和成长仍然有着潜在的、长期的、实实在在的影响。

正因为学习资源对学生学业成绩的获得有着重要的影响，因此，无论负担轻重，优质学习资源都会普遍成为竞争的对象。家长和学生都希望获得优质学习资源，进入条件好的学校学习，以获得好的教学，提升自己的学业水平，在竞争中占据有利的位置。在义务教育阶段，我国目前采取就近入学的方式，择校的概率很小，竞争性不强，但升入高中和大学要经过中考和高考，而升学的关键在于学生的学业成绩。因此，为了获得有利的学习资源而形成的竞争仍然会增加学生的学业负担。这是学业负担产生的重要原因。

四、学习能力因素

学习能力是学生承担和完成学习任务的胜任力或综合能力，包括学习的观念、动力、能力、基础、习惯等。因此，这里所述的学习能力不同于一般教育学和心理学所说的学习能力，这里是个大概念，是个综合性的概念，类似于巴班斯基所说的"实际的学习可能性"[①]。它包括内部因素（学习潜力、特殊的知识技能、学习技能技巧、学习精力、学习态度、学习品行）

---

① ［苏联］尤·克·巴班斯基：《教学过程最优化——一般教学论方面》，134～135页，北京，人民教育出版社，1984。

和外部因素(学校教师、学生集体和教学物质基础、校外环境影响)等。这里所讲的学习能力也是学生与学习相关的各种素质之和。学生的学业负担很大程度上取决于学生的学习能力。一般来说,当学习任务一定时,学习能力越强,学业负担就越轻。因为学习能力决定学习的速度和质量,学生能力强、速度快、效率高,花的时间就比较少、负担就比较轻。

在认知负荷理论中,认知资源被看作一种心理资本,包括认知、情绪、意志等。学习的动力和努力程度也是学习能力的组成部分,并且很重要。有的学生智力或狭义的学习能力一般,但很努力刻苦,动力足,同样能够承担更重、更多的学习任务。承受力强,学生的负担感会弱些;承受力弱,则负担感会强些。郑昆宏对153名学生在参加增强现实(AR)学习过程中的动机、态度与认知负荷的关系的研究表明,动机在其中起中介作用,学生的认知负荷得分与他们的动机和态度量表得分呈负相关。[1] 学生的学习能力受到诸多因素的影响,如智力和非智力因素、知识基础、学校和家庭环境、学习习惯等。其形成是有差异的。因为学生在学习能力上有差异,所以面对同样的学习任务时,其完成任务所需要花费的时间、努力的程度也就有差异,学业负担自然就有差异。此外,认知能力包含多种因素,如感知、记忆、思维等,不同因素的投入都是学习所需要的,但对不同因素的负荷目前还难以比较和区分。

学习潜能是影响学业负担承受力的一个因素。人本主义心理学、潜能心理学认为,人的潜能是巨大的,人们只使用了大脑的10%,人们可以学习大量的知识和信息。也就是说,人还可以承受更大的负担。但新近的神经科学研究批驳了这个"神经神话",认为100%的脑都在发挥作用,即使没有活动,甚至在睡眠状态时,都不存在不活动的脑区,否则就可能有功能障碍。[2] 因此,因存在大脑潜能而增加学业负担的观念不能成立。

实际的学习投入主要是指时间的投入和智力的投入。根据学习任务和学习能力,学生实际投入了多少时间直接影响学生学业负担的大小,与之相应的是学生还有多少休息时间和睡眠时间,它们是一体两面的关系。睡

---

① Kun-Hung Cheng,"Reading an Augmented Reality Book:An Exploration of Learners' Cognitive Load,Motivation,and Attitudes,"*Australasian Journal of Education Technology*,2017(4),pp.53-66.

② 经济合作与发展组织:《理解脑——新的学习科学的诞生》,116～117页,北京,教育科学出版社,2010。

眠对学习质量有重要的影响。研究表明，脑皮层功能只有通过睡眠才能恢复；慢波睡眠和相应的脑电图（EEG）慢波对记忆巩固及其神经可塑性有非常关键的作用；睡眠剥夺、睡眠困难与学业不良有关，睡眠越少，成绩越差；睡眠时间过短会导致短时记忆任务的成绩下降。[①]

五、学习支持因素

学习支持是学校教师、课外辅导教师、家长以及同学给予学生学习内容和方法上的帮助、指导与辅导。学习支持可以增强学生的学习能力，因而是减轻负担的因素，与学业负担呈负相关。在这些主体中，学校教师是最主要的主体。学校教师承担着教学的专门职责，以课堂教学和课外指导为主要途径，从学习内容的讲授到学习方式方法的指导给学生的学习以支持。学生的学习不同于自学，学生要学习系统的书本知识，有了教师的指导帮助，学生理解、巩固和应用知识就简单容易得多，学习的速度和效率就会大大提高。相应地，学生的学业负担就比较轻。如前所述，由于不同学校学习资源的差异，教师的学习支持能力也存在较大的差距。此外，教师个体随着教龄、经验、学历等因素的变化，在学习支持能力方面也会产生较大的差异。比如，教龄长的教师比新入职教师在学习支持方面的能力更强。

在学习支持上，教师好的表现主要体现为对教学内容把握到位，讲解到位、简明、清晰，能减轻学生的外在认知负荷；还表现在注重对学生学习方法的指导，培养学生的学习能力、思维方法和解决问题的方法，适度增加学生的元认知负荷，提高学生的学习能力。传统教师的备教材、备学生、备教法大体对应认知负荷的三种类别：备教材主要对应内在认知负荷，备学生主要对应元认知负荷，备教法主要对应外在认知负荷。

六、负担调控因素

负担调控是政府、学校、教师和学生对学业负担的认知、调节、控制活动。负担调控实际上是一个调节性、中介性因素，和学业负担本身并没有太直接的关系。它是对负担的一种主观、能动的认识和调节，如元认知

---

① 经济合作与发展组织：《理解脑——新的学习科学的诞生》，71～73 页，北京，教育科学出版社，2010。

概念的性质和功能。负担调控有助于优化负担，因此，它与学业负担呈负相关。不同主体有不同的调控重点：政府主要通过学业负担的监测监控、出台和执行减负政策、调控课程计划与标准以控制学习任务等方式对学生的学业负担进行了解和调控；学校则通过规范办学、建立相关规章制度、改进教师教学、规定作业量、控制考试次数等调控学生的学业负担；学生则在感知学业负担的基础上调节自己的能力和压力承受力，调节自己的情绪，以使自己的负担保持在合理限度内，不至于出现负担过重的现象。

笔者在调查中发现，在作业任务及完成时间的认知方面，学生、家长和教师有一定的差异。24.2％的教师自述没有布置作业，71.6％的教师认为自己布置的作业可以在 0.5 小时内完成，只有 4.2％的教师认为自己布置的作业可以在 0.5～1 小时内完成。当然，这是就一科而言的。在家长调查中，20.1％的家长认为教师布置的作业可以在 0.5 小时内完成，45.8％的家长认为教师布置的作业可以在 0.5～1 小时内完成，20.9％的家长认为教师布置的作业可以在 1～1.5 小时内完成，还有 8.7％和 4.5％的家长认为要 1～2 小时、2 小时以上才能完成。79.7％的学生认为作业可以在 1 小时以内完成，15.5％的学生认为作业要用 1～2 小时完成，4.8％的学生认为作业要用 2 小时以上完成。显然，家长和学生感知到的作业时间更长，这也说明加强各主体对学业负担的感知、调控十分必要。

七、学业负担模型及其运行机制

前文笔者通过定量的方法构建了学业负担的回归模型，了解了主要因素在负担形成中作用的大小，但其具体的机制还需要进一步讨论。

根据前文对六个因素的分析，我们可以看到各个因素在学业负担形成中起着不同的作用，它们共同构成一台机器并不断运转，形成学业负担模型（如图 4-1 所示）。

从图 4-1 中我们可以看到各因素之间的关系和相互作用的机制。

社会是大环境，一方面，它为政府办教育提出需求、提供资源，政府作为社会的管理者、治理者发挥组织指挥作用；另一方面，它产生用人选拔机制及教育系统的升学竞争机制。

政府在社会发展的背景下提出教育的方针，制订课程计划，明确学生的学习任务，同时给学校提供学习资源（办学条件）。学习任务是学业负担的来源，学习资源是完成学习任务的条件。政府还具有监控职能，根据对

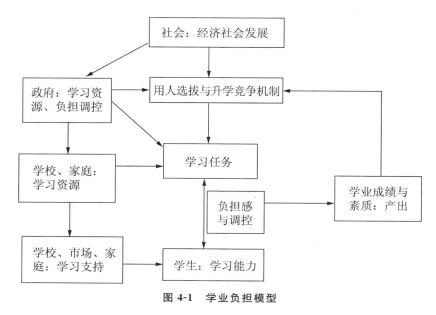

图 4-1　学业负担模型

学生学业负担的监测进行政策性调控。

社会的用人选拔机制影响教育系统的升学竞争机制，而这两个机制又影响学生的学习任务，并对学生的学习动力产生影响。

学校和家庭提供学习资源。学习资源的优劣一方面影响教学水平（学习支持），另一方面决定学生的学习任务。学习资源是具体的而不是抽象的，即具体的学校和家庭对学生提出的不同学习任务、学习预期等。

学校、市场、家庭还提供教学或辅导，提供学习支持。学习支持帮助学生开展学习，促进学生学习能力的提高。

学生一方面接受外部施加的各种学习任务，另一方面通过学习活动，运用自己的学习能力，投入时间与努力去承担和完成这些学习任务，获得产出——学业成绩与素质。这种产出经过外部的不断评价与反馈，最终使自己在升学竞争中达到预期目的。在学习过程中，学生自己也会对学业负担产生感知并进行自我调控。

学业成绩在模型中是一个特殊性因素，它不是负担的直接因素，而是一个反馈性因素。学业成绩好，一方面会增强学生学习的效能感，提高学习能力，减轻学习的负担；另一方面会增加学生的学习任务以使成绩更好，但也可能增加学习的负担。学习成绩不好，既可能增加学习任务、延长学习时间以提高学习成绩，从而增加学习负担；又可能使学生放弃学习，逃避学习任务，减轻认知负荷，但也可能增加心理负担和心理压力。这些同样与学生的认知和选择有比较密切的关系，学生的认知与选择起着调节作用。

以上就是各主体、各因素相互作用的机制。它们共同制约、推动学生学业负担模型的运行。在输入各主体、各因素的具体情况（参数）的条件下，经过模型的运行，就会产生特定的负担状态。

负担状态可以通过特定的因素组合而得出。我们假定选拔竞争、学习资源、学习支持、学习任务、学习能力、负担调控各有两种情况，如学习资源的好与劣、学习支持的好与差等，那理论上共有 64 种组合状态。也就是说，学业负担的运行情况可能有 64 种具体的状态。

在这些因素中，与学业负担的产生有两种相关：一种是正相关，如选拔竞争、学习任务与学业负担是正相关的，选拔竞争越激烈、学习任务越重，则学业负担越重。另一种是负相关，如学习支持、学习能力、负担调控等，学习支持越好、学习能力越强、负担调控越好，则学业负担越轻。学习资源与学业负担则呈现复杂相关，一方面可能导致学习任务增加，增加学业负担，呈现正相关；另一方面可能有助于增强学习支持与学习能力，则减轻学业负担，呈现负相关。

根据这些相关性，笔者简化其具体状态，把一致性因素归为一类，这样可以得出四种状态（如表 4-7 所示）。

表 4-7　学业负担的状态

正相关因素	负相关因素	可能的负担结果
加重	减轻	重
加重	加重	轻
减轻	加重	轻
减轻	减轻	重

第四节　学业负担的类型分析

学业负担的种类是对学业负担进行分类的结果。分类是依据事物的特征来进行的。目前，关于学业负担的分类已有许多，这些分类的依据主要涉及负担的施加者维度、负担者的身心维度、负担的时间维度、负担的任务类型维度和负担的空间维度等。其中，较为一致的划分有生理负担和心理负担、校内负担和校外负担、学科负担和活动负担等。心理学对认知负荷做了区分，包含内在认知负荷、外在认知负荷、关联认知负荷和元认知负荷。

笔者认为，学业负担的分类应该更加深入和细致，注意揭示事物的本质特征；应该注意对其中的一些类型进行深度的研究和分析，而不只是分类和定义。笔者根据负担的成因，对学业负担进行了新的分类，包括以下五类。

一、任务过量型负担

任务过量型负担即由学习任务的不合理导致的负担。具体包括三方面。第一，数量上，主要是过量导致的负担，当然也有数量过少的情况。第二，结构上，主要是任务较为单一、片面，主要表现在学术性学业负担过重，非学术性学业负担过轻；学科负担较重，活动负担较轻；考试科目负担较重，非考试科目负担较轻。邬志辉归纳出的负担结构问题有五个：学习负担重，生活负担轻；智育负担重，其他负担轻；动脑负担重，动手负担轻；左脑负担重，右脑负担轻；记忆负担重，思维负担轻。[①] 第三，质量上，主要是任务的深度不够、质量不高，如记忆性负担重，思考性负担轻；集中思维负担重，发散思维负担轻。赵俊峰在对学生学习过程中的心理努力种类进行调查时发现，排第一位的是做题（占总人数的 64.7%），具体主要为做数学题；排第二位的是记忆（占总人数的 31.4%），语文、英语、历史、政治都有很多内容需要记忆；其后有读课外书等。[②]

任务过量型负担是主要的学业负担。已有大量调查显示学生在学习时间上超时，课外补习任务重等。例如，陈传锋等对全国中学生（13619 人）的调查表明，课业负担过多导致学生学习负荷过重；学习内容不平衡导致课程结构性负担；休息时间欠合理，休息时间严重不足；课外学习过多，存

---

① 邬志辉：《"减负"与"加负"：关于学生负担问题的深层次思考》，载《现代中小学教育》，1997(6)。

② 赵俊峰：《解密学业负担：学习过程中的认知负荷研究》，68 页，北京，科学出版社，2011。

在学习来源负担问题。① 再如，对作业时间的监测数据显示，作业时间超标（标准是小学一至三年级在 0.5 小时以内，四至六年级在 1 小时以内，初中在 1.5 小时以内）明显，且越来越严重（如表 4-8 所示）。②

表 4-8　作业时间超标比例

年级	1999 年（平时作业）		2005 年（平时作业）		2005 年（周末作业）	
	城市	乡村	城市	乡村	城市	乡村
小学一至三年级	67.2%	45.6%	69.2%	61.2%	76.0%	79.8%
小学四至六年级	36.8%	26.3%	63.0%	52.5%	70.9%	70.4%
初中	20.6%	20.1%	55.0%	41.3%	65.7%	54.6%

二、资源竞争型负担

资源竞争型负担是因升学与考试的竞争性以及对优质教育资源的竞争而产生的学业负担，主要是压力型负担。教师、家长、学生为了在教育资源与升学竞争中获得优势，倾向于增加学业负担，把学生学习投入（时间、努力）等作为竞争的一种主要手段。这种负担表现为升学的压力、对成绩期待的压力等，性质上主要是一种情绪反应和体验，属于主观负担感。它可以主观自陈，但较难具体测量。宋乃庆、杨欣对西部四省份的 2768 名中小学生的调查和相关分析证明，学校重视考试成绩的程度与氛围、家长重视考试成绩的程度（负担原因）会显著增加一周完成课外书面作业的平均时间和这学期教学辅导的新增数量（负担程度）。③ 这就是资源竞争导致的客观负担加重。

三、能力欠缺型负担

能力欠缺型负担是由学生的学习能力不足导致的学业负担。学习任务的完成主要靠学生自己的综合学习能力，包括学习动力、学习态度、学习习惯、学习方法和学习能力等因素。由于某方面或多方面能力的欠缺，学

① 陈传锋、陈文辉、董国军等：《中学生课业负担过重：程度、原因与对策——基于全国中学生学习情况与课业负担的调查》，载《中国教育学刊》，2011(7)。
② 桂世权、张姝、张翼等：《关于减轻中小学生学习负担的思考》，载《黑龙江教育学院学报》，2007(1)。
③ 宋乃庆、杨欣：《中小学生课业负担过重的定量分析》，载《教育研究》，2014(3)。

生完成学习任务的时间会更长，学习的质量更差，学习成绩不够理想，导致学生心理投入、时间投入、心理压力都更大，并形成恶性循环。这种情况就是一种学习成本替代——由于能力不足，便用时间补足。"勤能补拙"描述的就是这种行为。当然，"勤能补拙"是主动型的，通过花费更多的时间去弥补能力的不足；也存在被动型的，由于任务多或难，学生不得不多花时间去应付、完成。艾兴、王磊通过对13376名中小学生的调查区分出了小学生学业负担的三种水平，其中第三种水平表现的特点为：内容理解吃力，各种负面情绪、疲劳感明显，注意力分散严重。[①] 这种水平的学生的负担主要是能力欠缺型负担。

四、支持不足型负担

支持不足型负担是由学校教师教学水平不高导致的学生在学习过程中产生的过重负荷，特别是外在认知负荷。支持不足又有诸多情形。第一种是教学水平不高。教师讲授不清楚，教学设计不科学、不合理，布置作业没有节制、不经选择，学生花许多时间在无效活动上，要费很大气力和时间去理解知识、掌握技能，达不到深入理解、准确掌握的效果。尽管我国教师队伍的水平不断提高，但整体水平还有提高的空间。第二种是新教师经验不足。教师的更新是经常的。新教师教学水平的提高有一个过程，所以在初期的教学中，新教师由于缺乏经验，可能增加学生的学习负担。第三种是教师对改革的适应过程。学校课程和教学内容不断变化和改革，对于新课程的理解与落实，教师要经历一个适应和摸索的过程，在这个摸索的过程中也可能造成学生的不合理负担。靳玉乐、罗生全对教师教学效能与小学生学业负担水平的关系进行了实证分析（对4396名小学生及对应的不同层次效能的教师进行调查），他们发现：高效能教师的学生负担均值为1.5620，中效能教师的学生负担均值为1.7839，低效能教师的学生负担均值为1.8866；通过方差齐性检验，对应学生的负担水平的方差在0.001水平上差异显著。这说明教学效能水平越高的教师所教学生的学业负担水平越低。[②]

① 艾兴、王磊：《中小学生学业负担：水平、特征及启示》，载《教育研究》，2016(8)。
② 靳玉乐、罗生全：《学业负担论纲》，458~461页，重庆，西南师范大学出版社，2017。

五、监控失调型负担

监控失调型负担是由政府、学校、教师和学生对学业负担缺乏有效的监督调控导致的负担。外部的调控对于学业负担的轻重是有影响的，缺乏调控就可能失控，导致各种负担问题。调控体现的是人们的主动性、能动性和目的性。调控的主体有很多，如政府、学校、教师和学生，也包括家长。具体的调控措施包括制定一定的标准（如内容数量和难度的标准、时间的标准）、控制任务量、增强对负担的适应力、做好学习任务和过程的计划和调控（元认知监控）等。过去出现的负担过重的一种情况就是由教育行政部门缺乏监管，学校缺乏自我监督，学校和教师任意加重负担导致的。2010年以来，我国教育系统加强了对学生校内学业负担的监测和管理，学生在学校的负担轻了；但对社会培训机构仍缺乏具体的监管，学生和家长报的课外班多，导致学生课外学习负担加重。这种负担也是负担监控失调导致的。

第五节　学业负担差异性分析

早期关于学业负担的调研只注意了总体的分布情况，缺少对具体情况的分析。后来，学业负担的差异性越来越受到关注，许多研究进行了差异性的分析。因为差异的背后隐藏着规律性，差异性分析实质是对影响因素的分析，即背景变量和学生自身变量对学业负担的影响。笔者也在差异性上进行了进一步探索。

一、家庭经济、文化、社会资本的影响及其差异

家庭是学生学习的重要环境，家庭的经济资本、社会资本、文化资本都对学生的学习成绩、学业负担有很大的影响。经济资本一般将家庭的收入和财产作为指标，文化资本主要通过父母的文化程度和职业来反映，社会资本主要通过父母的职业及家庭的社会关系资源来反映。

（一）经济资本

笔者对小学生家庭收入影响的调查反映出家庭收入对学业负担有显著

影响。除外部压力外，家庭收入对负担感、学习任务、学习能力和教学支持都有显著影响。负担感、学习任务呈现双峰分布，其他三个因素（外部压力、学习能力、教学支持）虽有波动，但总体上随收入下降而下降。

许庆红、张晓倩采用"中国家庭追踪调查"2010 年全国性抽样数据考察家庭经济条件和教育投入对中小学生学业负担的影响，结果证实：经济资本越高，子女的学习时间越长，学习压力越大。[1] 其结果与笔者的研究一致。

经济资本并不能直接作用于学生的学习本身，它主要影响家长的期望，进而影响学生的学习动力、提供给学生的学习资源和条件，最终形成学业负担和压力。家长期望是一个重要机制。笔者对家长的调查显示，68.3%的家长对孩子学业成绩的期望值很高或高，29.4%的家长对孩子学业成绩的期望中等。收入处于较高和中间水平的家庭，可能因为家长期待孩子通过努力拼搏追赶上收入水平更高的家庭，所以期望较高，给学生的任务较重；收入水平很高的家庭，可能因为有安全感、依赖感，所以任务要求可能不高；收入水平很低的家庭，可能因为信心不足，所以期望不高，给学生的任务也不多。许庆红、张晓倩的实证调查也显示，家长期望值越高，子女的学习时间越长、学习压力越大。李建伟对家庭期望对小学生学业负担的影响进行了实证研究，他发现，家长期望与小学生学业负担呈正相关，皮尔逊系数为 0.267，$p < 0.01$，学业负担随家长期望升高而增大；子女感受到的家长期望与学业负担也呈正相关，皮尔逊系数为 0.183，$p < 0.01$。[2]

家庭收入或经济状况还可能影响孩子的身体发育、大脑神经发育状况以及大脑物质供应状况，进而影响孩子的学习活动和加工能力。研究表明，高效能学习离不开营养充足和健康的神经系统。贫困家庭孩子的神经系统可能受到一定损伤，影响其信息加工能力，使贫困家庭孩子更容易出现认知加工问题。[3] 这种加工要么速度慢、时间长，负担加大；要么自我放弃，不去加工，逃避负担。研究还显示，营养不良儿童比家境好的儿童学业成绩差，这可能是因为营养不良儿童的神经系统发展较慢，加工的容量比较有限。[4]

---

① 许庆红、张晓倩：《家庭社会经济地位、教育观念与中小学生学业负担》，载《中国青年研究》，2017(6)。

② 李建伟：《家长期望对小学生学业负担的影响——基于安徽省 H 市 F 小学 4—6 年级的调查研究》，硕士学位论文，淮北师范大学，2018。

③ ［美］海伦·阿巴兹：《贫困生的有效学习——认知神经科学的前沿观点》，10～11 页，北京，教育科学出版社，2012。

④ 同上书，27 页。

（二）文化资本

笔者对小学生父亲学历的调查反映出家庭文化资本不同的学生在学业负担上是有显著差异的。在影响因素上，除外部压力没有显著差异外，在学习任务、学习能力及教学支持上都存在显著差异。负担感随学生父亲学历的升高先上升后下降：父亲学历为研究生的家庭，学生的负担感最低；父亲学历为本科、专科家庭的学生负担较低；父亲学历为高中的家庭，学生的负担感最高；父亲学历为初中及以下家庭的学生负担感也较高。学习任务的均值随父亲学历升高整体上呈上升趋势：父亲学历为研究生的家庭，学生的学习任务最大，父亲学历为初中及以下最小。学习能力随父亲学历升高而增强：父亲学历为研究生的家庭，学生的学习能力最强，初中以下最弱。教学支持也与此趋势相同。综合起来看，父亲学历高的家庭，学生任务重，但学习能力强、教学支持好，负担并不重；父亲学历中等的家庭，学生任务较重，学习能力和教学支持都处于中等水平，所以负担很重；父亲学历低的家庭，虽然学生任务轻，但学习能力和教学支持都很差，所以负担也较重。

其他人的研究结论差异较大。刘永林对小学生的调查显示：父母文化程度越高，学习压力得分越高，且有显著差异，大学为 10.03 分，高中为 8.54 分，高中以下为 8.4 分。他认为这可能是期望值的作用。[1] 许庆红、张晓倩对家庭文化资本和教育观念的影响研究显示，家庭文化资本、教育观念对子女学习压力的影响不显著，但父母主动与孩子沟通评分对子女的学习压力有积极影响。即在控制其他变量的条件下，父母主动与孩子沟通评分每增加 1 分，子女的学习压力概率降低 91.1%。[2] 李建伟的调查显示：小学生学业负担与家长学历呈负相关，斯皮尔曼系数为 0.116，$p < 0.05$，学业负担随家长学历升高而降低。[3] 这与刘永林的结论相反。

文化资本对学业负担的影响机制主要有四方面。一是家长的期望效

---

① 刘永林：《城市小学生学习压力状况及其相关因素调查研究——兼论"减负"的新思维》，载《教学与管理》，2006(1)。

② 许庆红、张晓倩：《家庭社会经济地位、教育观念与中小学生学业负担》，载《中国青年研究》，2017(6)。

③ 李建伟：《家长期望对小学生学业负担的影响——基于安徽省 H 市 F 小学 4—6 年级的调查研究》，硕士学位论文，淮北师范大学，2018。

应。家长的期望对孩子的成长和学习来说是一种动力，期望具有期望效应。关于期望值与父母文化程度的关系，夏小庆的调查显示两者有一致性。对于孩子学业成绩的期望，城市家长高于农村家长，工人最高，农民最低。[①] 二是家长的支持指导作用。文化程度高的父母在孩子的家庭作业及其他学习上能够给予内容上的指导和帮助，也能在思维和方法方面给予一些建议，这种支持可以减少学生的学习障碍，提高学生的学习能力，从而减轻学生学习时的负担和压力。三是家庭文化资源的支持作用，如图书资料、信息来源的丰富程度、学习环境等，对学生学习能起到支持作用，有助于减轻学生学业负担。一项关于外来务工人员子女家庭文化资本与成就动机关系的研究显示，外来务工人员子女的认知内驱力强度过低，逃避失败的倾向更强，家庭文化资本的缺乏影响他们认知经验的积累和认知条件的完善。[②] 四是亲子互动交流的作用。父母文化程度不同，父母与孩子互动的数量和质量也会有差异。一项关于美国父母与儿童互动的研究表明了这一点（如表4-9所示）。因为这种互动可以减轻学生学习的压力，增强学生学习的能力。

表 4-9　美国父母与儿童的互动量[③]

互动	专业人员	工人阶层	福利救济家庭
每小时与孩子互动时间	42 分钟	27 分钟	12 分钟
每小时与孩子说话的数量	487 句	301 句	178 句
儿童每小时听到的词数	2150 词	1250 词	620 词
语言的质量	更多地使用名词、修饰语、动词过去时。	无相应资料。	更频繁地使用祈使语气，禁令也更多。

（三）社会资本

童星对不同家庭背景初中生的学业负担进行了调查研究。他区分了客观学业负担和主观学业负担。客观学业负担内部又按照来源分为学校产生的客

---

① 夏小庆：《当前中小学生课业负担差异的调查研究》，载《现代教育论丛》，2005(5)。
② 林宇：《家庭文化资本与农民工子女成就动机内驱力》，65～93 页，厦门，厦门大学出版社，2011。
③ ［美］海伦·阿巴兹：《贫困生的有效学习——认知神经科学的前沿观点》，14 页，北京，教育科学出版社，2012。

观学业负担、家庭带来的客观学业负担和自身施加的客观学业负担三种。其调查结果显示，不同家庭背景初中生的客观学业负担有显著差异，家庭社会资本水平较高的初中生客观学业负担平均值较高；但不同家庭初中生主观学业负担没有显著差异。在客观学业负担内部，家庭带来的客观学业负担差异最大，社会资本水平越高，客观学业负担越大。[1]

童星在解释这种结果的原因时，从家长和学生自身两方面进行了分析。从家长看，一是社会资本水平较高的家长对自身及子女的社会身份有强烈的不安全感，因此要通过加大对子女教育的投资来帮助他们获得较稳固的社会身份，因而会增加学生客观的学业负担。二是社会资本水平较高的家长有能力和精力来对孩子施加客观学业负担；他们的文化程度较高，有能力布置和检查更多作业；他们一般只有一个孩子（独生子女占85%），养育的精力比较多。此外，社会资本水平较低的家长较容易产生"读书无用"的情绪，进而减少了家长对孩子的教育投入和期待。[2]

二、学校类型的影响及其差异

笔者发现，优质学校和普通学校的学生在负担感上没有显著差异。但在外部压力、学习任务、学习能力、教学支持上，优质学校均高于普通学校，有显著差异。

这里优质学校和普通学校的划分是相对的，在义务教育阶段要促进均衡，而不是扩大差距。当然，客观上学校之间仍存在差异。优质学校和普通学校之间的差距反映在教育的资源上，包括基础设施、师资水平和文化氛围等。一般来说，在这些方面优质学校都要比普通学校好。好的教育资源可以提高教学支持，增强学生的学习能力，学生负担相对较轻；普通学校在这两个因素上的得分相对较低，负担相对较重。但是在外部压力和学习任务上，优质学校得分较高，负担较重；而普通校得分较低，负担较轻。两类不同的因素相互作用，可能使两类学校学生的主观负担感没有显著差异。学校类型的影响，本质上是教育资源的影响。

---

①　童星：《不同家庭背景初中生学业负担的调查研究》，硕士学位论文，南京师范大学，2014。

②　童星：《不同家庭背景初中生学业负担的调查研究》，硕士学位论文，南京师范大学，2014。

童星对初中生学业负担的调查显示，教育质量好的学校的学生的客观学业负担均值最大（279.10），一般的学校居中（272.30），较差的学校最小（259.20）。这说明教育质量越好的学校，学生承受的客观学业负担越重。这与各方面对教育质量好的学校升学率的期待较高有关。[①] 这与笔者的结论比较一致。

三、学生地域的影响及其差异

笔者发现，城区学校和郊区学校学生在负担感以及学习任务、外部压力、学习能力和教学支持上均有显著差异，城区学校学生的均值高于郊区学校学生。这可能与城区学校的总体竞争氛围、压力环境有一定的关联。笔者对家长的调查显示，在报 3 个及以上课外辅导班的家庭中，城区家庭占了 73.2%，远高于郊区家庭的 26.8%。

李文和对上海市闵行区 320 名小学生的调查显示，课业负担在市区学校和乡镇学校之间有显著差异，市区学校大于乡镇学校。[②] 这与笔者的结论一致。

赵俊峰对中学生（1081 人）认知负荷的调查显示，尽管农村学生在情绪投入、心理投入、时间投入方面的均值略高于城市学生，但差异并不显著（$p > 0.05$）。[③] 这与笔者的结论不太一致。

学校在地域上的差异主要体现在教育资源的差异上。一般城市学校比农村学校的资源条件更优越一些，特别是在师资等资源上。资源优越，可能使学生能力提升，减轻学生的负担；但也可能增加学生任务，增加学生的压力，使学生负担加重。在资源不足时，学生能力可能受到制约，同时学生学习任务可能增加，因为在劣势情境下，学生可能通过增加任务、延长时间、加大努力程度等途径去实现竞争目标。可见，竞争氛围以及由此带来的学习任务的增加起核心作用。这是资源条件与学习任务之间的差距导致的竞争动力。

---

① 童星：《不同家庭背景初中生学业负担的调查研究》，硕士学位论文，南京师范大学，2014。

② 李文和：《上海市小学生课业负担调查研究——以闵行区为例》，硕士学位论文，上海师范大学，2017。

③ 赵俊峰：《解密学业负担：学习过程中的认知负荷研究》，98 页，北京，科学出版社，2011。

四、学生性别的影响及其差异

笔者发现，男女生在负担感方面没有显著差异。在外部压力和学习能力两个因素上有显著差异，男生在外部压力上的均值更高，在学习能力上的均值更低。男生的外部压力更大，有可能与男生的社会角色、社会期待有一定关系；男生的学习能力得分低，可能与发育较女生稍晚有一定关系。

赵俊峰对中学生认知负荷的调查表明，男女生在情绪投入、心理投入、时间投入上均没有显著差异。[1] 刘永林对小学生学业负担的调查显示，男女生之间没有显著差异（男生均值为 8.71 分，女生均值为 8.60 分）。[2] 杨欣的调查也显示，男女生学业负担无显著差异（男生为 3.26 分，女生为 3.28 分）。但赵丽霞对初中生的调查显示，女生比男生的学业负担要大。方丹等人对 8730 名小学六年级学生的问卷调查显示，男女生在客观课业负担上没有差异，但在主观课业负担上差异显著，男生显著高于女生（$p < 0.001$）。[3] 从诸多调查来看，大多数研究显示学业负担无性别差异。心理学研究发现，男女生在认知成绩上无差异，而在不同任务的完成上有差异，如女生语言成绩更优。在学业负担上没有显著差异，这说明性别对学业负担没有直接的影响。

五、学生成绩的影响及其差异

笔者发现，学生的负担感与学生成绩显著相关，随成绩的下降而上升。也就是说，成绩越差，学业负担越重。在影响因素中，除外部压力外，学习任务、学习能力、教学支持都与成绩显著相关。学习任务随成绩下降先增加后下降，学习能力和教学支持整体上呈现随成绩下降而下降的趋势。

其他研究的结论也相似。杨欣、陶蕾对 20 个省份的 4512 名中小学生的

---

① 赵俊峰：《解密学业负担：学习过程中的认知负荷研究》，97~98 页，北京，科学出版社，2011。

② 刘永林：《城市小学生学习压力状况及其相关因素调查研究——兼论"减负"的新思维》，载《教学与管理》，2006(1)。

③ 方丹、曹榕、程姝等：《小学生客观课业负担对主观课业负担的影响：学习态度的调节作用》，载《中国特殊教育》，2018(2)。

调查显示，成绩越差，学业负担越重。[①] 王东基于对北京市 30 所中小学的 3778 份问卷调查发现，学习成绩较好的学生，自感负担较轻。[②] 邓成琼于 2001 年对七年级到高中三年级 1902 名学生的调查显示，成绩优良的学生学业负担低于成绩中等和不良的学生。[③] 刘永林的调查显示，学习成绩越差，学习压力越大。[④] 方丹等人的调查显示，主观课业负担与学习成绩（在优等、中等、不良三组间进行两两比较）差异显著，成绩优等组课业负担最轻，成绩不良组课业负担最重（优等组负担均值为 1.86，中等组负担均值为 1.97，不良组负担均值为 2.01，$p < 0.01$）。[⑤]

学业成绩的影响可能有以下三种机制。第一，学业成绩既是结果，也是反馈性因素，还是学生追求的目标。因此，作为目标因素，它就会对学生的学业负担产生显著影响。负担无论是客观负担（心理投入和时间投入）还是主观负担（负担感），可以被看作一种成本；成绩可以被看作一种产出或成效。产出不佳的时候，学生就会感到压力，就要付出更多的努力、投入更多，就要加大成本，以追求更好的成绩（产出），除非学生采取放弃的态度。第二，学业成绩和学习能力有直接联系。一般来说，能力强往往成绩好，学习能力又与学业负担成反比，因此，学业成绩也与学业负担成反比。第三，成绩作为反馈性因素，会强化学生的效能感，而学生效能感越强，学业负担就越轻。

六、学生年级的影响及其差异

笔者的研究显示，学业负担的年级差异不显著。但从趋势看，负担感，总体随年级上升而上升，但五年级比四年级略有下降。在影响因素中，除学习能力外，外部压力、学习任务、教学支持与年级有显著相关关系。外

---

① 杨欣、陶蕾：《我国中小学生学习负担感受调查与分析》，载《现代中小学教育》，2013(4)。

② 王东：《中小学生自感课业负担的理论解释——基于北京市调查样本的 Logistic 多项回归模型分析》，载《基础教育》，2016(5)。

③ 邓成琼：《中学生学业负担态度量表的编制及其相关问题的研究》，硕士学位论文，云南师范大学，2001。

④ 刘永林：《城市小学生学习压力状况及其相关因素调查研究——兼论"减负"的新思维》，载《教学与管理》，2006(1)。

⑤ 方丹、曹榕、程姝等：《小学生客观课业负担对主观课业负担的影响：学习态度的调节作用》，载《中国特殊教育》，2018(2)。

部压力在四年级时最高，五年级下降，六年级回升；学习任务随年级升高而增加；教学支持随年级升高而下降。学习能力随年级的变化趋势呈现倒U形。年级因素作用的主要机制和升学压力、学习任务关联较大。越接近升学的年级，感到的压力越大。同时，随着年级升高，学习任务的难度增加，数量有所增加，也增大了负担。

相关的调查研究结论与笔者的结论基本一致。邓成琼对中学生的调查显示，高中生的压力大于初中生，毕业年级大于非毕业年级；随年级升高，升学考试的压力越大；年级因素对学业负担态度有显著影响。杨欣、陶蕾对中小学生的调查显示，四年级的压力小于五年级，五年级小于六年级，六年级小于七年级，七年级小于八年级，九年级最大，年级之间有显著差异。[①] 艾兴、王磊对中小学生的调查也显示，高中生学业负担大于初中生，初中生大于小学生，且负担的表现特征有所差异。高中生的压力主要表现在认知过程的负担上，初中生的压力主要反映在情绪体验上（疲劳、焦虑等），小学生的压力主要体现在行为反应上。[②]

第六节　基于实证研究与理论建构的结论

基于实证研究的结果并进行理论建构，可以得出以下结论。

第一，学业负担的性质。学业负担具有客观性和主观性、多源性和合成性、量度性和结构性、价值性和合理性、差异性、宏观历史性六个特点。这些特点也隐含和体现着学业负担形成的机制。

第二，小学生学业负担。北京市小学生学业负担总体不重，从平均值来看总体是比较轻的。但有少量学生（不到 10％）认为课业负担是重的。课业负担重的学生主要是成绩相对较差、父亲学历偏低、非班干部的学生。从群体来看，城区学校学生、高年级特别是六年级学生的负担感比较重。北京市小学生学业负担总体不重是各方面共同努力的结果，特别反映了政府在出台减负政策、加强负担监控、推进教育改革以及学校在教育教学改革方面取得的成效。

第三，理想的学业负担值。家长、教师、学生三类人群对理想学业负

---

① 杨欣、陶蕾：《我国中小学生学习负担感受调查与分析》，载《现代中小学教育》，2013(4)。

② 艾兴、王磊：《中小学生学业负担：水平、特征及启示》，载《教育研究》，2016(8)。

担值的打分平均为 46.04 分，高于实际负担值（42.06 分）。家长对学生现在的实际负担打分的均值是 44.79 分，认为比较理想的负担是 50.92 分。学生对实际负担打分均值为 41.21 分，认为理想负担的均值为 41.97 分。教师对学生实际负担打分均值为 40.18 分，认为理想负担的均值为 45.23 分。理想负担值家长最高，教师次之，学生最低。

第四，小学生学业负担结构。从时间来看，学生学术性学业负担远高于非学术性学业负担，其比例是 1：0.27，验证了假设①。同时，学生校外负担也较重，形成的缘由主要是政府的规定、社会的用人导向和文化观念、学校的考试评价、家长的影响、学生的自我调节等因素的共同作用。

第五，学业负担结构上的差异。学生的睡眠时间、完成学校作业时间、课外阅读时间与学生的成绩有显著相关。不同成绩的学生在以上几点上组间差异显著，在其他方面差异不显著。学习成绩好的学生睡眠时间更长，完成学校作业所用时间更少，课外阅读时间更长。验证了假设②。

第六，学业负担成因。相关分析显示，在影响学生课业负担感的因素中，外部压力、学习任务、学习能力、教学支持都有显著的影响。验证了假设③。其中，外部压力和学习任务可增加负担感，学习能力和教学支持可降低负担感。

第七，笔者对数据进行标准化处理后得到的学习负担的模型为：

$$Y=0.268+0.218\times X_1+0.492\times X_2-0.209\times X_3-0.132\times X_4$$

其中，Y 指主观负担，X_1 指外部压力，X_2 指学习任务，X_3 指学生学习能力，X_4 指教学支持。研究显示，模型解释了负担变化中 48.5% 的变化，这说明模型是良好的。在影响课业负担感的因素中，按程度说，学习任务排第一位，外部压力排第二位，学习能力排第三位，教学支持排第四位。因此，就减负的力度而言，首要的是控制学习任务，其次是减轻外部压力，再次是提高学生的学习能力，最后是提高教师的教学水平。

在构建的学业负担模型中，有政府、社会、学校、家庭、市场、学生六个主体，有选拔竞争、学习资源、学习任务、学习能力、学习支持、负担调控六个因素，各主体出于不同的利益考虑，通过各因素发挥作用，共同造成个体和群体的学业负担状态。学业负担模型是一个系统，是合力形成的。在模型中，学业成绩是学业负担的产出，也是一个特殊的反馈性因素，反过来对学业负担产生影响。

第八，笔者通过探索性因素分析，转轴为七个因素时，整体解释变异量为 50.204%；调整为五个因素后，整体解释变异量为 46.162%。五个因素是学习态度与习惯、任务难度与数量、教师指导与支持、升学压力与竞争、舆论氛围压力。

第九，从负担感和负担因素的差异性来看，在性别之间、生源地之间、独生子女和非独生子女之间没有显著差别。但在学校背景（城区学校和郊区学校、优质学校和普通学校）、家庭背景（父亲学历不同、家庭收入不同）、年级、成绩及角色（班干部和非班干部）之间存在显著差异。除性别没有显著差异外，负担感在年级、家庭背景、学校背景等方面均有显著差异（如表4-10 所示）。假设④也基本得到验证。

表 4-10　负担感及负担因素的差异性

比较项	负担感	学习任务	外部压力	学习能力	教学支持
城区学校和郊区学校	城区＞郊区	城区＞郊区	城区＞郊区	城区＞郊区	城区＞郊区
优质学校和普通学校	无显著差异	优质＞普通	优质＞普通	优质＞普通	优质＞普通
年级	无显著差异	高年级＞中年级	高年级＞中年级	无显著差异	高年级＜中年级
班干部和非班干部	非班干部＞班干部	非班干部＞班干部	无显著差异	非班干部＜班干部	非班干部＜班干部
成绩	较优秀者＜较差者	较优秀者＜较差者	无显著差异	较优秀者＞较差者	较优秀者＞较差者
父亲学历	低者＞高者	低者＞高者	无显著差异	低者＜高者	低者＜高者
家庭收入	双峰型	双峰型	无显著差异	高者＞低者	高者＞低者

小学生学业负担的形成有地域、家庭背景、学校背景上的差异和个体在成绩、年级上的差异。这些差异本质上是教育资源差异、考试评价与升学压力差异以及学习能力上的差异，即学业负担的影响因素造成了这些差异。

第十，学业负担的类型。除了已有的划分外，基于成因分析，笔者提出五种负担，即任务过量型负担、资源竞争型负担、能力欠缺型负担、支持不足型负担和监控失调型负担。

第五章　学业负担的调控

本章基于实证研究结果和相关理论分析，提出学业负担的调控对策，以帮助从实践层面解决问题。本章提出学业负担调控的原则，包括价值取向和技术取向两类，并就不同主体的调控策略和不同类型负担的调控策略进行阐述。本章在政府的调控策略中重点讨论减负政策问题，在不同类型负担的调控中重点讨论任务过量型负担的调控策略。

第一节　学业负担调控的含义和导向

一、从减负到学业负担调控

（一）从减负到学业负担调控的转向

关于学业负担，在行动层面通常使用"减轻"一词。不少学者认为这不全面，认为有的负担要增加，有的则要优化结构。因此，从比较全面和客观的角度，笔者使用"调控"一词，以包含各种情况。同时，调控也是系统科学和开放复杂系统的概念，特别是适应性系统的机制。这种用词的变化实际上是关于学业负担观念的变化，是一种重要转向，即向更科学、更全面转变。

学生学业负担的调控是诸多主体通过采取人为措施，使学生的学业负担由现实状况进入理想状态。现实状况由现状和机制（因果关系）两个因素组成，理想状态由预期结果构成。所谓机制，就是学业负担形成和变化的规律，是各种影响因素相互作用的过程，是因素和结果（学业负担现状）之间的关系，具有相对稳定性、趋势性。当然，其具体的表现形式是不同的，会随着历史的发展变化而有不同的表现形式。调控即对机制中的各个要素施加影响，进行调节，使之或增强，或减弱，或改变方向，这样就能使状态朝着理想的、预期的方向发展（如图 5-1 所示）。

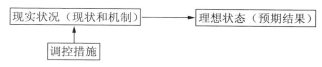

图 5-1 学业负担调控

（二）学业负担最优化：调控的目标

关于学业负担的调控目标或理想状态，有两位专家提出了"最优化"的概念。巴班斯基基于教育教学最优化理论提出了"学习负担最优化"的概念并对其内涵进行了描述：学生能深刻而牢固地掌握他们所能掌握的最大限度(指分量和深度)的教材，并且不会超出科学规定的课内学习和家庭作业的时间量，因而在规定的休息时间内，能够完全恢复自己的学习能力。[①] 认知负荷专家帕斯也提出了"认知负荷最优化"的观点。他认为，长期以来有种误解，认为要降低工作记忆中的认知负荷，其实我们的目标是既避免超负荷，又避免负荷过轻，因为这两者都会阻碍学习的进程。[②] 最优化具有很好的概括性，因此，笔者也把学业负担调控的目标确定为学业负担最优化。

那么，学业负担的最优化和理想状态是什么样的呢？

1. 合目标要求

理想状态应该从我们的培养目标出发，从未来对人才的需要出发；具体地说，就是培养全面发展、学有所长，富有社会责任感、创新精神、实践能力，能够担当民族复兴大任的人才。这样的人才，一是要在德智体美劳等方面均得到应有的发展。各类课程要兼顾，不能只重视智育课程和学术性学业(语文、数学、英语、科学等)，要重视德育课程(品德与社会课程、德育活动课程、社会实践活动课程)、美育课程(艺术学科课程、艺术活动课程)、体育课程(体育与健康课程、体育活动等)、劳动教育课程(综合实践活动课程、劳动活动等)。在课程安排、时间安排上要体现全面发展，结构要合理。从操作性上说，要执行好国家课程计划，因为这个计划是全面考虑的。当然，各地、各校可以在执行国家课程计划的基础上丰富完善，补充地方课程和校本课程。开齐课程只是基础的要求，同时体现了全面发展的要求。二是学有所长，培

---

① ［苏联］尤·克·巴班斯基：《教学教育过程最优化》，165 页，北京，教育科学出版社，1986。

② 钟丽佳、盛群力：《如何调控认知负荷"最优化"：发展综合认知能力——访谈国际著名认知科学家弗莱德·帕斯》，载《现代远程教育研究》，2017(4)。

养学生的兴趣、特长，这也是我国教育目的的有机组成部分，因为社会上用人的原则就是用人所长。学生要有所长，就要在自己喜好的、擅长的领域多投入一些时间，学得更加精深，形成特长。这在学业负担上也会体现出来。学校、家庭及学生自己在安排时间时，都要留出自主发展、学习选修课程、培养特长的时间。三是突出核心。富有社会责任感、创新精神和实践能力，这是新时代所需要的人才的关键素质、核心素养。既然是关键和核心，在时间安排、负担安排上就要成为重点，安排更多一些的时间和活动，如社会实践活动、创新探究活动等。四是勇于担当。党的十九大报告中提出要培养担当民族复兴大任的时代新人，中华民族的复兴任务艰巨繁重，学生要担此大任，自然要投入更多的精力和时间，要有拼搏精神，这是我们的文化，也是我国改革开放以来迅速发展的原因之一。我国的发展与我国人民的勤劳是紧密相连的，因此，客观上，学生要能够承担一定的负担。综合四者，学业负担的理想状态是结构优化、内容全面、各有不同（特长及其负担结构不同）、程度合理的。

2. 合学生实际

理想状态还要从学生的实际考虑，即从学生的实际承受力来看。要处理好一般和特殊（差异）、客观与主观（潜能发挥）两种关系。一般是指一定年龄阶段学生在承受学业负担方面的一般能力阈限，特殊则是因为学生的生理、心理差异性而产生的承受力方面的差异。客观是指生理和心理上的客观制约性，主观是指学生很大的潜能和主观能动性。总之，学业负担的理想状态要强调量力性原则，即负担是适度的。这个适度，一是考虑潜能和主观能动性的适度，二是根据每个人的情况有差异的适度，不是一个标准、"一刀切"的适度。因此，每个学生的最优化学业负担目标可能是不同的。

二、学业负担调控的价值取向原则

学业负担问题既是技术问题，也是价值问题。所以，在进行学业负担调控的过程中，要把价值理性和工具理性结合起来，即坚持调控价值取向原则和技术取向原则。价值取向原则是体现学业负担调控的价值性、方向性的原则，技术取向原则是体现学业负担调控科学性、方法性的原则。根据对学业负担影响因素的分析和研究，笔者提出九个原则。其中，价值取向原则包括：质量性原则、利益性原则、公平性原则和结构性原则；技术取向原则包括：适度性原则、科学性原则、差异性原则、系统性原则和动态性原则。

（一）质量性原则

质量性原则是指在确定、施加和调控学生学业负担时，要从保护学生身心健康，促进学生身心全面、和谐、健康发展的立场出发，从保证和提高学生学习和发展质量的目的出发，处理好学业负担与学习发展质量的关系。这也可以被称为保证质量原则。

它强调的是不能使学生学习负担过重而导致学生学习兴趣丧失，其他素质缺乏，身心健康受到损害。一旦牺牲了学生的身心健康，任何发展就都是没有多大意义和价值的。这就如同我们不能以牺牲生态环境为代价单纯追求经济增长一样，因为一旦生态环境遭到破坏，这种增长就只能是短暂、不可持续的。同时，质量性原则也要求不能使学业负担过轻导致学生学习质量低下。总之，学业负担问题不能孤立地就负担论负担，要与质量联系起来讨论，要与学业成绩联系起来讨论，要把负担和质量作为一对矛盾关系来讨论。许多研究者和学校提出"减负提质""减负增效"，强调了负担和质量的关系、成本和效益的关系。

无论是什么样的负担，都应该是有利于学生身心全面发展的，都不应该损害学生的身心健康，不能以牺牲学生的健康为代价。《中华人民共和国未成年人保护法》第五条明确了三个原则，其中两个是"适应未成年人身心发展的规律和特点""教育与保护相结合"，对未成年人的保护是全社会的责任。在"学校保护"一章中，专门设立条款规定学习负担："学校应当与未成年学生的父母或者其他监护人互相配合，保证未成年学生的睡眠、娱乐和体育锻炼时间，不得加重其学习负担。"可见，国家是把学生的学习负担问题作为未成年人教育和保护问题提出的，从法律上进行了规定和强调。

我国对教育质量是十分重视的。在质量监测方面，过去我国通过大量的考试去了解，后来我们减少了考试，但并没有忽视质量监测。例如，国家教委基础教育司在1993—1994年对我国8个省份5万名小学生进行了质量监测，包括数学学习质量、语文学习质量和生活技能学习质量三方面，得出的结论是：我国小学生学习质量较好，90％的小学生达到了义务教育合格水平的基本要求。[①] 该次质量监测通过问卷调查也发现：学生的负担主要是作业负担，还是较重的；学生平均每天做语文、数学作业的时间，四

---

① 国家教育委员会基础教育司、联合国儿童基金会、联合国教科文组织：《中国小学生学习质量研究报告》，16页，北京，人民教育出版社，1997。

年级为 92 分钟，六年级为 105 分钟，远超 1988 年《关于减轻小学生课业负担过重问题的若干规定》中规定的作业时间（四年级不超过 45 分钟，五年级和六年级不超过 1 小时）。[①] 目前，我国基础教育质量监测把学业负担作为一项指标，把负担和质量联系起来进行评价。杨欣等人对 2010—2014 年 14 个省份的 546 所中小学的 10 万余名中小学生的调查发现：小学生减负的效果逐渐显现，若干超时指标呈下降趋势，如每天家庭作业超过 1 小时的比例由 2010 年的 48.7% 下降为 37.41%，每天在校时间超过 6 小时的比例由 54.53% 降到了 43.91%，每周课时超过 30 节的比例由 55.62% 降到了 26.82%；学业成绩稳中有升，语文成绩的优秀率由 37.92% 上升到了 44.51%，数学成绩的优秀率 36.20% 上升到了 38.53%，相反，成绩不良率则有所下降；学生的身高、体重、肺活量逐年增加，体育锻炼时间超过 1 小时的比例由 58.32% 上升到了 72.13%。[②]

问题的关键是找到负担和质量之间的逻辑关系和数量关系。部分关于学习负担和学习成绩之间的相关性研究表明，中度负担是最有利于提高教育质量的，过重或过轻的负担都不利于教育质量提升，从模型上看，它们之间的关系是倒 U 形关系。一项关于一年级学生写生字遍数的轮组实验表明，抄 4 遍和抄 8 遍，其测验成绩十分接近，没有显著差异。[③] 关于学习时间对学习成绩的贡献率，基于国际学生评估项目 2015 年的数据，每小时用于各科学习时间对各科成绩平均贡献分方面，在经济合作与发展组织成员中，科学为 11.2 分、阅读为 11.2 分、数学为 11.1 分；中国参加测试的四地中，科学为 9.1 分、阅读为 8.6 分、数学为 9.3 分。这说明我国各科学习的时间贡献率较少、分数的时间成本较高，同时也说明学习时间对学习成绩提升存在边际效应。[④] 过度的负担并不能带来学习质量的提升。当然，在实际的运行中，什么是适度、能否通过一些明确的数量规定去表示，还有待深入探索。

[①] 国家教育委员会基础教育司、联合国儿童基金会、联合国教科文组织：《中国小学生学习质量研究报告》，113 页，北京，人民教育出版社，1997。

[②] 杨欣、罗士琰、宋乃庆等：《我国义务教育"减负提质"的评估研究——基于义务教育第三方评估报告》，载《中国教育学刊》，2016(6)。

[③] 金蕴玉、冯健：《一年级学生抄写生字四遍与八遍的效果比较试验》，载《上海教育科研》，2010(增刊)。

[④] 孙天慈：《基于 PISA2015 对学生学习时间合理性的研究》，载《教育导刊》，2017(8)。

（二）利益性原则

利益性原则是指在确定、施加和调控学业负担时，要考虑社会、政府、学校、家庭和学生各方面的利益诉求，在正确价值观的导向下，寻求最大共同利益，统率各方利益，并兼顾各方利益。利益性原则也可以称为"利益兼顾"原则。

学业负担从经济学角度来看，是成本问题，与之相联系的是效益和利益问题。也就是说，人们是从最终利益出发来考虑投入问题即学业负担问题的。抛开利益分析，我们无法孤立地去分析负担问题。利益是负担产生的动力机制。这个利益主要是学生最终实现什么目的或者成为什么样的人的问题，或实际获得问题。用教育经济学的观点来看，教育投资是为了个人收益（收入）；从教育社会学的观点来看，教育是为了进入一个较高的社会阶层。

如前述的分析，各方的利益有很大的一致性，都希望学生成长成才、学业优秀，都希望为此付出一定的代价和努力。但政府和国家从宏观上更加强调对过重负担的控制，而学生和家长则更加倾向于增加负担，以便增加竞争优势，获得更好的利益。国家利益要强调，家庭和个人的利益也要兼顾，所以，在学业负担的调控方面是需要协调和协商的，而不是单方面的决定。但国家调控属于公共领域，家庭和个人属于私人领域或社会领域，两者如何协调、协商，是一个重要的课题。2018年，政府对社会培训机构的整治调控，是试图通过对社会领域的调控来引导私人领域的事务，但家长和学生的补习决策终究属于私人领域，政府难以直接管控和干预，只能引导和号召。

（三）公平性原则

公平性原则是指在确定、施加和调控学业负担时，要有助于促进教育公平，促进学生通过学习和努力实现自身潜能的最大开发。公平性原则也可以被称为"促进公平"原则。它要求防止统一要求、"一刀切"的减负做法导致学生学习水平的两极分化，特别是处境不利学生学习水平下降，以至于其在日后的社会竞争中仍然处于不利地位。

"一刀切"的做法往往对处境不利群体和学习成绩不佳的学生产生消极影响。王金娜借助"夏季损失"现象和"水龙头理论"对此进行了分析。"夏季损失现象"是指学生经过暑假后学业成绩出现普遍性下滑。"水龙头理论"是说在学期间，学校教育如同打开水龙头，所有学生得到相同的教育资源，但是在假期，家庭因素开始发挥作用，家庭条件较好的学生学习成绩有所上升，而家庭条件较差的学生出现倒退。她认为，推行减负政策、减少在校时间、增加自由时间弱化了学校教育的功能，增强了家庭在其中的作用。而由于家庭条件的差异、自由时间内学业负担的差异，必定导致教育结果上的差异。农村的学生、家庭条件较差的学生由于缺乏经济、社会、文化资本（如农村很少有课外辅导机构），其学业水平下降。因此，她主张适当延长小学生在校活动时间。[①] 薛海平等对课外补习教育的研究也认为，补习教育不利于教育公平。

公平性原则不能简单地理解为"一刀切"，相反地，要理解为对部分学生的合理补偿。罗尔斯在《正义论》中提出了"差别原则"，照顾"最少受惠者的最大利益"[②]，即对处境不利给予更多的补偿，以实现公平、缩小差距。具体到学业负担上，我们要对学习困难的学生、处境不利群体的学生给予更多的关心、帮助、指导，给他们提供他们所缺乏的社会和文化资本，适当提供更多的学习资源、学习机会、学习辅导，在某种意义上要给他们增加一些学习负担，使他们的发展与成绩优异的学生、家庭条件好的学生的发展差距不断缩小，而不是扩大。科尔曼在 20 世纪 60 年代对不同族裔学生成绩的研究表明：普通白种人学生的平均成绩似乎较少受到学校设施、课程和教师的优缺点的影响。换句话说，比起白种人学生的成绩，少数族裔学生的成绩更取决于就读的学校。因此，提高少数族裔学生所接受的学校教育质量更能够提高学习成绩。[③] 韩国为了促进公平、防止差距扩大，在 20 世纪 80 年代曾颁布政令禁止举办教育补习，但并未落实，反而不断放松管制；到 20 世纪 90 年代中期，韩国又把禁止举办教育补习的问题提上政治日程。1998 年，韩国政府宣布，中学生课外学术课的教育补习将逐步禁止，但到 2000 年，法院又宣布该禁令废止。于是，政府努力提高学校质量，并要求学校提供课外服务，以消除不公平。[④] 韩国强调政府在缩小差距方面的

---

① 王金娜：《减负如何导致教育机会不均等——从"水龙头理论"反思小学生"减负"政策与实践》，载《湖南师范大学教育科学学报》，2016(3)。

② ［美］约翰·罗尔斯：《正义论》，75～80 页，北京，中国社会科学出版社，1988。

③ ［美］科尔曼等：《科尔曼报告：教育机会公平（上册）》，27～28 页，上海，华东师范大学出版社，2019。

④ ［英］马克·贝磊：《教育补习与私人教育成本》，185～187 页，北京，北京师范大学出版社，2008。

责任，这种做法是值得借鉴的。同时，处境不利和学习困难的学生也需要付出更多努力，增加一些负担。布鲁姆支持卡罗尔的理论，认为能力倾向预测了学习的速度而不是可能达到的学习水平（或复杂程度），提出了掌握学习理论。布鲁姆指出："提供足够的时间与适当的帮助，95％的学生（5％的优等生加上90％的中间生）能够学习一门学科，并达到高水平的掌握。"①一些学生可能要花费更多的时间、更大的努力，需要更多的帮助。

（四）结构性原则

结构性原则是指在确定、施加与调控学生学业负担时，要从任务、课程和时间几个方面优化其结构，使之与教育的目标、质量要求相一致。结构性原则也可以叫作优化结构原则。它强调对学生学业负担不应单纯地减少，而要根据人才培养的目标，该减的减、该增的增，调节结构，优化任务结构、课程结构、活动结构、负担结构，要把结构调控当作调控负担的主要导向。

1. 优化任务结构、课程结构、活动结构

B. C. 列德涅夫对人的活动结构、学生的个性经验结构、教育内容的结构等进行了理论分析。他根据卡甘等的人的活动理论把人的活动分为六个稳定的方面和形态类型：①活动的认识方面，它保证现实映像的形成、储存和发挥作用，简单地说就是认识世界、形成知识；②活动的价值—定向方面，它反映的是活动的目的与动机；③活动的操作—工具方面或改造—工艺方面，它反映的是人的实践过程，即从动作的内部操作到外部运动操作，从执行器官直接完成的动作到采用劳动工具完成的工具动作，改造的对象包括自然、社会和人自身；④活动的交往方面，人既作为个别的活动主体，又作为社会合作活动的集合主体，与其他主体进行积极的交流和交往；⑤活动的体力方面，这是活动的必然因素，反映活动的一种付出和基础；⑥活动的审美方面，它反映活动的完善程度、艺术程度等。"任何具体的现实的活动同时既是改造活动，也是认识活动，也是价值—定向活动，也是交往活动，也是审美活动和体力活动。"②他还提出了个性经验成分、活动基本类型和教育成分的对应关系，具体如表5-1所示。

①　［美］B. S. 布鲁姆等：《教育评价》，76页，上海，华东师范大学出版社，1987。
②　［苏联］B. C. 列德涅夫：《普通中等教育内容的结构问题》，77页，北京，人民教育出版社，1984。

表 5-1　个性、活动和教育成分的对应关系①

个性经验成分	活动基本类型	教育成分
倾向性	目的—定向活动	个性倾向性教育
认识品质	认识活动	智育
创造品质（劳动品质）	改造活动	劳动教育
交际品质	交际（交往）活动	交往教育
审美品质	审美活动	美育
体力发展	体力活动	体育

　　他还列出了对应的学科：智育对应科学的基础，个性倾向性教育对应社会科学方面的学科，美育对应美学方面的学科，交往教育对应语言方面的学科，劳动教育对应劳动课，体育对应体育课。活动是人发展的条件，但不是任何活动都能促进人的全面发展，必须有一个结构，使所有的基本成分既以明显的形式，又以互相渗透、互相包含的形式被纳入教育内容。

　　有研究者从学习行为的角度提出了优化结构、促进学生全面发展的观点。向葵花认为，单一化的学习行为造成学生发展的片面性，学生发展的多样性要求学生学习行为多样化。她从学习行为的对象、操作、结果三个方面建构了学习行为立体模型。其中，对象维度的学习行为有符号性学习、操作性学习、交往性学习、观察性学习和反思性学习。② 笔者也曾提出读书式学习、观察式学习、交往式学习和实践总结式学习四种形式，以期帮助学生形成全面的学习观。③ 向葵花对学生学习行为的调研表明学生的学习行为单一，在五种学习行为中，符号性学习行为项目均值为 2.96，远大于其他学习行为，学生 98.4% 的作业是书面作业。④ 而单一的行为、单一的作业很容易导致无趣和疲倦。

　　2. 关注各种课程、活动之间的平衡。

　　各种课程、活动应保持平衡，并保持合理的结构，从而促进学生的全面发展。联合国教科文组织在《从现在到 2000 年教育内容发展的全球展望》

---

　　①　［苏联］B. C. 列德涅夫：《普通中等教育内容的结构问题》，78、92 页，北京，人民教育出版社，1984。

　　②　向葵花：《审思与重建：中小学学生学习行为研究》，55 页，北京，中国社会科学出版社，2017。

　　③　钟祖荣：《中学生学习指导读本》，16 页，北京，中国工人出版社，1999。

　　④　向葵花：《审思与重建：中小学学生学习行为研究》，90~91 页，北京，中国社会科学出版社，2017。

中探讨了教育内容恰当性的标准问题，其中一条就是课程设计和学习过程组织中的平衡，即各项教育内容的内部组织问题，包括量的方面（某一学科的工作负荷在整个内容中所占的比例）和质的方面（各种关系）。报告提出了八个方面的平衡：不同类目标（认知的、情感的、心理运动的目标）之间的平衡；不同类学科之间的平衡；理论和直接应用的内容之间、概念与作业之间的平衡；各类不同层次的教育在教育内容分布方面的平衡；学校教育和校外教育之间内容分布的平衡；促进交流的民族价值观与共同价值观之间的平衡；各种学习方式之间的平衡；语言和图像之间的平衡。[①] 这里既强调了量即课程负荷比例的适当性，也强调了各种关系的恰当处理。这也是课程内容结构、负荷结构、时间结构优化合理的思想。

多尔在《后现代课程观》中提出了后现代课程的标准，即"4R"——丰富性、回归性、关联性和严密性。[②] 丰富性是指课程的深度、意义的层次、多种可能性和多种解释，要有适量的不确定性、异常性、无效性、模糊性、耗散性与生动的经验。回归性指环形运动，不是简单重复，而是加入反思，目的是发展能力。关联性包括教育联系和文化联系，教育联系是课程中的联系、课程结构的联系；文化联系是描述、对话等与地方文化及其他文化建立的联系。严密性是解释性和不确定性的组合。多尔强调了另外一面，对我们理解学生的课程结构、任务结构、时间结构是有意义和启发性的，即学生的任务和课程并非全部是确定性的，要有一定的不确定性、丰富性等，以融入学生的生活、社会的生活，促进学生的全面发展。

三、学业负担调控的技术取向原则

学业负担调控的技术取向原则主要是对调控负担的方法、技术而言的。

（一）适度性原则

适度性原则是指在确定、施加和调控学生学业负担时，要与学生身心发展的水平、可承受能力及实际的潜力等相适应。这个适度性原则包含一

---

① ［伊朗］S. 拉塞克、［罗马尼亚］G. 维迪努：《从现在到 2000 年教育内容发展的全球展望》，211 页，北京，教育科学出版社，1992。

② ［美］小威廉姆·E. 多尔：《后现代课程观》，250 页，北京，教育科学出版社，2000。

种张力，即实际的可承受力和存在的潜力之间的张力，是量力性和挖潜性的统一。可承受力即过去教学论中强调的"可接受性"，而潜力即是"最近发展区"。有研究者认为减负的"虚拟性"理据之一就是低估了学生个体学习潜能的充分发挥①，暗含着学生可以承受更大的负担的观点。因此，按照兼顾和统一两方面的要求，笔者提出"最大可接受性"的概念。

1. 把握度的维度

维度包括学习任务（学习内容）的分量（数量）和难度（复杂度、深度等），学习时间的长度，脑力劳动的强度，等等。每个方面都有度的问题。

2. 把握度的范围

关于适度性的问题，巴班斯基在论述"可接受性原则"时就做了辩证的阐述。他说："可接受性原则要求应根据学生实际学习能力水平安排教学内容。这个原则要求教师力求不使学生在智力上、体力上、精神上负担过重，超负荷对他们的身体健康和心理健康都会产生不利影响，不要过分耗费学生的时间和精力。这并不是说，教学内容只能是简单的，只能是相应年龄阶段学生易于掌握的。""对学生来说，教学内容应同时具有适中的复杂程度和难度。只有如此，教学才会对学生产生积极的发展性作用，而过于简化的教学方案只会涣散学生的思想，并且会事与愿违，降低他们的学习兴趣。""可接受性，是指教学内容的分量、难度和教学速度，必须最优地符合于学生最近发展阶段的实际学习能力。"②巴班斯基还特别谈道："不可忽视某些学生也有感到负担过轻的现象，这种情况也会产生有害后果：降低他们学习的紧张度。"③这也就是我们常说的学习没有负担是不行的，负担过轻也是不利的。巴班斯基提出了"学习负担最优化"的概念，所谓"学习负担最优化"就是笔者所说的"最大可接受性"。这一原则避免了减负过程中只单纯考虑承受力的片面性。

（二）科学性原则

科学性原则是指在确定、施加和调控学生的学业负担时，应该遵循科

---

① 苏丹兰：《论减负问题的虚拟性、可能性与现实性》，载《教育研究与实验》，2014(3)。

② ［苏联］尤·克·巴班斯基：《教学教育过程最优化》，16 页，北京，教育科学出版社，1986。

③ 同上书，178 页。

学的规律，即学生学习和认知活动的规律，科学设计和组织教学和学习活动，使之负担较轻而又有效率。这一原则也可以被称为方法科学原则。

科学的方法是减负的最好手段，也是提高效率和效益的最好武器。苏联十分重视科学地组织劳动，提高其效率。中国俗语"得法者事半功倍，不得法者事倍功半"就是对方法与效率的精彩阐述。有研究者认为："真正地将学生的学习负担减轻，必须要提高学生的学习效率。这是因为学生学习效率不高是造成他们感到学习负担过重的根本原因。"[①]科学方法具体体现在教师科学地教和学生科学地学两个方面。

第一，要加强对学生学法的指导，要帮助学生掌握学习方法，产生学习兴趣，养成学习习惯。由于教师缺乏学习科学、学习方法的相关知识，因而教师对学生学法指导的意识不够强。这一点是我们学校教育中的弱项，需要弥补。许多教师在学科教学中进行了许多尝试，包括一般的学习习惯（预习、复习）培养和学科的学习指导（如英语单词记忆方法、数学问题解决的思路和方法、语文读写结合方法等指导），产生了较好的效果。

第二，教师要探寻科学的教学方法，使教学设计符合学生的学习规律、学习特点。比如，增加直观性、趣味性、活动性的教学方法，使用学生容易理解和接受的课堂语言，充分利用学生已有的知识和经验。教师要基于学科研究和学生研究，科学设计教学路径，减少外在认知负荷，增加关联认知负荷。为了科学减负，学校要加强对教师的培训与专业支持。

科学减负还要适应学生的学习风格和智能强项，因材施教。这是针对学生差异减负增效的原则。强调科学的方法并非模式化，无论是学生的学习还是教师的教学，都要根据学生和教师的实际来设计。学生要能够发挥自己学习风格和智能上的优势，在学习上获得成功感，这是最好的减负。而适应学生的学习风格和智能强项、扬学生之长，也是办适合的个性化教育和培养人才的正途。

（三）差异性原则

差异性原则是指在确定、施加和调控学生学业负担时，要针对不同背景和特点的学生，针对他们负担重的具体原因和类型，采取有针对性的方法，而不能"一刀切"。尽管我们在教育目标、课程内容、学习时间等方面有统一的规定，但具体实施时一定要适合每个学生的实际，因材施教。这

---

① 沈德立：《高效率学习的心理学研究》，43 页，北京，教育科学出版社，2006。

一原则也可被称为精准调控原则。

有了差异性的视角，我们在减负或优化负担结构的问题上就有了新的态度和策略。比如，有人认为，从差异性视角出发，中小学生课业负担更多属于私人领域问题，而不是公共领域问题，所以在行动的逻辑上主要就应该针对家长和学生。① 即便作为公共问题，减负也要防止"一刀切"和一个模式，即根据具体情况来具体分析，制定分类别和具体化的政策与策略。张生等人通过对北京市 8713 名学生的调研，按照学习投入和主观课业负担区分出四类情况——低投高负、高投高负、高投低负、低投低负，提出要建立学业负担状况的精准诊断系统，精准减负。②

减负不能"一刀切"，不同学生和学科的切入点应不同。对不同的学生，应根据其实际情况，或加负，或减负，或调结构。即使都是减轻过重负担，也不采用相同的办法，应该针对学生的具体负担点及其原因采取措施。总之，负担调控要有个"策略库"，要有多种"套餐"供教师和家长选择。笔者在行动研究中就注意了这一点。有的学生上的课外班多，教师就与家长沟通减少课外班的数量。比如，学生 L 原来上 6 个课外班，经过教师与家长的沟通，减少为 3 个；学生 W 减去了奥数班和跆拳道班，还剩下英语班和音乐班。教师还可以通过课上提简单的问题、课下补习、排座位时安排一位学习好的同学做同桌等方式对成绩较差、无自信的学生加以干预。教师在布置作业时，也可以根据学生的实际能力和负担，对不同学生分层布置作业，在作业数量、作业难度及作业方式上都可以区别对待。

对不同学科，减负的侧重点也应有针对性，以帮助学生攻克难点。笔者在行动研究中发现，教师在不同学科中针对了不同的问题，如数学的问题解决、语文的作文写作、英语的单词与课文背诵。调查显示，学生对教师的教学改进建议中，活动增趣（39.1%）、启发思考（19.4%）、练习巩固（18.9%）和方法指导（11.9%）四点较为突出。

---

① 张灵、黄学军：《也谈减轻学生课业负担：差异性假设视角》，载《中国教育学刊》，2012(2)。

② 张生、张平、曹榕等：《人工智能时代下的精准减负：提升减负政策效能的关键——基于小学生学习投入与主观课业负担类型的划分与特征分析》，载《中国电化教育》，2020(1)。

（四）系统性原则

系统性原则是指在确定、施加和调控学生学业负担时，要从诸多影响因素上综合施策，以达到负担最优的状态。系统性原则也可以被称为系统调控原则。

笔者通过对 1958 名小学生的调查，构建了学习负担的理论模型和量化回归模型。就减负的力度而言，首要的是控制学习任务，其次是减缓外部压力，再次是提高学生的学习能力，最后是提高教师的学习支持水平。因此，减轻过重的学业负担需要从多个因素入手，进行系统设计，使负担模型经过调控产生系统性的优化效应。

对学校而言，应从能做的做起，采取多方面措施系统减负。笔者在实验学校开展了减负试验，提出了"系统对策"的概念。系统对策指根据影响小学生课业负担的因素模型提出的从四大方面采取措施以达到减轻小学生过重课业负担目的的对策。系统对策的操作定义包括控制学习任务、提高学习能力、改进教学方法和减小外部压力四个方面。四方面的具体操作可综合概括为若干要点。

在控制学习任务方面：①教材的处理（注意教材的整合，减少重复，减少容量，加强内容间的联系）；②作业的布置与控制（作业的研究与选择，布置分层作业）；③课外学习任务的干预（增加课外活动、文体活动、实践活动，调控学习任务的结构，使学生爱学习）。

在提高学习能力方面：①激发学生的学习兴趣（采取措施增强学习的趣味性、新颖性、多样性、活动性，包括制定目标、情景创设、活动参与、形式新颖等）；②教给学生学习方法（结合教学内容，指导学生掌握学习方法，引导学生运用学习方法学习，以提高理解、记忆的效率，培养学生的自学能力，指导学生预习、背诵、思考、提问、归纳）；③培养学生良好的学习习惯（预习、复习、读书、思考等）。

在改进教学方法方面：①研究教学方法（认真备课、备学生，突破教学难点，利用信息技术帮助学生理解，开展教师培训以改进教学方法）；②改进师生关系（开展与学生沟通交流的活动，达到融洽关系的目的）。

在减小外部压力方面：①对家长的观念进行引导（围绕科学的人才观召开家长座谈会，了解家长的疑惑与顾虑并解惑）；②做好个别学生家长的工作（对负担重的学生家长进行沟通或家访，了解家长对学生的要求，对家长的过高要求加以疏导）。

（五）动态性原则

动态性原则是指对学生学业负担的状况要定期监测，并基于监测数据采取措施，不断进行调控。动态性原则也可以被称为动态监测原则。既然学业负担问题是常态性问题，要防止负担过重、负担过轻或负担结构不合理等各种情况，就需要掌握情况，定期进行监测，从而实现动态调控。

2010 年，我国提出建立学业负担监测与公告制度，为此，许多研究单位进行了研究，并提出了指标体系。教育部基础教育质量监测中心也通过一些指标收集学生负担数据，结合质量的监测，分析负担与质量之间的关系。2018 年 7 月，首份《中国义务教育质量监测报告》发布，其中呈现了四年级、八年级学生的课业负担。[①] 各地也开展了对学业质量和学业负担的连续监测，有的地方公布了监测的研究报告，有的地方采取了调控措施，起到了积极的信息反馈与控制作用。

第二节　不同主体的调控

不同的主体在负担调控方面负有不同的责任，关键是明确各自的责任，合理使用各自的手段，最后形成多种手段的合力，综合调控学生的学业负担。

一、政府的调控

政府的调控责任主要体现在三个方面：第一，制订课程计划和课程标准，明确学生的学习任务，控制好学生的学习任务负担；第二，配置教育资源并保证义务教育阶段机会的公平，由此减少学生为获得优质资源而承受的竞争性负担；第三，通过督导检查和专项管理对实施过程进行管控，对出现的问题进行调控，即通常所说的减负。

政府主要通过行政指令、经费拨付、督导检查等政策工具或政策手段来履行这些责任。

对政府调控的研究，需要对政府减负文件的出台与执行问题进行分析

---

① 教育部基础教育质量监测中心：《我国首份〈中国义务教育质量监测报告〉发布》，载《教育学报》，2018(4)。

和反思，以期提出更好的对策。关于减负政策的出台与执行问题已有诸多研究，对减负政策的执行效果，研究者普遍认为是不理想的。有人归纳了执行问题的类型，如象征性执行、敷衍性执行、替换性执行、选择性执行、机械性执行等。①

笔者对七个主要减负政策文本的主要内容进行了两方面分析：一是内容上的比较，涉及五个政策文件（如表 5-2 所示）；二是对文本特别是其中的政策工具进行比较分析，涉及七个政策文件（如表 5-3 所示）。

表 5-2　减负政策文本的内容比较

时间	课程	作业	考试	教辅	竞赛	文体	教学
1988 年 12 月	按教学计划、教学大纲执行。	一年级不留书面作业，二年级和三年级书面作业不超过 30 分钟，四年级书面作业不超过 45 分钟，五年级和六年级书面作业不超过 1 小时。	语文、数学期中、期末各一次或期末一次，升初中不考试。	除统一审定的教材外，不得组织购买其他教辅。	控制竞赛次数。	保证活动时间，每天锻炼 1 小时。	帮助后进生。
1993 年 3 月	按教学计划、教学大纲执行，教科书要审定后使用。	小学的规定同 1988 年的政策，初中不超过 1.5 小时。	控制考试科目与次数。	一律不准组织购买教辅。	控制竞赛与评奖。	开齐相关课程，组织相关活动，1 小时锻炼，开劳技课。	教师要认真备课、精心授课，对学生进行学习方法指导。

① 王健：《减轻小学生课业负担政策的执行及检视——以沈阳市四所小学为例》，硕士学位论文，沈阳师范大学，2014。

时间	课程	作业	考试	教辅	竞赛	文体	教学
1994 年 11 月	无相应内容。	小学与初中的规定同 1993 年的政策，高中各省自定。	不许下达成绩和升学指标，不排名次。	一律不准组织购买教辅。	控制竞赛与评奖。	在睡眠方面，小学生 9 小时以上，初中生 9 小时，高中生 8 小时。	加强教师队伍建设与培养培训。
2000 年 1 月	按照计划执行，每门课只用一本教材。	一年级和二年级不留书面作业，其他年级的书面作业时间在 1 小时以内。	除语文、数学外不考试，实行等级制。	不得统一组织购买教材以外的材料。	不得组织竞赛。	无相应内容。	无相应内容。
2013 年 8 月	无相应内容。	一至三年级不留书面作业，其他年级书面作业的时间在 1 小时以内。	一至三年级不考试，阳光入学，均衡编班，等级评价。	一科一辅导。	无相应内容。	每天锻炼 1 小时。	零起点教学。

从内容来看，减负文件主要涉及对学习任务的控制、对学业负担结构的调控以及提升教师学习支持能力三方面。学习任务控制涉及课程计划、课程内容、教材教辅、作业时间、考试次数与评价方法招生方式等；负担结构要求强调了其他活动、体育锻炼等的保障；教学支持提出了教师的教学要求、对学生学习的指导等。总体来看，主要规定没有大的变化。

表 5-3　减负政策文本内容分析

时间与部门	政策性质	篇幅与条款	主题词	命令	激励	能力	变革	执行主体
1988 年 12 月，国家教委	规定	1361 字，10 条	小学生，课业负担	严格按照，控制	无	无	无	教育工作者
1993 年 3 月，国家教委	指示	2196 字，10 条	义务教育，课业负担，教育质量	严格按照，控制	表彰，监督，批评，教育，行政责任	办好学校	无	教育工作者、人民群众
1994 年 11 月，国家教委	意见	2824 字，四大方面	中小学生，课业负担	严格按照	考核，表彰，监督，批评，通报，行政责任	教师队伍建设	教育结构改革，职业教育，分流，改革招生	政府部门、校长、教师
2000 年 1 月，教育部	紧急通知	1421 字，七大方面	小学，过重负担	严格按照，控制	领导责任制，督导，宣传，通报制度	无	无	政府、教育工作者、家长
2010 年 7 月，教育部	纲要	510 字，三大方面	小学生，率先减负	要求，规范补习等	建立监测公告制度	无	无	政府、学校、家长、社会
2013 年 8 月，教育部	规定	798 字，10 条	小学生，减负	要求	专项督导	均衡配置教育资源	无	教育行政部门、学校、教师
2018 年 2 月，四部委	通知	1811 字，五大方面	中小学生，课外负担	要求纠正，禁止	专项治理	无	无	教育行政部门、校外培训机构

关于政策工具，笔者借助麦克唐纳和艾尔莫尔的政策工具分类①，把政策工具分为命令、激励、能力建设和系统变革四类。从表 5-3 来看，减负政策工具最多的是命令和反向激励（监督、批评等），能力建设很少，只有1993 年和 1994 年的政策文件提到要办好每一所学校、提高教师的能力；2013 年的政策文件提到了均衡配置教育资源。在系统性变革方面，只有1994 年的政策文件提到了中等教育结构的改革问题。总体来看，激励性、能力建设性、系统变革性措施比较有限。此外，这些政策工具的执行性、条件现实性也存在一定问题，影响了执行效果。

根据已有研究和进一步文本分析，笔者认为出现减负政策执行难的问题，原因有以下几点。

第一，对核心概念缺乏界定，难以形成共识。课业负担过重应如何界定？几乎所有政策文件都只使用此提法，而无具体界定，因而不能在使用者中形成共识。只有 1994 年的政策文件就学业负担过重的突出表现进行了一些定性描述，但也难以判断和执行。

第二，政策文件中使用了若干客观性指标，并做出一定的量化规定，主要涉及在校学习时间、作业时间、体育锻炼时间和睡眠时间等。但有几个矛盾和问题难以解决。一是标准的科学性问题。所规定的时间标准是否科学合理？是否一旦超过此规定标准就会导致负担过重？比如，作业时间超过 0.5 小时或 1 小时是否就真的负担过重了？二是忽视了主观性。负担是客观性和主观性的统一，即使有客观数据，也不一定引起主观负担感，这是难以解决的。上海市教科院实验小学在 2010 年对三至五年级的学生进行了全样本调研，发现有 39.3% 的学生完成作业所花时间在 2 小时以上，超过了上海市教委规定的小学生作业时间（1 小时内）；而在学生对作业的感受（主观负担感）上，认为比较累和累的仅占 18.8%，可见两者之间是有差距的。② 三是统一与差异的矛盾。标准只能是统一的，但学生的差异很大。违反统一的规定，部分学生未必会负担过重。正是因为有这些矛盾，所以也难以形成统一的认识，容易使人产生对政策的怀疑。

第三，政策工具的缺失和乏力。政策工具是实现政策目标的手段、作为和行动。关于政策工具有许多分类方法，丘昌泰将其归纳为四类：管制

---

① 陈学飞：《教育政策研究基础》，322 页，北京，人民教育出版社，2011。

② 方臻、夏雪梅：《作业设计：基于学生心理机制的学习反馈》，2～3 页，北京，教育科学出版社，2014。

类工具(命令、管制、核发执照等)、财务类工具(财政补贴、奖励等)、沟通类工具(交换信息)和组织类工具。① 减负的政策工具是少且乏力的。比如，减少入学竞争的工具主要是均衡配置教育资源，虽然政府实际采取了一些措施，但在减负政策文件中并没有做出这样的政策规定。政策要求按照课程计划开齐开全课程，但许多学校没有配齐相应学科的师资，无法实施，政策上也没有保障措施。此外，最重要的是，对于违反减负规定的学校和教师的处理方式，主要是曝光、批评、通报等纪律手段，并没有得力的工具。《国家中长期教育改革和发展规划纲要(2010—2020年)》提出了建立学业负担监测和公告制度，这一制度对减负有所推进，但还在建立和完善之中。

第四，问题的判断难以衡量，监测的操作性差。关于负担过重，即便是按照几个时间要求来判断，也难以操作。比如，在学生的作业时间上，教师对作业时间的估计偏低，而且也只是估计。学生作业时间如果没有专门的记录，也就难以判断。从学业负担的监测实施来看，主要是学校填写情况，这样也很难反映复杂多样的学生情况，未必能掌握真实的情况。既然监测的操作性差，那么处理也就难以执行。

第五，对执行主体的规范有局限性。减负的规定主要面向学校、教师，主要针对课程、作业、活动等几个方面，对社会、校外培训机构、家庭等主体的规范很少。1988年、1994年的政策文件中基本没有提及社会、校外培训机构和家庭。1993年的政策文件提到了综合治理，对象上提到了"人民群众"。2000年的政策文件提出要求："要做好减轻中小学生课业负担宣传工作，使广大学生家长了解减负的内容，理解支持减负工作，并使更多的学生家长参与监督，全社会互相配合，形成合力。"然而，这条规定的实施主体仍主要是学校。《国家中长期教育改革和发展规划纲要(2010—2020年)》对家长提出了希望，但这些希望都没有什么约束力。《国家中长期教育改革和发展规划纲要(2010—2020年)》也涉及了补习和校外机构，2018年的政策文件加大了治理力度。因为学业负担是多方面因素造成的，所以只对教育系统加以规范，其效果也是有限的。

因此，我们对减负政策所抱的期待值应该是有限、合理的。只有通过研究的深入和社会环境(政策实施环境)的变化，减负政策才能逐步完善起来。笔者认为，完善政策调控手段可以做如下改进。

---

① 宁骚：《公共政策学(第二版)》，168～173页，北京，高等教育出版社，2011。

第一，提高政策界定的合理性和多元主体的接受性。比如，在作业时间上，从调查的情况来看，超过政策制定的标准的比例很高，说明此时间标准不甚合理，可以通过调查研究、听取家长意见来确定较为合理的标准。

第二，由于负担具有主观性和差异性，因此在政策制定时，应该根据实际情况分类要求，制定区别性政策。针对负担感强的学生要从严控制时间，而针对负担感轻的学生可以有一定限度的延长。总之，要有一定的弹性和针对性。

第三，强化政策工具的配置，特别是在优质教育资源的均衡配置方面。通过教育投资、师资流动与均衡配置、教育质量监测、人才的分流与就业的多样化来实现优质资源的均衡配置。政府应推进基本公共教育服务的均等化，推进物力资源、人力资源、招生指标资源等的均衡配置和合理流动，减轻入学竞争导致的负担。

第四，提升政策的规格以及动员的覆盖面。现行的减负政策主要是教育部发布的文件，只能规范教育系统内部。如果由全国人大立法或由国务院出台政策，则可以动员全社会力量参与治理，可以对各级政府、企事业单位、校外培训机构、家庭等分别做出规定。这样一来，可用的政策工具也就更加多样，有助于问题的解决。

笔者根据学业负担模型、政策分析框架及政策改进建议，对2018年年底九部门印发的《中小学生减负措施》做了学理性分析，笔者认为，该政策文件有以下进步。第一，发文规格有提升，是九个部门联合发文并经过国务院同意，从执法层面说，协同配合的力度更强了。第二，通知中强调了"政府主导、各方参与"的原则，体现了系统治理的特点以及新时代强调完善治理体系、促进治理能力现代化的要求。相较于过去的文件，此次的规定对家庭和校外培训机构提出了更加具体明确的要求，这就使得减负的难点、薄弱点能够得到更多的解决。第三，《中小学生减负措施》强调"综合施策、标本兼治"的策略，更加符合学业负担的运行机制，涉及学习任务调控、学习资源调控、选拔竞争调控、教学支持调控和学习能力调控。关于学习任务调控，该政策文件从课程开设、控制教学难度、作业布置、考试、严禁超标培训等方面提出了要求和指标；关于学习资源调控，提到了合理均衡配置师资；关于选拔竞争调控，从评价改革、考试改革、控制竞赛、宣传引导等方面提出了要求；关于教学支持调控，提出了努力提高教学质量的要求，但这一点比较简要概括，可能是因为在其他教育文件中已很具体了，不需要在此文件中重复；关于学习能力调控，就培养学生学习习惯进行了具体规定。第四，体现了学业负担结构优化的思想。《中小学生减负措施》强调加强学生的实践锻炼，这有利于学生的健康全面发展。第五，该政策文件在一定程度上体现了差异化思想，如对学有困难的学生加以帮扶，对学有余力的学生多加指导。第六，该政策文件还有一些体现时代特点的新内容，比如，合理使用电子产品、支持提供课后服务等。当然，该政策文件也有一些需要完善的地方，如对学业负担缺乏界定；一些定量的标准和指标仍然沿袭过去的政策，没有变化；政策工具虽然提到了很多，但在实际执行中能否配置到位还存在较大的变数和实际困难；结构优化、差异对待等理念体现得不够充分。

二、社会的调控

社会的责任主要体现在合理用人和引导文化观念两个方面。教育为社会输送人才，社会如何选人、用人、待人决定着教育如何培养人。社会具体的主体有：媒体、用人单位、舆论、文化和社区等。它们可以分为两类：一类是用人单位，另一类是舆论和文化的承载者。用人单位的调控手段是制定人才选拔标准和确定收入水平。舆论和文化的调控手段是影响人们的观念，通过观念影响人们的行为，包括学生的学习行为、家长的教育投资行为等。

首先，要逐步实现收入分配在各行业间、各岗位间的合理化。在社会主义市场经济条件下，人们的经济地位常常通过收入体现。收入的分配应该与人的职业能力、时间投入等匹配，而不应该存在职业类别上的歧视和过大的差异。三百六十行，只要干得好，就能获得社会的认可，只有这样人们才不会单纯以学习成绩判断输赢。有学者认为："从根本上说，需要改革国家劳动人事制度和工资制度。"①

其次，要进一步普及人才多元化的观念，确立多元化标准，缓解竞争压力。研究表明，学生学业成绩的优异往往与学术类专业类人才的成功相关，而与其他领域的成功并不直接相关。不同类型的人才需要不同的素质，人人只要找到自己的长处，都可以成才。这种多元化的观念，尚未成为社会的共识。传统的"唯有读书高""学历主义"的观念仍然影响很大。李岚清同志曾提出，"减轻中小学过重的课业负担，关键还是要进一步加强宣传教

---

① 郭振有：《"减负"的难为与可为》，载《中国教育学刊》，2009(4)。

育，在全社会范围内真正转变和树立正确的教育观念"，要让全社会"认识到社会需要多层次、多方面的人才，认识到今后学生的就业和事业的发展主要靠全面素质和真才实学，而不是只靠一张大学文凭"。①

最后，还要宣传科学的学习文化，传播科学的学习概念。中国传统学习文化强调勤学苦练，如"读书百遍，其义自见""学海无涯苦作舟"等，还有很多苦学的故事，它们的确具有激励的作用。其中，强调勤奋的合理成分要保留，但也必须讲究科学方法。媒体可以开设学习方法专栏，基于学习心理学的研究，特别是实验研究的成果，给学生提供更多科学的方法，帮助学生提高学习能力。

三、学校的调控

学校是学业负担调控的重要且关键的主体。因为学习主要是在学校场域进行的，学业负担主要发生在学校，所以学校在学业负担调控方面责任重大。学校主要的责任是教育责任，包括安排好课程的学习任务，合理施加学习负担，同时做好学习支持，帮助学生有效完成学习任务。学校的目标是以学生合理的学习负担和学习投入来保证教育的质量。

（一）学校管理层面

学校控制课程计划、课表安排、课时分配、作业调控、考试调控、活动计划、师资配备等。校长和学校管理人员要提高政策水平，研究学校和学生的实际情况，进行合理安排和科学管理。有研究者提出：学校要依据《教育部关于当前加强中小学管理规范办学行为的指导意见》等政策文件要求，对学生学业状况从学生学习时间、学生课业质量、学生学习压力与负担三方面进行管理与评价。②

（二）教师教学层面

教师要按照学生学习的规律，了解、研究学生的学情，认真备课，科学设计教学目标和活动，采取有效的教学模式和方法，提高教学效果和质量水平。课堂是落实减负提质的主渠道，要给学生合理的负担并让学生取得应有

---

① 李岚清：《李岚清教育访谈录》，338 页，北京，人民教育出版社，2004。
② 袁贵仁：《中小学校管理评价》，94～104 页，北京，人民教育出版社，2014。

的实效。课堂教学要在学生学习和掌握知识的关键环节给予学生必要的负担，包括问题的思考过程、练习的时间和次数、掌握方法的过程等，对这些环节不能忽视，否则会低效，花费了时间却效果很差。当然，也不能为了训练而忽视对学生兴趣的激发。通过课堂观察与试验研究，笔者提出了课堂教学"恰负高效"的十大教学原则：充分备课；激发兴趣；学生充分参与；教学环节符合学习过程和规律；每个环节必有意义和效果，去掉无意义的浪费；保证合理的训练量；指导学生运用学习方法；照顾学生的差异并解决学生的问题；解决学生的难点；检查学习效果，及时矫正和补充。

（三）与家长沟通配合

学校应与家长沟通配合，解决好学生在家学习的相关问题。学校通过家长会、家校交流平台，对家长的教育期待、教育方式方法给予指导，引导家长正确对待学生的学业负担，不给学生施加过重的负担；同时，学校引导家长根据学生的实际情况，有针对性地把握学生学业负担的调控方向。比如，负担过重的要减轻，负担过轻的要适度增加，负担结构不合理的要调整结构。

四、家庭的调控

家庭是学生的监护人，对学生的学业负担与质量以及学生的成长发展负有重要责任。家长的主要责任是调控学生的校外学习活动，特别是在家学习活动的负担及质量。当然，家长也要关注学生长期的发展和升学问题。

家庭的调控主要是发挥亲情效应的作用、落实法定监护人的责任，对学生校外学习、家庭学习实施调控，具体包括以下内容。

第一，督促作用。家长发挥着督促学生完成学业任务的作用，防止学生因为作业时间过长而影响休息和睡眠，防止学生因为玩手机、看电视、游戏时间过长而影响学业。

第二，创造学习环境和条件。家长要给孩子创造学习的必要环境和条件，如桌椅、灯光等，以提高其学习效果。

第三，树立正确的成才观。研究表明，家长的成才标准观与学生的客观学业负担（参加课外辅导、布置额外家庭作业、课外读物数量）之间存在显著正相关。目前，家长的成才标准存在唯学历的倾向，属于知识型人才标准。这些倾向和标准往往夸大学习成绩和父母的文化程度在成才中的作用。[①] 因此，家长要树立多元、多层次的人才观念，不要把人才简单化，不要盲目地与他人做比较。

第四，提出合理的学习期待。研究表明，家长期望与学生学业负担呈正相关，皮尔逊系数为 0.267，$p < 0.01$，学生学业负担随家长期望值增高而增大；子女感受到的家长期望与学业负担也呈正相关，皮尔逊系数为 0.183，$p < 0.01$。[②]因此，家长要根据孩子的潜力、水平、倾向性提出合理的学习期待，包括学业成绩和质量的期待、综合素质发展的期待等，要防止因为期待过高而增加孩子的负担和压力，也要防止因为没有期待而导致孩子负担过轻，还要防止没有顺应孩子的倾向性而强制性地要求孩子，等等。

第五，调控好补习任务。校外辅导补习的决策权基本在家长手中。家长应该根据学生的长处与短板，根据学生的时间与精力，合理做出学生参加校外辅导的决策，在不过度增加学生负担的前提下补短板、扬长处。

当然，家长由于经济条件、职业和教育程度的差异，在对孩子学业负担的调控上有很大的差异。经济条件较好的家长往往增加孩子的教育投入，给孩子布置更多的学习任务，报额外的补习班，还提供具体的学习辅导。而经济条件较差的家长往往在基本的调控责任方面都难以落实，对此，学校要在其中发挥好补充和调节的作用，为这样的家庭提供更多的辅导和支持。

五、学生的调控

学生是学业负担的承担者和学习质量的决定性因素。学生的责任不仅是调控好学业负担，还要保证学习的质量，提高学习的效率和效益。

学生对学业负担的调控具有主体性、主动性和自主性。有研究者提出了"自主减负"的概念，强调学生在负担调控方面的主体作用。[③] 一切外部的

---

① 赵田田：《家长成才观对小学生课业负担的影响研究——以 Q 市 S 小学为例》，硕士学位论文，曲阜师范大学，2019。

② 李建伟：《家长期望对小学生学业负担的影响——基于安徽省 H 市 F 小学 4—6 年级的调查研究》，硕士学位论文，淮北师范大学，2018。

③ 王贤文、熊川武：《学生自主减负：减负提质的有效路径》，载《中国教育学刊》，2014(4)。

要求与调控只有经过学生自己的接受、消化和内化才能起作用。过去的减负政策及学校的要求大多没有重视学生在其中的作用，仅关注外部减负，而忽视学生的自主减负、自主调控。

学生对学业负担的调控主要通过以下手段和方式进行。

一是正确认知学业负担，学会自我减负、自我调控。学生要根据自己的学习能力、承受力、家庭条件、学业成绩等因素，合理判断自己的负担感，不简单地与他人比较，尽可能找到自己的标准和限度。比如，学生可以对学习的时间进行记录，分析自己的学业负担是否过重；记录作业时间，看作业量是否合理。

二是加强反馈与沟通。当学业负担感较重时，学生要及时与教师和家长进行沟通，以便教师和家长做出学习任务安排的调整或提供其他支持。

三是提高自身的学习能力，包括激发学习兴趣、热情、动力，掌握学习的方法策略，养成良好的学习习惯。方丹等人的研究显示，学习态度在客观课业负担与主观课业负担之间发挥调节作用。主观课业负担与学习态度、学习意志力呈负相关。学习态度低分组，客观负担每提高 1 个单位，主观负担提高 0.17 个单位；学习态度高分组，客观负担每提高 1 个单位，主观负担提高 0.12 个单位。这说明学习态度好的学生更能够抵御客观负担的消极影响。[1] 因此，学生要形成积极的学习态度，降低主观负担感。

第三节　不同类型负担的调控

不同类型负担有不同的特点，调控的策略和方式也不同。不同类型负担的调控实际上是对不同影响因素的调控，因为这里的负担类型是根据影响因素划分的。此外，学业负担的差异性实质上也是影响因素造成的，因此，这里也包含针对学业负担差异的调控。

一、任务过量型负担的调控

（一）课程调控

课程和学业负担具有直接的、紧密的联系，课程是学业负担问题衍生

---

① 方丹、曹榕、程姝等：《小学生客观课业负担对主观课业负担的影响：学习态度的调节作用》，载《中国特殊教育》，2018(2)。

和发展的直接来源和现实根源。课程结构的失衡对学生发展的全面性产生消极影响，课程实施的刻板、僵硬抑制了学生的灵动性，课程评价的过度偏失忽视了学生的个体独特性。[1] 因此，减负要从课程这个学习任务的源头入手。也有研究者认为，课程改革和减负正行走在不同的路上，课程改革没有把减负当作目标，相反，课程改革强化了教育的社会功能，而社会功能的夸大加剧了学生的负担，因此，必须将减负作为课程改革的出发点。[2]

课程的调控主要包括课程门类的设置、课程内容的选择、课程容量的设置、课程内容深度与难度的把握、课程学习时间的安排、课程的评价方式等。这些内容都对学生的学业负担有影响。课程调控的任务主体主要是教育行政部门和学校。我国现在的课程管理为三级管理。国家应要做好课程计划和课程标准的设计，筛选必要、重要、主要的内容组成课程。新一轮义务教育课程改革在课程内容上改变繁难偏旧的内容，是一次重要的减负调控。在课程调控方面还有一种情形，就是随着社会发展和改革，常常出现增加课程和相关教育内容的需要，如传统文化教育、国家安全教育、可持续发展教育（环境教育）、生命教育等。社会强调什么，往往就希望学校增加什么课程或相应内容，这实际上也增加了学生的学业负担。当然，加强相关内容的教育是必要的，但通过什么方式来实现是值得研究的。比较合适的方法是在现有课程框架中增补新的内容，同时适当删减不重要的内容，加强课程内容的整合和融合，不增加学生负担。

学校要根据地方的需要和资源开发一些校本课程，促进学生的多样化、个性化发展；更重要的是做好学校的课程设计，安排好课表。课表的安排需要科学方法，排得好可以减轻学生负担，排不好则会增加学生负担。一般来说，应在最佳时间段（生理学的研究成果）安排比较难的学科和内容，学科的安排注意交叉，通过不同内容的转换来保持学生的学习兴趣，消除学生的学习疲劳。

（二）教材调控

李刚等人对教材方面的减负进行了比较系统的研究，并提出了基于教材

---

[1] 孟宪云、罗生全：《过重学业负担生成的课程动因及其优化策略》，载《教育发展研究》，2017(15-16)。

[2] 刘家访：《未来十年立足减负的课程改革》，载《课程·教材·教法》，2013(5)。

的五种减负：内容减负、结构减负、使用减负、限重减负、数字减负。① 笔者将教材调控分为：教材的删减、教材的整合、教材的利用和教材的轻化。

教材的删减是指教师在处理教材时，把教材中比较深奥难懂的内容删除，不把这些内容作为教学的内容。当然，教材编写者也是删减的主体，他们在编写教材时可以处理。比如，美国 20 世纪 60 年代的课程改革对教材偏深偏难的内容做了删减。日本在提倡"宽松教育"时也对教材内容进行了大幅删减。我国在新课程改革时，改革的主要内容之一就是删掉繁难偏旧的内容。

教材的整合就是对教材的结构进行处理和调整，把相关的内容放在一起教学，便于学生有联系地学习，也可以加深学生的理解，减少重复和不断启动的时间。这是教师在处理教材时常见的方法之一。厄尔德尼耶夫把对立的概念和理论（加法和减法、乘法和除法、正定理和逆定理等）放在一起讲，从而使学生建立联系，提高学生的学习效率，同时又降低学生的负担水平。② 北京市昌平区某小学在减负实验中采用的主要方法就是加强教材内容的统整，称之为"找结合点"，即找不同部分、不同单元中相同、相近的知识点。

教材的利用是教师和学生合理、科学地使用教材帮助学习。教材的利用，特别是阅读，有助于学生通过视觉信息加强对知识的理解，增加一定的内在认知负荷，减轻由单纯听讲带来的加工上的学习负担。

教材的轻化是减轻教材的物理重量。俄罗斯教育部门曾经对教材的重量做出过具体的规定：一至四年级学生的教科书每本不应超过 300 克，五至六年级不超过 400 克，七至九年级不超过 500 克，十至十一年级不超过 600 克。③ 我国有不少学校给书包减负，不让学生背太重的书包，采取了一些措施。此外，发展电子书作为补充，也是使教材轻化的一种举措。电子书不仅具有小型化、轻型化和易携带的特点，而且可丰富知识的呈现方式，增加动画、视频、音频等资源，增加切换、笔记、管理等功能，有利于学生学习。

① 李刚、吕立杰、李晴：《基于教科书层面的减负路径与思考》，载《教育理论与实践》，2017(5)。

② ［苏联］尤·克·巴班斯基：《教学教育过程最优化》，163 页，北京，教育科学出版社，1986。

③ 李刚、吕立杰、李晴：《基于教科书层面的减负路径与思考》，载《教育理论与实践》，2017(5)。

（三）作业调控

作业调控是对作为学习任务主要形式之一的作业进行的任务调控，其内容包括作业量、作业布置的协调、作业难度、作业时间和作业形式等方面。作业量大、各学科作业多、作业时间长、作业难度大、作业形式单一等都会增加学生的学业负担。

作业的本质和功能主要是使学生对所学新知识进行巩固、练习和应用。巩固记忆、应用迁移是掌握知识的必备环节，若这些环节缺失，学生对知识、技能的掌握则肯定是不牢固的。此外，不仅在学校要学习，在家庭也要占用一定的时间进行适度的学习，作业有助于学生养成学习的习惯。作业研究的代表性学者库珀对作业的功能提出了系统的观点。

关于多少作业量比较合适的问题，库珀对家庭作业的研究指出：一至四年级，每周 1～3 项作业，45 分钟左右；四至六年级，每周 2～4 项作业，60～180 分钟；七至九年级，每周 3～5 项，235～385 分钟；十至十二年级，每周 4～5 项，385～650 分钟。[1] 作业量的布置，一要考虑学生掌握知识、技能的需要和要求；二要考虑学生的可能，主要是学生有多少时间可以用于作业。当然，从掌握知识技能的角度来看，要更多地提高课堂教学的效率，尽可能地让学生在课堂上完成作业，达到理解掌握的程度，这样在课后就可以占较少的时间了。

关于作业布置的协调，因为学科众多，各教师之间的协调是十分必要的。巴班斯基在研究学生负担时主要谈的是家庭作业。他说："各任课教师之间必须协调作业量。"[2]他还强调了校长在其中的作用。他认为，协调各科家庭作业的范围是必不可少的组织措施，是衡量一个集体中教师教育修养水平的指标。从目前的现实情况来看，如何协调和统筹管理是一个重要问题。北京市 2011 年对十个区的 1565 名小学教师的调查显示，仅有 9.9％的教师在布置作业时每次都与其他学科教师沟通，经常沟通的有 38.4％，有时沟通的为 33.3％，很少或从不沟通的有 18.4％。[3] 这说明，作业布置的

---

① 李学书：《国内外家庭作业比较研究》，载《教育学术月刊》，2009(10)。

② ［苏联］Ю. K. 巴班斯基、［苏联］M. M. 波塔什尼克：《教育过程最优化问答（修订本）》，100 页，北京，北京师范大学出版社，1988。

③ 北京教育科学研究院基础教育科学研究所减轻学生过重课业负担 促进学生健康成长项目组：《减负新探》，215 页，北京，北京出版社，2012。

协同是一个比较普遍的问题。这需要班主任或主要学科教师加强协调沟通，在备课环节协调或当日协调。总之，要有一个协调的机制，包括协调的时间、协调的规则、协调的内容、有冲突时如何协调等。

关于作业难度的调控，一般而言，教材的课后练习及练习册有多层次的练习，难度有差异。从满足不同学生的学习需要、培养学生的能力来说，有一定难度的题目是有价值的，但若难度过大的题目太多，则会增加学生的负担。所以，要注意区分层次，注意分层布置作业。对北京市 1565 名小学教师的调查显示：在作业数量上，能够分层布置作业的教师占 55.2%；在作业难度上，能够分层布置作业的教师占 58.1%。[①] 作业难度的调控，一要教师对作业难度有所估计，如自己亲自做一做或了解学生的评价；二要注意分层布置，对不同层次学生采取弹性的要求。

对作业时间的调控是调控政策中的主要指标，因为时间是比较容易要求和统计的。关于作业时间的规定，我国政策有所变化。1988 年 12 月的减负规定对作业时间的规定是：一年级不留书面作业，二、三年级每天作业时间不超过 30 分钟，四年级不超过 45 分钟。1993 年 3 月的政策除小学的规定外，还增加了初中不超过 1.5 小时的规定。2000 年 1 月的政策规定：一、二年级不留书面作业，其他年级在 1 小时以内；而 2018 年 12 月的政策规定：一、二年级不布置书面作业，三至六年级不超过 60 分钟。实际上，学生的作业时间大多超过规定。比如，上海市调查的三至六年级学生平均每天写作业的时间为 1.38 小时。[②] 北京市的调查显示，22.5% 的学生完成教师布置的作业的时间少于 0.5 小时，约 50% 的学生完成作业的时间在 0.5~1 小时，25.7% 的学生作业时间超过 1 小时。[③] 学生作业超过规定时间，可能的原因一是布置的作业量比较大，二是教师估计偏低。调控时间要求教师做出估计，但根据上海市的调查，教师对完成作业需要的时间估计明显少于学生实际完成作业的时间，教师报告的作业时间与成绩靠前的学生报告的作业时间较为接近。这说明教师倾向于以成绩好的学生

①　北京教育科学研究院基础教育科学研究所减轻学生过重课业负担 促进学生健康成长项目组：《减负新探》，215 页，北京，北京出版社，2012。

②　王月芬、张新宇等：《透析作业：基于 30000 份数据的研究》，81 页，上海，华东师范大学出版社，2014。

③　北京教育科学研究院基础教育科学研究所减轻学生过重课业负担 促进学生健康成长项目组：《减负新探》，173、193 页，北京，北京出版社，2012。

为标准估计和要求学生，忽视了学生在遇到困难时查阅资料、向他人求教的时间。[①] 巴班斯基曾指出计算平均时间的不合理：不能把学优生和学困生、学习认真的和懒惰的学生的时间消耗合在一起，因为这种计算法是违背科学的。必须有区别地计算成绩最好的学生和学习有困难的学生用于完成家庭作业所消耗的时间，以便以后找寻一种帮助后者的最优形式，并预防他们家庭作业的负担过重。[②] 可见，在作业时间的估计上，教师还有工作要做。还有一个问题就是作业量和时间如何对应地掌握，教师要计算每道题完成需要的时间之和，同时要考虑学生可能的困难及解决困难所需要的时间，并且以中等学生为"标准"来估计比较合适。

作业的形式也很重要。过去基本上是书面作业，形式单一，学生做作业的方式也就单一，容易产生疲劳感。在形式调控方面，教师可以增加朗读、画图、制作小报、访问、实践活动等形式的作业。在这方面学校和教师所做的探索比较多，例如，一位美国教师实践了个性化作业，认为个性化作业激发了学生的兴趣和动机，引导学生选择学习任务，当学生有选择的时候，他们开始创建自己的家庭作业，开展自我导向的学习。[③]

（四）活动调控

活动是学生学习的一种形式，包括社会活动、文体活动、实践活动、团队活动和班级活动等。目前的问题是学生投入活动的时间少。学校和家庭应在时间安排上给予调控，鼓励学生多参与各种活动，设计好活动的内容和形式，并在活动中加入智力和情感因素，使学生在活动中得到全面发展。活动调控是学业负担结构优化的需要，总体要求是有所增加、合理安排。杨延介绍了新加坡的做法，他指出，新加坡政府在学业和活动之间注重调控和平衡，学生的课外活动受教育部指导，教育部提供 60 多个项目（分运动与球类、制服统一的团体活动、文化活动与学会活动三类），并配以具

---

① 王月芬、张新宇等：《透析作业：基于 30000 份数据的研究》，88～91 页，上海，华东师范大学出版社，2014。

② ［苏联］Ю. К. 巴班斯基、［苏联］M. M. 波塔什尼克：《教育过程最优化问答》，98 页，北京，北京师范大学出版社，1988。

③ Cathy Vatterott，"Individualized Homework Can Put New Life in Assignments，" *Education Leadership*，2017(3)：pp. 35-39.

体要求，学校根据实际进行落实。①

　　我国的减负政策也强调了体育锻炼和社会活动。1993 年《国家教委关于减轻义务教育阶段学生过重课业负担、全面提高教育质量的指示》对活动调控做出了具体的要求："认真按照教学计划的规定，开设音乐课、美术课、体育课以及活动课程。要积极创造条件，开展课外科技、文化、体育活动，做到时间落实、内容丰富、形式多样。要使学生每天有 1 小时体育活动。要积极安排集体教育活动，如组织运动会、远足、参观、社会实践等。"2018 年的《中小学生减负措施》也强调："指导学生实践锻炼。组织学生参加文体活动，培养运动兴趣，确保每天锻炼 1 小时，条件允许的情况下尽量安排在户外。教育学生坐立行读写姿势正确，认真做好广播操和眼保健操。加强劳动生活技能教育，指导学生参与社会实践，乐于科学探索，热心志愿公益服务。"近年来，许多地方（如北京、浙江等）十分重视学生的实践活动，不仅积极开展研究性学习，还组织社会大课堂、研学旅行、社会服务等活动，创办教育基地，开辟教育资源，学生的活动时间有所增加，这对学生学业负担结构优化起到了很好的作用。

（五）考试调控

　　考试是学生的学习任务之一。虽然考试所占时间不多，但因为考试的成绩具有高厉害性、评价性和一定的竞争性，所以学生对考试高度重视，往往会承受较大的压力。学生为了在考试中取得好成绩，会进行复习和背诵，做大量的练习题、模拟题，这些都要花费较多的时间、精力。因此，学校要注意多方面地调控考试。

　　第一，要控制考试的次数。我国 1988 年的政策文件明确提出各学期考试次数不超过两次，即只有期中和期末考试；2018 年《中小学生减负措施》规定："小学一二年级每学期学校可组织 1 次统一考试，其他年级每学期不超过 2 次统一考试，不得在小学组织选拔性或与升学挂钩的统一考试。"

　　第二，在考试难度上也要调控好，保持难度适中。2018 年《中小学生减负措施》规定："严格依据课程标准和教学基本要求确定考试内容，命题要符合素质教育导向，不出偏怪考题。"此外，在试题类型上要多样化、能力化，创新试题形式，增加综合性、开放性、应用性、探究性试

---

　　①　杨延：《学业负担不轻，课外活动不少：看新加坡政府如何在学业与活动间调控与平衡》，载《上海教育》，2005(8)。

题，加强情境设计，杜绝偏题怪题，注重紧密联系社会生活实际，克服命题结构固化和学生机械做题的倾向，引导学生提高分析问题、解决问题的能力。

第三，严格考试结果的使用。1994 年的减负政策要求上级行政部门不得下达考试成绩和升学率的指标，不得对学生进行排名，减缓考试的厉害性。过去在义务教育阶级给学生成绩排名次，使学生承受较大压力；现在考试成绩实行等级评价，严禁以任何形式、方式公布学生的考试成绩及排名，只告知学生本人，可以减少学生的压力感。

（六）补习调控

补习是一种重要的学业负担来源，也被称为校外负担。根据调查，小学生在补习方面负担很重，主要是因为参加补习班的数量比较多，占用了小学生休息的时间，小学生还要做很多补习班的作业等。在培训内容方面，补习班往往超纲培训，增加学生学习的难度，或者提前学习，使学校的教学不是零起点教学。这在某种程度上干扰了学校的教学秩序。由于学生参加补习班多，家长也要支付一笔不小的费用，产生较大的经济负担。补习常常成为社会关注的热点问题，在许多国家都是如此，特别是日本、韩国、新加坡等国家，在我国也是如此。北京的调查显示，参加校外补习班的学生占 74.8%，参加 1～2 个班的占 47.8%，参加 3～4 个班的占 20.8%。[①]

在早期的减负政策中，有的涉及学校补课的限制，但涉及校外培训的少。1988 年、1993 年的政策还没有涉及校外班，1994 年的政策也只提到了奥数班、超常班，规定除经省级以上教育部门批准开办少量的学科奥林匹克学校（班）外，其他地方或单位一律不准以任何名义或形式开办学科奥林匹克学校或"超常班"，凡已开办的，各地要认真研究，妥善做好善后工作，限期撤销。2013 年的《小学生减负十条规定（征求意见稿）》也提出了严禁违规补课：学校和教师要努力提高课堂教学质量，不得在节假日和双休日组织学生集体补课或上新课，不得组织或参与举办"占坑班"及校外文化课补习。2013 年关于"减负万里行"活动的通知谈到了校外培训机构的管理问题：完善培训管理，推动行业自律；各地教育行政部门要协同工商等部门探索

---

① 北京教育科学研究院基础教育科学研究所减轻学生过重课业负担 促进学生健康成长项目组：《减负新探》，173 页，北京，北京出版社，2012。

加强对各类校外培训机构的监管措施；校外培训机构不得以各类培训成绩与义务教育入学挂钩为名进行虚假宣传，不得举办与入学挂钩的培训班，不得超出批准的业务范围开展学科培训，不得有上新课、赶进度等加重学生学习负担的培训行为；鼓励和提倡更多培训机构加入《中小学生校外培训机构自律公约》，规范培训机构的资质、服务、质量和收费，履行社会责任，开展绿色培训。到 2018 年，校外培训再次成为减负热点。《教育部办公厅等四部门关于切实减轻中小学生课外负担开展校外培训机构专项治理行动的通知》发布，重点针对校外培训机构开展学科类培训中出现的"超纲教学""提前教学""强化应试"等不良行为以及校外培训机构组织学生参加等级考试与竞赛、将培训结果与中小学招生入学挂钩等行为采取管理和禁止措施。2018 年年底的《中小学生减负措施》又从资质、内容、师资、评价和时间五个方面进一步对校外培训进行了规范。

补习的调控需要从四个方面开展。一是对家庭和学生的要求。家长要控制给学生报班，特别是不顾学生的身心健康和休息活动时间无限制地报班，克服攀比盲从现象。二是对校外培训机构的管理和要求。2018 年的专项治理要求校外培训机构开展学科类培训的班次、内容、招生对象、上课时间等要向所在地教育行政部门进行审核备案并向社会公布，将培训内容纳入教育行政部门管理的范围。三是对教师的要求。最主要的是学校和教师要提高教学质量，保证学生掌握知识技能，不能让学生因没有掌握知识而不得不去校外补习。现行政策也明确了要坚决查处中小学教师课上不讲，课后到校外培训机构讲，并诱导或逼迫学生参加校外机构培训等行为。四是对学校的要求。学校不能将培训结果与招生入学挂钩。当培训结果与入学没有关联时，为了升学而参加校外培训的概率就要小得多。

（七）关系调控

在教育过程中，外部和学生的关系也会对学生的学业负担产生一定的影响。强制的关系必然会带来心理上的压力；而协商型、民主型、对话型关系便于学生理解与接受，可以带给学生心理上的激励而不是压力。

批判教育学的代表性人物之一保罗·弗莱雷提出"被压迫者教育学"理论，这对我们思考学业负担问题有启迪意义。他说："压迫者与被压迫者关系中的基本要素之一是规定。每一种规定代表着把一个人的选择强加给另一个人，这样就把接受规定者的意识改变成一种与规定者的意识相一致的意识。由此，被压迫者的行为是一种被规定的行为。"①他认为，只有当一种行为阻止他人成为更完美的人时，这种行为才构成压迫行为。他列举了教育中十种压迫的态度和做法：教师讲，学生听；教师做出选择并将选择强加给学生，学生唯命是从。他提出提问式教育、对话式教育和对话行为理论。他说："男男女女都用真实的词来改造世界。有人性地活着，这就意味着命名世界，改变世界。""对话是人与人之间的接触，以世界为中介，旨在命名世界。"②但对话需要多种条件，包括对人的爱、谦虚、对人的信任、对摆脱不完善充满希望、对话双方都进行批判性思维。对话关系是教育作为自由实践的精髓。反对话行动理论的特点是征服、分而治之、操纵和文化侵犯，而对话行动理论的特点是合作、团结、组织和文化综合。

学生完成学习任务是一种义务，但应该是自觉的和理解的，是经过内化和接纳的，这样就不会有压迫感。压迫感是一种沉重的心理负担。由此，教师在提出学习任务（包括布置作业等）时，应当充分地阐明学习的意义和价值，激发学生学习的意愿和动机，而不是强加给学生。同时，教师要给学生选择的机会和权利，考虑学生的实际情况。有学者强调："在教育中，教师对学生的权威应当削弱，教师应当尊重学生的思想和感情。"③做到这些则需要沟通、协商、对话，教师在确定学习任务的过程中，让学生参与进来，发表意见，有所选择。构建这种对话的、平等的师生关系有助于调控学生的学业负担，防止学生负担过重和负担结构不合理。方丹等人对小学生课业负担的调查研究显示，主观课业负担与师生关系呈负相关（$r = -0.36$，$p < 0.01$）。④ 这也说明良好的师生关系对学生的学业负担调控是有作用的。

① ［巴西］保罗·弗莱雷：《被压迫者教育学》，4 页，上海，华东师范大学出版社，2001。

② ［巴西］保罗·弗莱雷：《被压迫者教育学》，38 页，上海，华东师范大学出版社，2001。

③ 马凤岐：《教育：在自由与限制之间》，256～257 页，北京，中国工人出版社，2001。

④ 方丹、曹榕、程姝等：《小学生客观课业负担对主观课业负担的影响：学习态度的调节作用》，载《中国特殊教育》，2018(2)。

二、资源竞争型负担的调控

(一)收入分配改革

教育竞争的根源是收入分配不够合理。各种职业之间的收入分配差距过大，导致人们争相进入高收入的行业。而当高收入行业与受教育程度相关联时，或者与学术性成就相关联时，学生的学业负担就大大增加了。

我国目前的收入分配原则是："坚持按劳分配原则，完善按要素分配的体制机制，促进收入分配更合理、更有序。鼓励勤劳守法致富，扩大中等收入群体，增加低收入者收入，调节过高收入，取缔非法收入。坚持在经济增长的同时实现居民收入同步增长、在劳动生产率提高的同时实现劳动报酬同步提高。拓宽居民劳动收入和财产性收入渠道。履行好政府再分配调节职能，加快推进基本公共服务均等化，缩小收入分配差距。"[①]收入分配的改革正逐步推进。2018 年 3 月，中共中央办公厅、国务院办公厅印发了《关于提高技术工人待遇的意见》，强调了"进一步鼓励辛勤劳动、诚实劳动、创造性劳动，增强生产服务一线岗位对劳动者吸引力""实现技高者多得、多劳者多得"[②]。这是在增加劳动者收入、调控收入分配差距方面的又一项举措。当然也要看到，我国正朝着创新型强国的目标努力，这就需要大批创造性科技人才和各类创新人才，这种目标对学生的教育程度、实际学力的导向会较强烈，追求高质量教育的竞争不容易缓解。

(二)扩大招生规模

改革开放初期，由于高等教育资源有限，片面追求升学率的竞争很激烈，这导致学业负担很重。1997—1998 年，在亚洲金融危机的影响下，我国就业压力大，一些经济学家从拉动内需的角度提出了扩大高等教育规模的建议；一些教育专家也从高等教育大众化(高等教育毛入学率，即 18～22 岁年龄段人口中接受高等教育人口的比例达 15％～50％)的趋势出发，建议加快高等教育发展的步伐。1980 年，我国高等教育毛入学率为 1％；1990

---

① 习近平：《决胜全面建成小康社会　夺取新时代中国特色社会主义伟大胜利——在中国共产党第十九次全国代表大会上的报告》，46～47 页，北京，人民出版社，2017。

② 《中办国办印发〈关于提高技术工人待遇的意见〉》，载《人民日报》，2018-03-23。

年，我国高等教育毛入学率为 3.4%；1998 年，我国高等教育毛入学率为 9.8%。经过努力，到 2007 年，我国高等教育毛入学率达到 23%，2016 年达到 42.7%。表 5-4 展示了我国普通高等教育学校数和学生人数的变化。应该说，在高等教育规模扩大后，升学的竞争变小了，这方面的学业负担也变小。但高层次竞争，即为了获得优质教育资源、升入更好的学校的竞争又出现了，学业负担的来源产生了变化；也就是说，为了升入好学校，学生的负担可能更重了。李岚清在谈及减负问题时回顾了这个决策和实施过程：针对考大学的竞争压力，"我们采取了大学实行扩招、减轻高考压力的措施。这些年高校扩招的规模不可谓不大，上大学的难度明显降低。然而'这山望着那山高'，家长和孩子并不满足于只是考上大学，而是要考上名牌大学。'指挥棒'又由高考录取率变成了名校录取率。看来，要进一步解决这个问题，主要还是要在扩大高校和高中阶段教育资源特别是优质高校资源，构建多渠道互通的高等教育体系上找出路"[①]。

表 5-4　我国普通高等教育学校数学生人数[②]

年份	学校总数/所	学生人数/万人
1949 年	205	11.7
1966 年	434	53.4
1978 年	598	85.6
1985 年	1016	170.3
1998 年	1022	341.0
2007 年	1908	1885.0
2016 年	2596	2695.8

（三）促进校际均衡

教育资源竞争的前提是教育资源差距大、优质资源稀缺，人们想办法争取获得优质资源。而当优质教育资源比较丰富，学校之间的差距不大、

---

①　李岚清：《李岚清教育访谈录》，336 页，北京，人民教育出版社，2004。
②　改革开放 30 年中国教育改革与发展课题组：《教育大国的崛起：1978—2008》，182 页，北京，教育科学出版社，2008。2016 年数据来自教育部网站。

比较均衡时，就不会有太多的竞争了。因此，减轻资源竞争性负担，主要措施就是促进教育的优质均衡发展。

在促进教育优质均衡发展方面，北京市近年来进行了有益的探索。其措施有：名校办分校，学区制，集团化，高校办附校，教科研部门支持中小学发展，名师支教，教师流动，建立名师工作室以带动教师发展，开展教师培训，开展教师开放性实践活动（开放骨干教师课堂供观摩学习），给予乡村教师补贴，改革招生办法，实现划片就近入学，等等。这些措施背后的实质是资金、智力资源、信息资源、人才资源、进入优质学校的机会等向普通学校、农村学校的流动。这些措施较好地解决了择校问题、竞争问题。北京市的义务教育阶段就近入学率，小学达到了99％，初中达到了95％以上。当然，学校的均衡发展问题不仅在资源的配置方面，还有学校的运行问题和质量问题。资源配置后，普通学校需要消化吸收、内化融化，真正实现课堂教学的转变，只有这样最终才能体现出质量的提升，而这是需要一个过程的。

（四）控制竞争程度

考试是竞争的主战场。考试评价具有双重功能：一是考核检查学生的学习质量、学校的教育质量，从而改进学习和教学；二是进行选拔，学生经由考试被选拔入学，获得不同水平的教育资源。两种功能都是需要的，但第一种功能似乎也异化为第二种功能的附庸了，人们更看重选拔的功能。要缓解考试的竞争程度，就必须对考试评价进行改革。其一，控制考试的次数，减轻竞争频次带来的压力。其二，在评价方法上，要由重视常模参照评估改为重视目标参照评估。[1]　常模参照评估是用分数给学生排队，自然导致学生心理负担加重，激化竞争；目标参照评估主要看学生是否达到课程标准所要求的学习目标，而不做学生之间的比较。其三，增加同一考试可以多次进行的选择性，过去统一考试、一次进行，学生对这一次考试十分重视，但如果由于一些偶然因素没有考好，就没有再考的机会了，如果有再考的机会，学生的压力又会减轻一些。

要加强信息公开与合作，防止囚徒困境博弈。囚徒困境是在信息封闭、不对称的情况下产生的。增加信息透明度，使博弈者彼此了解对方的选择，

---

① 周志平：《学业成绩评估与减负》，载《教学与管理》，2001（9）。

可以提高决策选择的精度。[①] 对学业负担可以在一定程度上公开信息并开展信息合作。比如，学校的课表可以公开，学校的作业也可以公开，而学校之间的竞争可以通过公开核心信息而减少。学生在学校学习的大部分信息都是公开的，可以相互了解；至于在家的时候，虽然难以相互了解，但可以大体推测，因为在家学习时间主要用于完成学校布置的作业，只有家庭布置和学生自加的负担不太了解。当然，班主任也可以掌握所有学生的信息，并通过班会沟通交流等方式加以调控，如给予家长一定的指导。

三、能力欠缺型负担的调控

提高学生的学习能力是减轻学生过重学业负担的根本。针对学生能力欠缺导致的负担，调控的主要内容有四个方面。

（一）加强学习指导

学习策略的掌握是提高学习能力的关键。负担重对有的学生来说主要是因为没有掌握学习方法、没有养成良好的学习习惯。加强学习指导、适当增加学生的元认知负荷，有助于学生掌握新知识。

从教师指导的角度来看，教师开展学习指导可以通过多重途径进行：一是开设学习方法的课程或讲座，比较系统地介绍学习策略的知识和技能，这些知识主要包括认知的策略（理解、记忆、系统化、观察、阅读等）和元认知的策略（计划、总结、时间管理等），教师自己首先要熟练掌握这些知识技能；二是结合学科知识内容，把学科知识的讲解和学科思维方法结合起来，并有机地渗透学习策略，这就要求教师掌握学科内容的相应策略和学科思维方式；三是组织学生开展学习策略的交流分享活动，组织主题班会，等等。

从学生自我管理的角度来看，学生提高学习能力需要掌握学习的策略，包括认知策略和元认知策略。前者如读书方法、观察方法、记忆方法、分析综合推理等思维方法、复习总结方法等；后者如计划管理、情绪管理、时间管理、生物钟节律调控、学习环境管理、提高效率的技术手段运用等。有研究者提出了高效率学习信息加工模型的五个因素，即选择性注意、元

---

① 任子雄：《基础教育减负的博弈分析》，载《教育科学》，2008(4)。

认知、学习策略、非智力因素、隐性认知。① 总之，学会学习是减轻负担、提高效率的策略。

（二）激发学习动机

动机和负担总体上是呈负相关的。学生若愿意学习，乐于学习，有比较强的动机，就不会有压力感、苦痛感、负担感。知之者不如好知者，好之者不如乐知者。教师在调控负担时，要着力引导学生树立正确的学习目的，激发学生强烈的学习动机。学生学习动机强而明确，面临学习任务时就能够积极主动地承担并完成，甚至给自己设置学习任务。教育家夸美纽斯在《大教学论》中提出教与学的便宜性原则，强调："应该用一切可能的方式把孩子们的求知与求学的欲望激发起来。""教导的方法应该减轻学习的苦楚，使学生在功课上不受到任何阻碍或耽误他们的进步。""学校本身应当是一个快意的场所，校内校外看去都应当富有吸引力。"②

激发学生学习动机的策略包括：理解和满足学生各种层次的需要，特别是求知的需要；引导学生制定具体的学习目标；增强学生学习的自我效能感；营造良好的师生关系、同学关系以及良好的学习环境；开展学习小组竞赛；正确归因；对学生的进步给予表扬肯定等。③

（三）补充知识基础

学生学业负担重有的是因为学生基础薄弱，知识基础不够扎实，以致在学习和理解新知识时比较吃力，需要花费更多的时间和加工过程。同时，由于比较吃力，可能跟不上其学习的节奏，又会产生心理压力。有研究者认为，个体若对特定任务的相关知识经验较为缺乏，那么要理解和完成任务就必须注意许多不同的元素，这些元素同时在工作记忆中加工，就会增加工作记忆的负担，产生较高的内在认知负荷。④

对于知识基础薄弱的学生而言，他们应补充知识基础、丰富课外阅读，

---

① 沈德立：《高效率学习的心理学研究》，38～42 页，北京，教育科学出版社，2006。

② ［捷］夸美纽斯：《大教学论》，92～93 页，北京，人民教育出版社，1999。

③ 钟祖荣：《学习指导的理论与实践》，115～135 页，北京，教育科学出版社，2001。

④ 孙崇勇、李淑莲：《认知负荷理论及其在教学设计中的运用》，54 页，北京，清华大学出版社，2017。

以便理解教材。苏霍姆林斯基基于长期的实践，对此有精辟的论述。他认为，对于学习困难的学生，不是最大限度地缩小他们的学习范围，而是扩大他们的阅读范围。"学生的学习越困难，他在脑力劳动中遇到的困难越多，他就越需要多阅读。""困难学生阅读的东西越多，他的思想就越清楚，他的智力也就越积极。"①补充知识有多种途径：一是由教师、家长或辅导教师给予学生补习指导，针对学生理解上的难点，复习补充知识，使学生的知识形成系统；二是教师提供辅导性、扩充性知识读物，通过课外阅读来补充和系统化知识；三是通过教学视频、微课等教学资源对学生进行补充教育。

（四）改善学习卫生

人体工效学对提高作业能力和降低疲劳感有若干措施，如改进操作方法与姿势，改善工作内容以克服单调感，合理调节作业速度，合理安排作业时间，等等。实验教育学也强调要根据学生的生理动态规律安排课程和时间等。这些科学的安排与设计以及对学习环境的改善有助于提高学生的学习能力，减轻学生的学业负担。

具体措施包括三方面。第一，根据时间效率科学合理地安排学习内容。比如，在效率高的时间段安排比较复杂的学习内容，语文、数学、理科课程常常安排在上午前两节课，而体育、艺术类课程常常安排在上午后半段和下午开始的时间段；又如，在内容上交叉安排，转换大脑兴奋区域，降低大脑的疲劳感。第二，安排好休息。文武之道，一张一弛，大脑工作要符合兴奋和抑制交替的规律。休息能够缓解疲劳，学生要学会休息，不要持续学习过长时间。第三，要创造和寻求好的学习环境，包括温度、湿度、光线、通风等物理环境条件，也包括座椅、书桌、电脑等学习用具，以提高学习的效率和能力。帕斯十分重视物理环境对认知负荷的影响。他认为，物理环境是学习者工作记忆负荷的独立来源，物理环境中的工具，如计算器、白板可被看作外部认知处理器，要重视环境与任务、学习者之间的相互作用，以控制认知负荷。②

---

① ［苏联］B. A. 苏霍姆林斯基：《给教师的一百条建议》，64 页，天津，天津人民出版社，1981。

② Hwan-Hee，C.，Jeroen，J. G.，Van Merienboer & Paas，F，"Effects of the Physical Environment on Cognitive Load and Learning：Towards a New Model of Cognitive Load，" *Education Psychology Review*，2014(26)，pp. 225-244.

四、支持不足型负担的调控

（一）提高师资水平

诸多研究和实践表明，教师教学效能是影响学生学业负担的内部关键因素。比如，芬兰学生在国际学生评估项目中成绩靠前，但学生负担轻，其中一个重要原因是教师专业素质高，教师基本都是研究生学历，而且没有评价方面的压力，教师的专业性是高质量教育的重要保障。因此，减轻学生学业负担的重要措施之一是提高教师的专业水平。

教师的水平主要体现在两个方面。一是教师对本体性知识的理解和掌握水平。教师只有自己对所教的知识有比较深入、系统的理解，才能给学生讲清楚，以其昏昏，难以使人昭昭。二是教师对学生的认知基础有所了解，能够针对学生的实际，采用恰当的方法进行教学。

提高教师的专业水平，一要在录取新教师的过程中提高入职门槛，包括提高教师的学历层次。比如，义务教育阶段的教师要本科毕业；高中阶段的教师要研究生毕业。要注意对教师素质和能力的考核，加强教师入职培训等。二要加强教师自我学习，教师应围绕教学任务，补充相关专业知识，阅读专业书籍或教学参考书，加强教学反思。三要积极组织培训和教研活动，通过培训师和教研员的指导引领，提高教师的专业水平。政府要围绕教师专业水平的提升，加强教师教育的创新改革，给教师创造丰富的机会和条件，提高教师的待遇。

（二）改进教学设计

因为学生的工作记忆是有限的，所以要充分合理地利用学生的工作记忆。如果教学设计不当，会浪费学生的时间，增加学生外在的认知负荷，降低教学效率。教学设计中容易出现的问题有：教学目标不清晰、不恰当，教学活动与教学目标扣得不紧，缺乏支撑性的典型材料和案例，缺乏结构化板书设计等。

教学设计的主要目的是降低外在认知负荷。外在认知负荷有十二个效应，如自由目标效应、完成问题效应、通道效应和注意分离效应等。[①] 根据研究者的这些研究成果，笔者认为在教学设计中要注意以下几点。第一，

---

① 庞维国：《认知负荷理论及其教学涵义》，载《当代教育科学》，2011(12)。

通过优化教学语言，降低学生的认知负荷。教师语言表达要清晰准确、简明扼要、逻辑性强，同时要生动形象，切忌过于抽象；表情、动作、手势、语调等非语言系统要恰当，发挥辅助作用；注重概述，概括重点要点也可以降低学生的认知负荷。第二，通过样例教学降低学生的认知负荷。样例能够有效地为学生提供解决问题的图式。图式是有空位的知识包，可以将相关的、有联系的细节填充到空位中，它是一种信息存储的经济方式。一个图式包含大量的信息，可以整合信息元素，只占少量的存储空间，以减少工作记忆负荷。选用学生熟悉的生活样例或图式可以降低学生学习的难度。第三，在课件设计方面，教师在呈现教学材料时，要更多地运用表格、图片等形式。因为这些形式既概括又直观，可以降低学生的外在认知负荷。教师要注意不添加太多的干扰因素，以免增加学生的外在认知负荷。[1] 第四，多通道、多材料整合。工作记忆有两个部分：一是基于听觉的工作记忆，二是基于视觉的工作记忆。工作记忆的容量可以通过使用两种类型的工作记忆而不是单独地使用一种来扩大。信息以听觉和视觉两种感觉呈现时，学生的学习会更加有效。此外，教师要精心设计材料，将文本、表格、图形等进行整合。[2] 当然，教学设计还有许多值得改进的方面，特别是教学目标设计、教学活动设计、练习和评价设计等。

教师在教学设计中还要注意突破学生学习的难点。学习难点是学生经过努力仍不易理解的知识和难以掌握的技能。学生产生难点的原因主要有：学生相关旧知识不足，相关经验不足；相应的技能未形成或缺失；相关的抽象思维不到位，相关的形象思维不到位，步骤不具体，概念综合性太强；等等。要突破学习难点，教师需要注意：第一，发展学生的形象思维，加强观察、操作，注重运用图形，使学生的形象思维和抽象思维能够结合起来；第二，注意新旧知识之间的联系和衔接，促进学生学习的迁移；第三，培养学生的学科技能和能力；第四，整体把握教材，掌握知识结构和技能结构，在联系中促进学生对知识的理解和掌握。[3]

---

[1] 孙崇勇、李淑莲：《认知负荷理论及其在教学设计中的运用》，18～20 页，北京，清华大学出版社，2017。

[2] Hanna Poffenbarger, "Teaching Tips Based on Cognitive Load Theory," *NACTA Journal*, 2017(3), pp. 262-263.

[3] 温寒江：《学习与思维——学习中思维的全面协调可持续发展》，138～144 页，北京，教育科学出版社，2010。

（三）学会差异教学

差异教学是一种教育理念和方式。在理念上，差异教学就是因材施教，实现每个学生的个性化发展。在方式上，差异教学就是根据学生的个体差异及学习风格的不同，针对不同负担的学生，设计不同的、多元化教学策略，以适应不同学生的差异，促进各自扬长补短，解决不同学生的负担问题。笔者在运用多元智能理论和学习风格理论进行教学实验的过程中，总结了语言式、数字式、逻辑式、图像式、动作式、音乐式、交流式和反思式等教学方式，教师在实践运用中产生了良好的教学效果。

（四）运用信息技术

信息技术在教学中有非常积极的作用。它既有助于学生对知识的理解掌握，又可以提高学生学习的兴趣，帮助减轻学生的认知负荷。

现在将多媒体技术运用于学习的做法已经十分普遍，但多媒体设计面临着五个问题：多媒体起作用吗？何时起作用？对谁起作用？如何起作用？是什么构成了有效的多媒体呈现？迈耶对此进行了长期的理论和实验研究。他提出了多媒体设计的七个原则。第一，多媒体认知原则，即学习语词和画面组成的呈现比学习只有语词的呈现的效果更好，因为当它们共同呈现时，学生能够形成言语和图像的心理模型并建立联系。第二，空间接近原则，即书页或屏幕上对应的语词与画面邻近呈现比隔开呈现能使学生学习更好，因为学习者不必使用认知资源去搜寻，而且能够同时保持在短时记忆中。第三，时间接近原则，即对应的语词与画面同时呈现比继时呈现能使学生学习更好，因为学生可以在工作记忆中同时保持对两种材料的心理表征，并建立联系。第四，一致性原则，即当无关材料被排除而不是被包括时，学生学习更好。因为无关材料会争夺学生工作记忆中的认知资源，分散学生对重要材料的注意力。第五，通道原则，即语词用声音呈现比用打印文本形式呈现会使学生学得更好，因为当画面和语词都以视觉呈现时，听觉通道闲置而视觉通道过负。第六，冗余原则，即学生学习由动画加解说组成的呈现材料比学习由动画加解说再加屏幕文字组成的呈现能够取得更好的效果。第七，个体差异原则，即设计效果对知识水平低的学习者好于知识水平高者，对空间能力高者好于空间能力低者。①

---

① ［美］理查德·E. 迈耶：《多媒体学习》，81～207 页，北京，商务印书馆，2006。

运用信息技术促进学生学习、调控学生学业负担有一些具体要点。第一，教师运用信息技术给学生提供直观、形象的学习材料，如图片、音频、视频、动画等，帮助学生把逻辑思维和形象思维两种思维结合起来理解知识，克服纯粹靠文字描述来理解的局限，以提高学习的质量。第二，运用信息技术手段，特别是大数据、数据库等，提供大量的学习辅助资源，特别是各种知识库，可以帮助学生在遇到困难时从知识库中寻找资源、帮助、启发甚至答案。第三，利用信息技术和网络的形象性、直观性、虚拟性、互动性、操作性等特点，在教学中调动学生学习的主动性、参与感，激发学生的学习兴趣，减轻学生的学习疲劳。一项关于教育代理对学生认知负荷影响的研究介绍了不同观点：一种观点是教育代理可能使学习者的工作记忆超载，还可能引起学习者分心，克拉克比较教育代理和非教育代理后发现，两组的认知效率并无显著性差异；另一种观点是使用教育代理更有效，有研究发现，在教育代理的条件下，学生自我报告的心理努力与他们的成绩得分显著正相关，包含教育代理的环境比不包含的更有效。① 第四，借助人工智能促进教学与学习。人工智能又称机器智能或计算机智能，是人为制造的由机器或计算机表现出来的智能，以区别于自然智能、人类智能。人工智能是智能机器执行的通常与人类智能有关的智能行为，涉及学习、感知、思考、理解、识别、判断、推理、证明、设计、规划、行动和问题求解等活动。② 人工智能在教育领域有广泛的应用，其中，智能教学系统就是模仿人类教师帮助学习者进行某个学科、领域或知识点学习的智能系统。它一般由教师模块、学生模块、教学模块和交互模块组成。许多智能教学系统的应用实验证明，学生使用智能教学系统后，学习成绩有较大幅度的提高。此外，学生还可以借助网络搜索所需要的知识，借助机器翻译系统阅读和学习外文资料，借助语言技术学习外语。使用批改系统批改英语作文，学生可以得到系统的及时反馈，并且可以反复修改至满意；使用语音系统学习英语发音；借助智能教学系统进行某个学科的深入学习。③

---

① Noah L. Schroeder, "The Influence of a Pedagogical Agent on Learners' Cognitive Load," *Educational Technology & Society*, 2017(4), pp. 138-147.

② 蔡自兴、刘丽钰、蔡竞峰：《人工智能及其应用（第5版）》，2页，北京，清华大学出版社，2016。

③ 贾积有：《人工智能赋能教育与学习》，载《远程教育杂志》，2018(1)。

五、监控失调型负担的调控

对学业负担本身应如何看待和对待，如何调控？在这个问题上，各个主体都有责任，但主要靠学生和政府两个主体。

(一)促进正确认知

学生要正确对待学业负担，形成正确认知。第一，学生要有代价概念。个人要成长成才、掌握知识技能、提升综合素质，就必须付出一定的代价。"一分耕耘，一分收获""不经一番寒彻骨，怎得梅花扑鼻香"，这是常识，也是真理。第二，学生要有效能概念，即有应对较重学业负担的自信和积极的效能感。因为每个人都有很大的潜能，有学习的能力，学业负担大多是可以应对的。第三，学生要有边际概念，即学业负担达到一定的限度就会产生反作用，既影响身心健康，又不能提高成绩。因此，学生要对这个阈限或极限保持敏感。当负担过重时，学生要反馈给老师、家长和学校，以便及时调控或进行自我调控。

(二)调控情绪体验

研究者对学业情绪也进行了许多研究。学业情绪是学生学习过程中产生的与学业相关的各种情绪体验。按照愉悦度和唤醒度两个维度，可以把学业情绪分为四种：积极高唤醒、消极高唤醒、积极低唤醒、消极低唤醒。孙士梅把学业情绪分为六类：悲伤类、恐惧类、厌恶类、焦虑类、愉快类、惊讶类。[①] 艾兴、王磊把学业负担的情绪体验分为四种：疲劳、胜任、焦虑、厌恶。[②]

当学业负担很重或比较重时，学生就要学会调节自己的情绪。首先，正确认识负担，当看到负担是成长中必要的付出时，学生就会客观面对、冷静面对。其次，注意放松，通过深呼吸、体育运动等方式，放松自己，克服焦虑等情绪。再次，当情绪不好时，学生可以转移注意力，把注意力转移到自己感兴趣的事情上，然后再转回到学习任务上。最后，学生要注

---

① 陈国明：《国内外青少年学业情绪研究综述》，载《课程教学研究》，2014(9)。
② 艾兴、王磊：《中小学生学业负担：水平、特征及启示》，载《教育研究》，2016(8)。

重建立良好的人际关系，包括与老师、家长、同学等建立良好的关系，遇到难以解决的问题，可以通过沟通交流获得他们的指导和支持，这也是克服消极情绪的重要途径。

（三）注意动态监测

政府对学业负担要进行监控。《国家中长期教育改革和发展规划纲要（2010—2020 年）》明确建立学生课业负担监测和公告制度，此后有一系列研究开展。政府督导部门也开展了学业负担的监测和监督。比如，2014 年 5 月至 6 月，北京市义务教育阶段学生综合素质督导评价项目组在全市范围内开展了义务教育阶段学生学习生活状况调查。其中，学生课业负担状况是该项调查的重要组成部分。监测对象总体为北京市义务教育阶段五年级、八年级的全体在校生，全市共抽取 337 所学校，21178 名学生。2014 年度《北京市义务教育阶段课业负担监测报告》的结果显示，受测的五年级和八年级学生感觉校内、校外和总体课业负担均比上一年度（2013 年度）有所减轻；且课业负担越轻，学业水平越高。此外，五年级男生的校内外课业负担显著重于女生；八年级学生校内外课业负担显著重于五年级学生；五年级城镇校学生校内课业负担显著重于农村校学生。杨欣等人对 2010—2014 年义务教育减负提质的效果进行了评估研究，发现小学生减负的目标逐渐实现。①

（四）处置违规行为

监测的目的是调控，对于违反规定的行为应如何处置？这一问题是影响规定权威性的制约因素。1994 年《国家教委关于全面贯彻教育方针，减轻中小学生过重课业负担的意见》把违规加重负担的行为定位为系统纪律问题。它指出："1993 年国家教委的《指示》和本《意见》均属教育系统内部的重要纪律。各级教育行政部门要带头模范地严格执行，同时加强领导，加强管理，强化干部、教师的法制、纪律观念，推动各项规定的贯彻落实。"它在处置上是用纪律处置的方法："对违反规定的要进行教育，限期改正；不能评优、授奖；情节严重的要给予批评、通报，直至追究行政责任。"2013 年开展的"减负万里行"的活动也只是提出曝光等处置措施，各地要将减负

---

① 杨欣、罗士琰、宋乃庆等：《我国义务教育"减负提质"的评估研究——基于义务教育第三方评估的报告》，载《中国教育学刊》，2016(6)。

的有关规定、解决问题的进展情况予以公告，主动接受学生、家长、社会各界和舆论监督。对一些"减负"工作不力，甚至加重学生课业负担的地区和学校予以曝光。应该说，按照纪律处分是比较轻和不得已的办法，其中一个可能的原因是违规的后果难以客观评定。因此，在完善监测制度的基础上，对持续出现违规加重负担并导致学生厌学、身心健康受损的情况，要进行更加严厉的处理。

第六章　未来展望与研究评价

本章展望未来，对未来影响学业负担的因素进行预测分析，提出未来的调控思路，并对研究的创新点与不足进行自我评价。

第一节　未来社会学业负担预测及其调控

基于学业负担的特点，我们可以说，未来学生学业负担仍然会是一个常态的问题，但也会具有新的时代特点。在未来社会，对学生的学业负担产生影响的因素中，既有增加负担的因素，也有减轻负担的因素，同时也有影响学业负担结构变化的因素。正如刘合荣说的："每一代人都必须经历一种带有时代特征的磨难或磨砺。"[①]因此，理性地对待、科学地施策，学业负担问题就会得到更好的解决。

一、可能增加学业负担的因素

从增加负担的因素看，经济社会发展对人才素质的高要求、科技发展与信息技术发展带来的知识增长、人们对更高质量教育的要求，都会增加学习的任务、内容及其难度，也必然增加学生的学习负担。

适应未来社会发展和建设创新型国家的需要，加上人工智能技术的发展，我们在教育目标设计上会更加注意培养学生的探索与创新精神。虽然小学生学习的知识相对稳定，但思维发展的负担会增大，培养学生解决实际问题能力的活动性学业负担、非学术性学业负担也会加重。我国已经出台了《中国教育现代化2035》，颁布了《关于深化教育体制机制改革的意见》

---

① 刘合荣：《对学业负担问题的若干规律性认识——兼论教育与人发展的困境》，载《内蒙古师范大学学报(教育科学版)》，2007(8)。

《中共中央国务院关于全面深化新时代教师队伍建设改革的意见》《中共中央国务院关于深化教育教学改革全面提高义务教育质量的意见》《关于新时代推进普通高中育人方式改革的指导意见》等一系列重要文件，对未来教育改革做出了全面部署。高中课程以核心素养为指向进行了标准修订，强调核心素养、关键能力、体美劳素质的培养，课程内容也有所调整。也就是说，学业负担的结构会发生较大变化。应该说，这种对学生价值观、创新能力、高阶思维的强调以及其形成的复杂性与难度，会使学生更加注重学业负担在"质"上的内涵，学生负荷会相应增大。

科学技术不断发展，新的科学技术成就不断出现，它们会被逐渐吸收进课程内容，即便不能及时被编进教材，也会进入课外学习、课堂教学，补充进学习任务，这可能会增加学习任务的数量和难度。比如，人工智能的发展及其对社会生活的影响要求在中小学开始普及人工智能的知识，而人工智能的知识和技术是比较难的。

伴随经济、社会、科技发展，社会用人的需求也有所变化，这也必定反映到教育的外部环境上，体现为就业压力。一方面，随着整个国民素质的提高，国民受教育年限变长，高等教育毛入学率进一步提高，社会对起点学历的要求会更高一些，这也会增加学生的竞争压力。另一方面，除学历要求外，用人单位可能会更加注重学生的思想观念、实际工作能力、认知思维能力、合作沟通能力、创新创业能力等。这种要求也会影响学生学习任务结构的变化、评价内容和评价方式的变化。教育进入新阶段，家长对上好学校的需求增加，这也给学生带来了一定的压力。

另外，收入差距仍然存在，带来学生对优质教育资源的竞争。人们希望通过获得优质教育资源而获得较高收入，这种竞争也会加大学生的学业负担。此外，传统的知识观、学习观也不会一下子完全扭转，仍会影响到家庭的教育行为、补习行为、家长观念，在竞争环境下起助推作用。

二、可能减轻学业负担的因素

当然，也会出现减轻学业负担的因素，主要体现在教育的发展上。

首先，从教育体系和教育机会来看，我国有庞大的、比较完善的教育体系，高中阶段教育逐渐普及，高等教育毛入学率不断提升，已经进入普及化阶段，继续教育不断发展，终身教育体系逐渐形成，学生接受更高层次教育的机会是比较多的。这可以在一定程度上减缓学生学业竞争的压力。

其次，从教育资源（学习资源）来看，教育均衡发展会进一步推进。教育部提出，到 2020 年义务教育实现全部就近入学，为了获得优质教育资源而产生的竞争会逐步变小。从技术的进步来看，随着信息网络技术的发展，现在更多的优质教育资源、课程资源、教学资源都可以通过网络平台进行传播，这也促进了优质教育资源的辐射共享，会减轻因为优质资源竞争而产生的学业负担。

再次，从教师队伍的质量来看，随着在教师队伍建设方面的改革全面深入地推进，提高教师的学历层次、培养层次，改革教师培养和教师培训，加强对教师教学的支持与教研，提高教师的待遇，教师的整体水平会提高，对学生的学习支持（教学支持）也会更好，从而减轻学生的学业负担。

最后，从学生的学习来看，随着教育教学改革的深入，教师在教学模式上更加突出以学生为中心，更加注重激发学生的兴趣和积极性，更加注重对学生学习方法的指导。学生在学习方式上也会更加注重探究、合作、自主学习，学习方法上更加讲究策略，学习的技术手段更加便利，这些都会提升学生的学习能力和学习效率，减轻学生的学业负担。学校课程更加注重促进学生全面发展，注重实践活动、体育锻炼等，有助于优化学生的学业负担结构。

综合来看，未来既有增加学生学业负担的因素，也有减轻学生学业负担的因素，还有调整学业负担结构的因素。在这些因素的作用下，未来学生学业负担必然形成特定的状态与结构。

三、未来学业负担的调控策略

对于未来学生学业负担的调控，《中小学生减负措施》已经对各个主体进行了规范，关键是政策工具配置到位，各种条件逐渐落实。关于其他各个方面的措施，前文已论述很多，在此不再赘述。择要而言，教育系统的主要策略是：第一，根据社会的变化，教育行政层面要加大对课程结构、课程内容的调控，不断完善课程计划和安排，帮助学生形成合适的学业负担结构；第二，大力提高教师专业化和教学水平，加大对学生学习的指导力度，提高教学效率和质量，减轻由理解、作业、考试等导致的学生学业负担；第三，充分发挥信息技术、网络技术、人工智能技术等的积极作用，减少教育竞争，扩大优质资源覆盖面，提高教育教学质量，减轻由学业成绩不良导致的学业负担；第四，完善学业负担的监控和调控机制，完善减负和负担调控政策，加强政策工具的力度与执行力度，根据监测结果及时加以调控，使学生负担及时优化。

我们期待未来学生学业负担问题得到更加合理的调控和更为有效的解决。

第二节　研究的创新点与不足

本书研究的创新点主要有以下几点。

第一，提出了影响学业负担的六个因素并构建了学业负担模型。六个因素较好地解释了学业负担形成的主要原因及其机制。六个因素的提炼既比较概括、不繁杂，又比较具体、不过简。在六个因素中，笔者提出的调控性因素是过去研究者们没有提到的。此外，笔者在模型中还关注了学业成绩这一反馈性因素及其在整个负担模型中的作用。笔者通过调查构建了学业负担的回归模型，揭示了各因素在负担形成中的作用程度。总之，负担模型的建构能够更好地揭示学业负担的形成机理。

第二，综合揭示了学业负担的六种性质，一些性质其他研究者曾提到过，但很少有研究系统分析其性质。笔者注重综合揭示，并特别强调了它的合成性、结构性等特点。在性质分析和因素模型的基础上，笔者系统性地提出了学业负担调控的原则，特别强调了质量性、利益性、公平性、差异性、适度性（最大可接受性）等新原则。这些原则注意了价值理性和工具理性的结合，注意了负担与质量、成本与效益、各方利益、可接受性与挖潜性等多种关系的平衡处理，注意了差异性视角。这些原则是比较全面的调控视角，而不是简单的调控视角。这些原则的提出有助于人们更全面、真实地看待学业负担，有助于更合理、有效地调控学业负担，有助于实现公平而有质量的教育，并促进社会公平。

第三，基于负担问题的多样性和开放复杂系统理论，笔者提出了"学业负担调控"的概念，把传统的"减负"概念转向解决多样态的负担调控上，即或减，或加，或调结构，并具体分析了学业负担的结构问题。在学业负担调控目标上，笔者借鉴并使用了"学业负担最优化"的概念。

第四，根据学业负担的成因，笔者提出了五种类型的负担，深化了对学业负担类型的认识，并针对不同类型的负担（实质上也是针对不同的影响因素）提出了具体的调控策略。这使调控策略更加聚类，更具有针对性。实际上，该部分内容是对过去所谈到的各种策略进行归类、提炼、补充、总结，使之更有结构性。

　　本书研究还有许多不足，主要有：①对影响学业负担因素的作用机制的分析还不够深入；②对学业负担标准的判断分析仍然是个难题，需要在今后进一步深入；③调研只在北京取样，还有一定的局限性。

参考文献

一、论著部分

[1]安妮特·拉鲁. 不平等的童年：阶级、种族与家庭生活(第2版)[M]. 宋爽，张旭译. 北京：北京大学出版社，2018.

[2]安德烈·焦尔当. 学习的本质[M]. 杭零，译. 上海：华东师范大学出版社，2015.

[3]安德烈亚斯·施莱歇尔. 超越PISA：如何建构21世纪学校体系[M]. 徐瑾劼，译. 上海：上海教育出版社，2018.

[4]阿伦·C. 奥恩斯坦，等. 当代课程问题(第3版)[M]. 余强，等译. 杭州：浙江教育出版社，2004.

[5]艾尔菲·科恩. 家庭作业的迷思[M]. 项慧龄，译. 北京：教育科学出版社，2017.

[6]北京教育科学研究院基础教育科学研究所减轻学生过重课业负担促进学生健康成长项目组. 减负新探[M]. 北京：北京出版社，2012.

[7]巴班斯基. 教学教育过程最优化[M]. 吴文侃，译. 北京：教育科学出版社，1986.

[8]巴班斯基. 教学过程最优化：一般教学论方面[M]. 张定璋，等译. 北京：人民教育出版社，1984.

[9]巴班斯基，波塔什尼克. 教育过程最优化问答(修订本)[M]. 李玉兰，译. 北京：北京师范大学出版社，1988.

[10]柏继明. "减负"：我们的责任[M]. 北京：团结出版社，2010.

[11]保罗·弗莱雷. 被压迫者教育学[M]. 顾建新，等译. 上海：华东师范大学出版社，2001.

[12]李·G. 鲍曼，特伦斯·E. 迪尔. 组织重构(第3版)[M]. 桑强，

高英杰，等译．北京：高等教育出版社，2005．

[13]B. C. 列德涅夫．普通中等教育内容的结构问题[M]．诸惠芳，等译．北京：人民教育出版社，1984．

[14]B. S. 布鲁姆，等．教育评价[M]．邱渊，等译．上海：华东师范大学出版社，1987．

[15]布鲁纳．布鲁纳教育论著选[M]．邵瑞珍，等译．北京：人民教育出版社，1989．

[16]蔡自兴，刘丽钰，蔡竞峰．人工智能及其应用(第 5 版)[M]．北京：清华大学出版社，2016．

[17]陈传锋，陈文辉，董国军．当代中学生的学习生活与课业负担[M]．北京：北京师范大学出版社，2011．

[18]陈曙红．中国中间阶层教育与成就动机[M]．北京：中国大百科全书出版社，2007．

[19]陈学飞．教育政策研究基础[M]．北京：人民教育出版社，2011．

[20]陈宇卿．"轻负担、高质量"的区域探索：提高中小学生学业效能的实证研究[M]．上海：上海人民出版社，2013．

[21]陈正昌，程炳林，陈新丰，刘子键．多变量分析方法[M]．北京：中国税务出版社，2005．

[22]程凤春．教学全面质量管理[M]．北京：教育科学出版社，2004．

[23]崔鸿，乔翠兰，李佳．中小学理科教材难度国际比较研究(初中科学卷)[M]．北京：教育科学出版社，2016．

[24]杜威．民主主义与教育[M]．王承绪，译．北京：人民教育出版社，1990．

[25]董云川，张建新．高等教育机会与社会阶层[M]．北京：科学出版社，2008．

[26]董奇．心理与教育研究方法[M]．广州：广东教育出版社，1992．

[27]段玉山，等．中小学理科教材难度国际比较研究(初中地理卷)[M]．北京：教育科学出版社，2016．

[28]范蔚，褚远辉．比较课程论[M]．北京：人民教育出版社，2012．

[29]方臻，夏雪梅．作业设计：基于学生心理机制的学习反馈[M]．北京：教育科学出版社，2014．

[30]弗朗西斯·C. 福勒．教育政策学导论(第 2 版)[M]．许庆豫，译．南京：江苏教育出版社，2007．

[31]费尔南多·M. 赖默斯，等. 21 世纪的教与学：六国教育目标、政策和课程的比较研究[M]. 金铭，等译. 北京：北京语言大学出版社，2016.

[32]葛大汇. 升学考试的问题与对策研究[M]. 上海：华东师范大学出版社，2001.

[33]顾志跃. 中小学生课业负担状况调查与分析[M]. 南宁：广西教育出版社，1999.

[34]顾明远. 教育大辞典(第 1 卷)[M]. 上海：上海教育出版社，1990.

[35]顾明远. 教育大辞典(第 6 卷)[M]. 上海：上海教育出版社，1992.

[36]顾明远，马健生，滕珺. 中国学校研究[M]. 北京：高等教育出版社，2017.

[37]高文，等. 学习科学的关键词[M]. 上海：华东师范大学出版社，2009.

[38]国家教育委员会基础教育司，联合国儿童基金会，联合国教科文组织. 中国小学生学习质量研究报告[M]. 北京：人民教育出版社，1997.

[39]国家教育发展研究中心. 发达国家教育改革的动向和趋势(第 4 集)[M]. 北京：人民教育出版社，1992.

[40]国际学生评估项目中国上海项目组. 质量与公平：上海 2012 年国际学生评估(PISA)结果概要[M]. 上海：上海教育出版社，2014.

[41]郭志刚. 社会统计分析方法[M]. 北京：中国人民大学出版社，2015.

[42]梁歆，黄显华. 学校改进：理论和实证研究[M]. 上海：华东师范大学出版社，2010.

[43]海伦·阿巴兹. 贫困生的有效学习：认知神经科学的前沿观点[M]. 周加仙，等译. 北京：教育科学出版社，2012.

[44]胡卫. 减负新攻略[M]. 北京：生活·读书·新知三联书店，2012.

[45]胡卫平，严文法，等. 中小学理科教材难度国际比较研究(小学科学卷)[M]. 北京：教育科学出版社，2016.

[46]赫根汉，奥尔森. 学习理论导论(第七版)[M]. 郭本禹，等译. 上海：上海教育出版社，2011.

[47]何杏清，朱勇国. 工效学[M]. 北京：中国劳动出版社，1995.

[48]何东昌. 中华人民共和国重要教育文献(1949—1975)[M]. 海口：海南出版社，1998.

[49]何东昌．中华人民共和国重要教育文献（1976—1990）[M]．海口：海南出版社，1998．

[50]何东昌．中华人民共和国重要教育文献（1991—1997）[M]．海口：海南出版社，1998．

[51]何东昌．中华人民共和国重要教育文献（1998—2002）[M]．海口：海南出版社，2003．

[52]何东昌．中华人民共和国重要教育文献（2003—2008）[M]．北京：新世界出版社，2010．

[53]华国栋．差异教学论[M]．北京：教育科学出版社，2001．

[54]华东师范大学教育系，杭州大学教育系．现代西方资产阶级教育思想流派论著选[M]．北京：人民教育出版社，1980．

[55]经济合作与发展组织．教育系统中的成功者与变革者：美国从国际学生评估项目中学什么？[M]．徐瑾劼，等译．北京：北京大学出版社，2013．

[56]经济合作与发展组织．理解脑：新的学习科学的诞生[M]．周加仙，等译．北京：教育科学出版社，2010．

[57]靳玉乐．课程论[M]．北京：人民教育出版社，2012．

[58]靳玉乐，罗生全，等．学业负担论纲[M]．重庆：西南师范大学出版社，2017．

[59]改革开放30年中国教育改革与发展课题组．教育大国的崛起：1978—2008[M]．北京：教育科学出版社，2008．

[60]克鲁兹·伊列雷斯．我们如何学习：全视角学习理论[M]．孙玫璐，译．北京：教育科学出版社，2010．

[61]夸美纽斯．大教学论[M]．傅任敢，译．北京：人民教育出版社，1999．

[62]堀尾辉久．当代日本教育思想[M]．王智新，等译．太原：山西教育出版社，1994．

[63]兰德尔·柯林斯．文凭社会[M]．刘冉，译．北京：北京大学出版社，2018．

[64]李春密，等．中小学理科教材难度国际比较研究（初中物理卷）[M]．北京：教育科学出版社，2017．

[65]李岚清．李岚清教育访谈录[M]．北京：人民教育出版社，2004．

[66]李维．学习心理学[M]．成都：四川人民出版社，2000．

［67］理查德·E. 迈耶. 多媒体学习［M］. 牛勇，邱香，译. 北京：商务印书馆，2006.

［68］理查德·E. 梅耶. 应用学习科学：心理学大师给教师的建议［M］. 盛群力，丁旭，钟丽佳，译. 北京：中国轻工业出版社，2016.

［69］厉以宁. 教育经济学［M］. 北京：北京出版社，1984.

［70］刘月霞. 走在减负路上：小学语文［M］. 北京：北京出版社，2013.

［71］刘精明. 国家、社会阶层与教育［M］. 北京：中国人民大学出版社，2005.

［72］刘儒德. 学习心理学［M］. 北京：高等教育出版社，2010.

［73］刘合荣. 学业负担问题研究：从事实到价值的判断与反思［M］. 武汉：华中师范大学出版社，2008.

［74］刘合荣. 学业负担问题缓解：课堂内外的探索与行动［M］. 武汉：华中科技大学出版社，2010.

［75］林宇. 家庭文化资本与农民工子女成就动机内驱力［M］. 厦门：厦门大学出版社，2011.

［76］林立甲. 基于数字技术的学习科学［M］. 上海：华东师范大学出版社，2016.

［77］罗宾斯，贾奇. 组织行为学（第 12 版）［M］. 李原，孙健敏，译. 北京：中国人民大学出版社，2008.

［78］罗生全. 学业负担问题解决：模型建构与治理机制［M］. 北京：人民出版社，2018.

［79］露易丝·斯托尔，迪安·芬克. 未来的学校：变革的目标与路径［M］. 柳国辉，译. 北京：北京大学出版社，2010.

［80］孟繁华等. 学校发展论［M］. 北京：教育科学出版社，2011.

［81］迈克尔·富兰. 教育变革新意义（第 3 版）［M］. 赵中建，等译. 北京：教育科学出版社，2005.

［82］马克·贝磊等. 教育补习与私人教育成本［M］. 杨慧娟，等译. 北京：北京师范大学出版社，2008.

［83］马凤岐. 教育：在自由与限制之间［M］. 北京：中国工人出版社，2001.

［84］宁骚. 公共政策学（第二版）［M］. 北京：高等教育出版社，2011.

［85］钱民辉. 教育社会学［M］. 北京：北京大学出版社，2004.

［86］钱民辉. 教育社会学概论（第 4 版）［M］. 北京：北京大学出版

社，2017.

[87]强海燕. 性别差异与教育[M]. 西安：陕西人民教育出版社，2000.

[88]乔炳臣，潘莉娟. 中国古代学习思想史[M]. 北京：人民教育出版社，1996.

[89]邱渊. 教育经济学导论[M]. 北京：人民教育出版社，1989.

[90]曲洁. 义务教育改革与发展：政策工具选择与优化[M]. 上海：上海人民出版社，2015.

[91]R. J. 斯坦伯格，等. 教育心理学[M]. 张厚粲，译. 北京：中国轻工业出版社，2003.

[92]R. 基思·索耶. 剑桥学习科学手册[M]. 徐晓东，等译. 北京：教育科学出版社，2010.

[93]任春荣. 社会分层对学生成绩的预测效应：一项基于追踪设计的研究[M]. 北京：教育科学出版社，2015.

[94]任春荣. 义务教育公平问题研究[M]. 北京：知识产权出版社，2016.

[95]单鹰. 破解减负难：针对"过重课业负担"问题的新探索[M]. 北京：知识产权出版社，2015.

[96]沈烈敏. 学业不良心理学研究[M]. 上海：上海教育出版社，2008.

[97]沈德立. 高效率学习的心理学研究[M]. 北京：教育科学出版社，2006.

[98]S. 拉塞克，G. 维迪努. 从现在到 2000 年教育内容发展的全球展望[M]. 马胜利，等译. 北京：教育科学出版社，1992.

[99]宋运来，徐友凤. 中国作业的革命[M]. 南京：南京大学出版社，2014.

[100]孙崇勇，李淑莲. 认知负荷理论及其在教学设计中的运用[M]. 北京：清华大学出版社，2017.

[101]苏霍姆林斯基. 给教师的一百条建议[M]. 周蕖，等译. 天津：天津教育出版社，1981.

[102]苏霍姆林斯基. 帕夫雷什中学[M]. 赵玮，等译. 北京：教育科学出版社，1983.

[103]苏霍姆林斯基. 和青年校长的谈话[M]. 赵玮，等译. 上海：上海教育出版社，1983.

［104］施良方. 学习论［M］. 北京：人民教育出版社，1994.

［105］石中英. 教育哲学导论［M］. 北京：北京师范大学出版社，2002.

［106］谭光鼎，王丽云. 教育社会学：人物与思想［M］. 上海：华东师范大学出版社，2009.

［107］童立亚，万钫，赵幼侠，朱家雄. 学校卫生学［M］. 上海：上海教育出版社，1987.

［108］托克尔·克林贝里. 超负荷的大脑：信息过载与工作记忆的极限［M］. 周建国，等译. 上海：上海科技教育出版社，2011.

［109］王定华. 美国基础教育：观察与研究［M］. 北京：人民教育出版社，2016.

［110］王恩国. 学习困难儿童的工作记忆研究［M］. 北京：中国社会科学出版社，2008.

［111］王星霞. 反思与前瞻：学校发展变革研究［M］. 北京：科学出版社，2010.

［112］王月芬，张新宇，等. 透析作业：基于 30000 份数据的研究［M］. 上海：华东师范大学出版社，2014.

［113］王运武. 学习科学与技术［M］. 北京：科学出版社，2018.

［114］王丽娜. 快乐减负：小学数学［M］. 北京：团结出版社，2013.

［115］王玉昆. 教育经济学(第 2 版)［M］. 北京：华文出版社，2005.

［116］温寒江. 学习与思维：学习中思维的全面协调可持续发展［M］. 北京：教育科学出版社，2010.

［117］吴刚平. 学校课程管理实务［M］. 北京：高等教育出版社，2005.

［118］W. A. 拉伊. 实验教育学［M］. 沈建平，等译. 北京：人民教育出版社，1996.

［119］向葵花. 审思与重建：中小学学生学习行为研究［M］. 北京：中国社会科学出版社，2017.

［120］小威廉姆·E. 多尔. 后现代课程观［M］. 王红宇，译. 北京：教育科学出版社，2000.

［121］闫闯. 社会学视野中的补习教育［M］. 北京：人民出版社，2019.

［122］闫亚军. 中国教育改革的逻辑：对改革开放以来我国基础教育改革的反思［M］. 杭州：浙江大学出版社，2016.

［123］英博等. 教育政策基础［M］. 史明洁，等译. 北京：教育科学出版社，2003.

[124]杨宝琰. 教育选择与阶层再生产：县域内高中教育机会分配的阶层化机制研究[M]. 北京：中国社会科学出版社，2017.

[125]杨东平. 中国教育公平的理想与现实[M]. 北京：北京大学出版社，2006.

[126]叶圣陶. 叶圣陶教育文集[M]. 郑州：河南教育出版社，1989.

[127]约翰·罗尔斯. 正义论[M]. 何怀宏，等译. 北京：中国社会科学出版社，1988.

[128]约翰·哈蒂. 可见的学习：对 800 多项关于学业成就的元分析的综合报告[M]. 彭正梅，等译. 北京：教育科学出版社，2015.

[129]袁贵仁. 中小学校管理评价[M]. 北京：人民教育出版社，2014.

[130]袁振国. 中国教育政策评论[M]. 北京：教育科学出版社，2000.

[131]谢安邦，谈松华. 全国义务教育学生质量调查与研究[M]. 上海：华东师范大学出版社，1997.

[132]詹姆斯·S. 科尔曼，等. 科尔曼报告：教育机会公平（上下册）[M]. 汪幼枫，译. 上海：华东师范大学出版社，2019.

[133]赵俊峰. 解密学业负担：学习过程中的认知负荷研究[M]. 北京：科学出版社，2011.

[134]张人杰. 国外教育社会学基本文选（修订版）[M]. 上海：华东师范大学出版社，2009.

[135]张舢瑶. 踏上名校的台阶：上海家长的择校补习决策行为分析[M]. 上海：上海三联书店，2016.

[136]张卫光，孙鹏. 北京市海淀区小学义务教育教学质量分析与评价研究报告[M]. 北京：北京师范大学出版社，2010.

[137]珍妮·H. 巴兰坦. 教育社会学：一种系统分析方法[M]. 朱志勇，等译. 南京：江苏教育出版社，2005.

[138]郑东辉. 中小学生作业负担之轻与重：课堂评价的解读[M]. 上海：华东师范大学出版社，2017.

[139]钟祖荣. 学习指导的理论与实践[M]. 北京：教育科学出版社，2001.

[140]钟祖荣，伍芳辉. 多元智能理论解读[M]. 北京：开明出版社，2003.

[141]钟祖荣. 学会学习[M]. 海口：海南出版社，2004.

[142]钟启泉，崔允漷. 核心素养与教学改革[M]. 上海：华东师范大

学出版社，2018.

　　[143]周青，闫春更. 中小学理科教材难度国际比较研究(高中化学卷)[M].
北京：教育科学出版社，2016.

　　[144]朱永新，马国川. 重启教育改革：中国教育改革十八讲[M]. 北
京：生活·读书·新知三联书店，2014.

　　[145]赞科夫. 教学与发展[M]. 杜殿坤，等译. 北京：人民教育出版
社，1985.

　　[146]佐藤学. 课程与教师[M]. 钟启泉，译. 北京：教育科学出版
社，2003.

二、期刊论文部分

　　[1]艾兴，王磊. 中小学生学业负担：水平、特征及启示[J]. 教育研
究，2016，37(8)：77-84.

　　[2]艾兴. 中小学生学业负担：概念、归因与对策：基于当前基础教育
课程改革的背景[J]. 西南大学学报(社会科学版)，2015，41(4)：93-97.

　　[3]白益民. 学习时间与学习结果关系模型研究述评[J]. 外国教育研
究，1999，26(6)：1-7.

　　[4]常振亮，孟雯娉. 学生学业负担对学业成绩的影响研究：以石家庄
市为例[J]. 教育实践与研究，2017(7)：52-55.

　　[5]陈传锋，陈文辉，董国军，孙亚辉，林崇德. 中学生课业负担过
重：程度、原因与对策：基于全国中学生学习状况与课业负担的调查[J].
中国教育学刊，2011(7)：11-16.

　　[6]陈春明. 小学生学业负担过重之成因和减负对策[J]. 新课程导学，
2015(33)：1.

　　[7]陈国明. 国内外青少年学业情绪研究综述[J]. 课程教学研究，2014
(9)：19-24.

　　[8]陈霜叶，柯政. 从个人困扰到公共教育议题：在真实世界中理解中
小学生课业负担[J]. 全球教育展望，2012，41(12)：15-23.

　　[9]陈小鲁. 中小学生课业负担过重问题法律透视[J]. 人民论坛，2015
(20)：128-130.

　　[10]陈艳华. 论教师在"减负"过程中作用的发挥[J]. 学科教育，2001
(7)：24-26.

[11]程斯辉. 任重道远：减负的历史回顾与反思[J]. 湖北大学学报（哲学社会科学版），2000，27(3)：3-6.

[12]程素萍. 不同教师专业素质下学生课业负担的差异比较[J]. 天津市教科院学报，2011(4)：72-74.

[13]程素萍. 教师专业素质对学生过重课业负担的影响分析[J]. 教育测量与评价（理论版），2011(8)：16-20.

[14]程晗. 对"减负"的理性解读[J]. 教育理论与实践，2000(5)：21-23.

[15]楚旋. 30 年来国外学校改进研究述评[J]. 现代教育管理，2009(12)：97-100.

[16]楚旋. 学校改进范式的要素分析及其启示[J]. 教育发展研究，2010，30(Z2)：59-63.

[17]褚远辉. "减负"的一种理论假设[J]. 大理学院学报，2007(11)：70-73.

[18]代蕊华，仰丙灿. 国外校外培训机构治理：现状、经验、问题及其启示[J]. 教师教育研究，2017，29(5)：101-108.

[19]刁仁德. "囚徒困境"与中小学生负担[J]. 上海市经济管理干部学院学报，2005，3(6)：62-63.

[20]丁钢，胡兴宏. "减负"大家谈之一：学生过重课业负担的根源和对策[J]. 上海教育，2004(21)：26-29.

[21]丁亚东，薛海平. 我国课外补习问题研究的回顾与展望[J]. 现代教育科学，2016(4)：151-155.

[22]董春亮. 我国对课业负担问题的 30 年认识历程[J]. 现代教育科学，2012(6)：5-7，52.

[23]董辉，杨兰. 课业负担的学校层面变量研究综述[J]. 全球教育展望，2012，41(12)：40-48.

[24]董奇. 新课程改革的众说纷纭与理性思考：基于上海学生 PISA 测试结果的视角[J]. 中国教育学刊，2015(7)：6-11，21.

[25]董妍，俞国良. 学习不良青少年学业情绪的整合性干预研究[J]. 中国人民大学教育学刊，2011(1)：160-169.

[26]杜立娟，葛媛媛. 论中小学生课业负担概念的历史演进[J]. 当代教育理论与实践，2012(9)：21-23.

[27]付宜红. 负担重在哪儿？：高中课改实验区课业负担的调研与分

析[J]. 人民教育，2009(5)：35-37.

[28]方晨晨，薛海平. 义务教育学生参加课外补习行为的影响因素研究[J]. 中小学管理，2015(5)：51-53.

[29]方晨晨，薛海平. 课外补习对义务教育阶段学生成绩影响的实证研究[J]. 上海教育科研，2014(12)：5-9.

[30]方晨晨，胡咏梅，张平平. 小学生能从课后学习时间中受益吗？[J]. 湖南师范大学教育科学学报，2018，17(1)：69-77.

[31]方丹，曹榕，程姝，张生，齐媛. 小学生客观课业负担对主观课业负担的影响：学习态度的调节作用[J]. 中国特殊教育，2018(2)：77-82.

[32]方中玉. 网络学习环境下学习者认知负荷的研究进展及启示[J]. 继续教育研究，2014(10)：34-37.

[33]葛大汇. 学生课业负担归因分析[J]. 教育探索，1997(4)：25-27.

[34]桂世权，张姝，张翼，赵雪. 关于减轻中小学生学习负担的思考[J]. 黑龙江教育学院学报，2007，26(1)：73-75.

[35]郭振有. "减负"的难为与可为[J]. 中国教育学刊，2009(4)：卷首。

[36]顾志跃. 积极探索新世纪的教育模式：论现代教育目的与学生学业负担[J]. 上海教育科研，1996(4)：1-4，41.

[37]韩映雄. 学生学业负担指数模型构建与应用[J]. 教育发展研究，2018，38(10)：20-25.

[38]郝文武. 科学减负：合理确定学生学业量度[J]. 中国教育学刊，2012(11)：27-30.

[39]何菲，温红博. 中学生课外学习时间的合理性研究：基于PISA2012数据[J]. 外国中小学教育，2017(9)：23-30，22.

[40]何扬勇，仲玉英. 走出"减负"的误区：关于"减负"的辩证思考[J]. 杭州师范学院学报(人文社会科学版)，2001(3)：115-117.

[41]扈中平. 对我国中小学生学习负担的辩证分析[J]. 课程·教材·教法，2002(6)：13-15.

[42]胡惠闵，陈国明. 义务教育阶段学生课业负担问卷的编制[J]. 全球教育展望，2016，45(4)：25-44.

[43]胡惠闵，漆涛. 我国课业负担公告制度的建立[J]. 教育发展研究，2015，35(22)：26-35.

[44]胡惠闵，王小平. 国内学界对课业负担概念的理解：基于500篇代

表性文献的文本分析[J]. 教育发展研究，2013，33(6)：18-24.

[45]胡惠闵，殷玉新. 我国减轻中小学课业负担的历程与思考[J]. 全球教育展望，2015，44(12)：48-58，95.

[46]胡莘. 国外中小学家庭作业问题的研究及启示[J]. 外国中小学教育，2007(12)：52-55.

[47]黄静，肖威. 小学生学习兴趣与学业负担的关系研究[J]. 时代教育(教育教学)，2011(8)：291，307.

[48]黄首晶. 学生学业负担过重的理论缘由探析[J]. 教育探索，2011(2)：14-17.

[49]姜丽华. 中日中小学生课业负担现状的比较研究[J]. 辽宁师范大学学报，1999(1)：41-43.

[50]蒋丽珠. 减负：高考改革不能承载之重：对五十年教育减负问题的回顾与理性思考[J]. 内蒙古师范大学学报(教育科学版)，2006(4)：6-9.

[51]金蕴玉，冯健. 一年级学生抄写生字四遍与八遍的效果比较试验[J]. 上海教育科研，2010(增刊)：53.

[52]金玉梅，高月勤. 基于学习效能的自主减负[J]. 教学与管理，2016(30)：14-17.

[53]靳玉乐. 学业负担政策的价值重建[J]. 西南大学学报(社科版)，2015(4)：81-86.

[54]靳玉乐，张铭凯. 探寻学业负担与教学效能的关系：基于新世纪以来文献的分析[J]. 课程·教材·教法，2015(5)：3-11，20.

[55]靳玉乐，张铭凯. 学业负担探究的新思路[J]. 教育研究，2016，37(8)：70-76.

[56]教育部. 教育部关于推进中小学教育质量综合评价改革的意见[J]. 基础教育参考，2013(13)：72-75.

[57]教育部. 九年义务教育全日制小学、初级中学课程计划(试行)[J]. 课程·教材·教法，1992(10)：2-9.

[58]教育部基础教育质量监测中心. 我国首份《中国义务教育质量监测报告》发布[J]. 教育学报，2018，14(4)：46.

[59]江萍，高铭健. 小学生视力现状与对策[J]. 中国医药科学，2017，7(22)：164-167.

[60]柯政. 公众对课业负担的理解：基于2159份问卷调查结果[J]. 教育发展研究，2013，33(6)：25-30.

［61］柯政. 学校变革困难的新制度主义解释［J］. 北京大学教育评论，2007(1)：42-54，189.

［62］李本友，田慧生. "宽松教育"的逆转及其启示：评日本《学习指导要领》的最新修订［J］. 教育探索，2010(1)：149-15⊡.

［63］李斌强，王慧珍. 试论山西省小学生学业负担现状及对策［J］. 吕梁学院学报，2014，4(3)：68-70.

［64］李刚，吕立杰，李晴. 基于教科书层面的减负路径与思考［J］. 教育理论与实践，2017，37(5)：42-45.

［65］李海波. 北京市中小学生作业负担现状及对策［J］. 中小学管理，2015(5)：48-50.

［66］李海爽. 对日本中小学生课外补习热的冷思考［J］. 世界教育信息，2009(11)：71-72.

［67］李红梅，罗生全. 学业负担优化：学校效能的视点［J］. 基础教育，2015，12(6)：87-92.

［68］李良智. 有一种被误读的学业负担过重［J⊡. 基础教育论坛，2012(12)：29，39.

［69］李佳，徐建平. "减负"研究综述［J］. 当代教育论坛(综合研究)，2011(7)：34-35.

［70］李佳. 减轻我国中小学生学业负担的综述研究［J］. 基础教育，2008(4)：6-9，23.

［71］李家成. 论学校变革中的力量集聚［J］. 教育发展研究，2004(10)：43-45.

［72］李乐思. 国外家庭作业研究综述［J］. 现代基础教育研究，2012，5(1)：64-67.

［73］李世宏. 关于中小学"减负"的新思考［J］. 当代教育科学，2005(1)：20-21.

［74］李水山. 韩国课外辅导"高烧"难退［J］. 基础教育参考，2010(3)：14-15.

［75］李学书. 国内外家庭作业比较研究［J］. 教育学术月刊，2009(10)：65-68.

［76］李涛. 家庭作业与学业成绩的关系［J］. 心理科学，2011，34(3)：642-646.

［77］梁倩，林克松，朱德全. 多重制度逻辑下的课业负担问题治理［J］.

教育发展研究，2013，33(6)：36-40.

[78]梁艳君. 国外减轻中小学课业负担的基本途径[J]. 教育科学，2004，20(2)：34-35.

[79]刘昌波. 试析中小学生课业负担过重的文化根源[J]. 成都师专学报，2003，22(1)：99-102.

[80]刘合荣. 学业负担问题：1990年代以来国内学理研究评述[J]. 湖北教育学院学报，2006(11)：84-88.

[81]刘合荣. 学业负担问题：理性的事实判断与缓解策略[J]. 教育研究与实验，2008(5)：7-12.

[82]刘合荣. 对学业负担问题的若干规律性认识：兼论教育与人的发展困境[J]. 内蒙古师范大学学报(教育科学版)，2007(8)：18-22.

[83]刘家访. 未来十年立足减负的课程改革[J]. 课程·教材·教法，2013，33(5)：33-37.

[84]刘万伦，蔡明兰. 小学生课业负担的调查研究[J]. 淮南师范学院学报，2003，5(4)：107-110.

[85]刘万伦. 小学生一日学习生活安排的调查研究[J]. 教育科学研究，2002(9)：24-26.

[86]刘希平. 省域减轻学生过重课业负担认识与举措[J]. 中国教育学刊，2012(1)：12，18.

[87]刘旭纯. 博弈视角下中小学生减负的困境：基于济南市的调查[J]. 当代教育科学，2013(24)：23-26.

[88]刘尧. 中小学"越减越重"的减负怪圈何以突而不破：走出仅依靠改革学校与评价制度的减负误区[J]. 上海教育评估研究，2014，3(3)：31-35.

[89]刘永和. "减负"不能这样"综合"论：与鲁林岳先生商榷[J]. 上海教育科研，2007(12)：37-38.

[90]刘永林. 城市小学生学习压力状况及其相关因素调查研究：兼论"减负"的新思维[J]. 教学与管理，2006(6)：31-33.

[91]柳晓燕，杨时涛. 关于现行素质教育中"减负"政策的思考：对武汉市江夏区中小学"减负"政策实施情况的调查研究[J]. 湖北省社会主义学院学报，2003(5)：52-54.

[92]娄立志. 关于学生学业负担：20世纪世界教育改革的启示[J]. 教育理论与实践，1999(5)：3-5.

[93]娄立志. 关于学生学业负担的理性思考[J]. 教育理论与实践，

1999(9)：21-26.

[94]卢珂. 中小学生课业负担的影响因素研究：基于北京市中小学调查数据[J]. 教育学术月刊，2016(12)：49-54.

[95]鲁林岳. 综合辩证论"减负"[J]. 教育研究，2007(5)：69-72.

[96]罗建河. "减负"政策的限度分析[J]. 教育科学研究，2009(11)：17-19.

[97]罗立锋. 学龄儿童视力影响因素分析[J]. 中国医药指南，2010，8(36)：109-110.

[98]罗琳. 义务教育阶段学生课业负担成因的叙事研究[J]. 江苏第二师范学院学报，2014，30(1)：11-14.

[99]罗士琰，夏媛媛. 中小学生体质与学习负担现状调查：以湖北省 A市调研为例[J]. 现代中小学教育，2014，30(6)：85-89.

[100]罗生全，李红梅. 学业负担的社会机制[J]. 教育发展研究，2014，33(24)：45-50.

[101]吕勇，阴国恩，练永文. 中学生学业成就归因与学习动力的相关研究[J]. 心理与行为研究，2003(4)：278-282.

[102]吕勇，阴国恩. 中学生学习负担过重的社会学分析[J]. 天津师范大学学报(社会科学版)，1994(2)：32-36.

[103]马德益，胡敏. 论教育创新中的"减负"问题[J]. 天津师范大学学报(基础教育版)，2004(1)：15-19.

[104]马德益. 日美俄基础教育学习负担改革动向及特征[J]. 外国中小学教育，2006(5)：1-7.

[105]马健生，吴佳妮. 为什么学生减负政策难以见成效？：论学业负担的时间分配本质与机制[J]. 北京师范大学学报(社会科学版)，2014(2)：5-14.

[106]马静静，张开洲. 中小学生使用教辅材料的学业负担感受调查与分析[J]. 教育导刊，2014(8)：16-18.

[107]孟宪云，罗生全. 改革开放以来学业负担政策文本的定量分析[J]. 上海教育科研，2014(5)：9-13.

[108]孟宪云，罗生全. 改革开放以来学业负担政策文本的内容分析[J]. 上海教育科研，2014(7)：25-29.

[109]孟宪云，罗生全. 过重学业负担生成的课程动因及其优化策略[J]. 教育发展研究，2017，37(Z2)：108-112.

[110]孟照海. 深化教育综合改革的制度逻辑：兼论学生"减负"政策低效的根源[J]. 中国教育学刊，2014(1)：28-31.

[111]庞维国. 认知负荷理论及其教学涵义[J]. 当代教育科学，2011(12)：23-28.

[112]齐美玲，孙崇勇. 中小学学业负担的积极意义探讨[J]. 现代中小学教育，2016，32(4)：76-79.

[113]祁占勇，王莹，袁诗婷. 改革开放以来我国校外培训研究的热点分析与未来展望[J]. 当代教育论坛，2019(3)：9-16.

[114]钱立青，晋玉，汪昌华. 安徽省中小学生课业负担监测分析报告：以2014年度义务教育阶段学习评测为对象[J]. 合肥师范学院学报，2016，34(1)：37-43.

[115]秦璟. 俄罗斯：家庭作业量最高上限"3.5小时"[J]. 人民教育，2015(12)：11.

[116]秦玉友，陈旭远. 学生负担结构论[J]. 教学与管理，2000(7)：11-13.

[117]秦玉友，赵忠平. 多不多？难不难？累不累？：中小学生课业负担调查研究[J]. 课程·教材·教法，2014，34(4)：42-49.

[118]任宝贵. 国外家庭作业研究综述[J]. 上海教育科研，2007(3)：31-34.

[119]任子雄. 基础教育减负的博弈分析[J]. 教育科学，2008(4)：17-20.

[120]戎晓芳，张悦. 中小学生学业负担过重的社会成因分析[J]. 求知导刊，2016(13)：67-68.

[121]山子. 中小学减负政策文本的梳理及分析[J]. 教育科学研究，2015(2)：38-43.

[122]施铁如. 学业负担模型与"减负"对策[J]. 教育导刊，2002(2、3)：42-45.

[123]石鸥. 责任分担对学生负担和课程改革的影响[J]. 高等师范教育研究，2001(2)：31-35，30.

[124]石伟. 浅析认知负荷教学设计理论的问题[J]. 西南师范大学学报（自然科学版），2011，36(3)：287-291.

[125]上海教育信息调查队，上海市教育科学研究院普通教育研究所. 关于上海市中小学生课业负担调查报告[J]. 上海教育科研，2005(2)：4-8.

[126]沈学珺. 基于 PISA 数据探究上海中学生学习时间的合理性[J]. 教育发展研究，2014，33(4)：9-14.

[127]宋乃庆，杨欣，王定华，朱德全. 学生课业负担测评模型的构建研究：以义务教育阶段学生为例[J]. 西南大学学报（社会科学版），2015，41(3)：75-81.

[128]宋乃庆，杨欣. 中小学生课业负担过重的定量分析[J]. 教育研究，2014，35(3)：25-30.

[129]宋卫民. 中小学生学业负担过重问题的社会成因研究[J]. 宿州教育学院学报，2006(5)：41-43.

[130]宋海生，薛海平. 我国影子教育机构的规范与治理：基于博弈论的视角[J]. 当代教育论坛，2018(1)：79-87.

[131]苏丹兰. 论减负问题的虚拟性、可能性与现实性[J]. 教育研究与实验，2014(3)：53-56.

[132]孙崇勇. 从认知负荷的视角看中小学生学业负担[J]. 教育探索，2016(4)：31-35.

[133]孙天慈. 基于 PISA2015 对学生学习时间合理性的研究[J]. 教育导刊，2017(8)：35-38.

[134]谭顶良，邹敏. 从学习评价机制的局限看"减负"的失效[J]. 江苏教育，2010(11)：30-32.

[135]汤静，黄琦. 国内外中小学生家庭作业比较研究之综述[J]. 科技展望，2015，25(9)：287.

[136]汤林春，傅禄建. 课业负担与学业成绩关系的实证研究[J]. 上海教育科研，2007(12)：32-36.

[137]汤兆武，杨若翰. 从哪里看出学生课业负担过重：对课业负担测量的思考与建议[J]. 教育发展研究，2013，33(6)：31-35.

[138]唐圣权，李广超，李观荣. 义务教育学业负荷监测指标体系与模型构建[J]. 岭南师范学院学报，2015，36(6)：162-166.

[139]唐圣权，陈维新. 义务教育学业负荷监测预警系统原理与应用[J]. 福建教育学院学报，2015，16(11)：126-127.

[140]童星. 我国中小学生学业负担研究述评[J]. 教育科学论坛，2014(7)：73-75，4.

[141]童星. 不同家庭背景初中生学业负担的差异分析：基于南京市479 名初中生的问卷调查[J]. 上海教育科研，2016(9)：32-35，45.

[142]童星. 多学科视野下学业负担过重的成因及对策研究[J]. 中国教育学刊，2015(10)：22-26，98.

[143]田爱丽. 从文凭获取到职级认证：从社会流动视角看减轻学生过重学业负担[J]. 教育发展研究，2018，38(10)：39-43.

[144]王安全. 论学生学业负担过重的不确定性[J]. 内蒙古师范大学学报(教育科学版)，2006(8)：24-26.

[145]王博. 减轻学生学业负担的政策工具选择与体系设计[J]. 中国教育学刊，2014(4)：38-42.

[146]王东，王寰安. 对减负政策盲点和负效应的反思：基于北京市中小学生课业负担现状的调查研究[J]. 上海教育科研，2017(3)：30-33.

[147]王东. 中小学生自感课业负担的理论解释：基于北京调查样本的Logistic 多项回归模型分析[J]. 基础教育，2016，13(5)：54-63.

[148]王绯烨，刘方. 从课外时间分配看学生学业负担：我国初中学生学业负担的实证研究[J]. 教育发展研究，2018(10)：32-38.

[149]王金娜. 减负如何导致教育机会不均等：从"水龙头理论"反思小学生"减负"的政策与实践[J]. 湖南师范大学教育科学学报，2016，15(3)：75-80.

[150]王丽燕. 论日本"宽松教育"的修正及其启示[J]. 教育科学，2010，26(2)：88-91.

[151]王凌. 影响学校"减负"的家庭因素探析：昆明市家庭教育现状调查研究[J]. 云南师范大学学报，2002(2)：80-85.

[152]王姗姗. 中小学教育质量评价改革的着力点：基于《关于推进中小学教育质量综合评价改革的意见》的思考[J]. 教育测量与评价(理论版)，2014(7)：20-24.

[153]王帅锋. "减负"的另一种审视：从政策学的视角看"减负"[J]. 开封教育学院学报，2002(1)：63-65.

[154]王文智. 改革开放以来"学生负担"话语中教师身份的建构：以《人民日报》为考察对象[J]. 教育发展研究，2015，35(22)：36-43.

[155]王贤文，熊川武. 学生自主减负：减负提质的有效路径[J]. 中国教育学刊，2014(4)：34-37，42.

[156]王小利. 建国以来基础教育"减负"政策的演变及其思考[J]. 教育与考试，2009(5)：77-80.

[157]王玥，赵丽娟，许志星. 课业负担对学校生活满意度的影响：学

校氛围的多水平调节作用[J]. 心理发展与教育，2016，32(2)：205-213.

[158]王云峰，郝懿，李美娟. 小学生课业负担与学业成绩的关系研究[J]. 中国教育学刊，2014(10)：59-63.

[159]文剑冰. 课业负担的个体层面变量研究综述[J]. 全球教育展望，2012，41(12)：24-30.

[160]文雪，扈中平. 从博弈论的角度看"教育减负"[J]. 中国教育学刊，2007(1)：22-24.

[161]邬志辉. "减负"与"加负"：关于学生负担问题的深层次思考[J]. 现代中小学教育，1997(6)：3-6.

[162]邬志辉. 关于学生负担问题的深层次思考[J]. 课程·教材·教法，1998(1)：3-5.

[163]吴安春. 我国减轻中小学生学业负担的新进展[J]. 基础教育参考，2012(23)：31-33.

[164]武帅，杨光. 课业负担检测与监控模型[J]. 沈阳师范大学学报（自然科学版），2014，32(4)：533-536.

[165]夏小庆. 当前中小学生课业负担差异的调查研究[J]. 现代教育论丛，2005(5)：39-43.

[166]项贤明. 七十年来我国两轮"减负"教育改革的历史透视[J]. 华东师范大学学报（教育科学版），2019，37(5)：67-79.

[167]肖建彬. 学习负担：涵义、类型及合理性原理[J]. 教育研究，2001(5)：53-56.

[168]谢利民. 我国半个世纪"减负"问题的历史回溯与思考[J]. 集美大学学报（教育科学版），2005(3)：20-25.

[169]谢利民. 顺境下学生负担问题的社会学思考[J]. 集美大学学报，2005，6(2)：8-12.

[170]谢晓婵. 信息技术环境下学习者认知负荷国内研究综述[J]. 中国医学教育技术，2015(6)：612-617.

[171]徐帆，孟宪云. 改革开放以来学业负担政策变迁研究：基于支持联盟框架的分析[J]. 当代教育科学，2017(10)：68-72.

[172]徐高虹. 学校变革的内部阻力与克服[J]. 教育发展研究，2008(5-6)：81-83.

[173]徐双媛，孙崇勇，高春阳，李聪，王洪明. 初中生情绪调节自我效能感在学业负担态度与学校满意度间的中介作用[J]. 中国学校卫生，2016，

37(8)：1247-1249.

[174]徐学福. 美国中小学生家庭作业时间与指导[J]. 外国中小学教育，2001(3)：38-39，46.

[175]许庆红，张晓倩. 家庭社会经济地位、教育观念与中小学生学业负担[J]. 中国青年研究，2017(6)：61-66，81.

[176]薛海平，丁小浩. 中国城镇学生教育补习研究[J]. 教育研究，2009(1)：39-46.

[177]薛海平，王东，巫锡炜. 课外补习对义务教育留守儿童学业成绩的影响研究[J]. 北京大学教育评论，2014，12(3)：50-62，189-190.

[178]薛海平. 影子教育有碍公平目标实现[N]. 中国社会科学报，2016-2-4.

[179]杨春妮. 小学生"减负"政策实施中的现实困境与对策思考[J]. 现代中小学教育，2017，33(1)：8-11.

[180]杨华锋. 1954—1965年北京市中小学生减负工作[J]. 北京党史，2014(3)：45-46.

[181]杨光，武帅，张君. 课业负担监测预报模型建构研究[J]. 中国教育学刊，2014(11)：96-99.

[182]杨启亮. 课业负担过重与学业质量评价失衡[J]. 课程·教材·教法，2013，33(1)：12-17.

[183]杨欣，罗士琰，宋乃庆，朱德全，李森，张辉蓉. 我国义务教育"减负提质"的评估研究：基于义务教育第三方评估的报告[J]. 中国教育学刊，2016(6)：42-46，63.

[184]杨欣，宋乃庆. 中小学生课业负担内涵的多视角分析：基于九省市学生、家长与教师的调查[J]. 华东师范大学学报(教育科学版)，2016，34(2)：52-61，116.

[185]杨欣，陶蕾. 我国中小学生学习负担感受调查与分析[J]. 现代中小学教育，2013(4)：73-77.

[186]杨秀治，刘宝存. 中小学生学习负担的国际比较[J]. 上海教育科研，2002(4)：58-61.

[187]杨雄. 上海中小学生学业负担现状[J]. 青年研究，1996(12)：10-15.

[188]杨炎轩. 学校变革的动力机制探析[J]. 教育发展研究，2008(8)：58-61.

[189]杨延. 学业负担不轻，课外活动不少：看新加坡政府如何在学业与活动间调控与平衡[J]. 上海教育，2005(8)：37-39.

[190]阴国恩，李勇. 学习负担的压力理论与对策[J]. 天津教育，2004(10)：14-18.

[191]阴国恩，吕勇，阎国利. 中学生学习负担程度及其心身反应的调查[J]. 心理发展与教育，1996(2)：38-42.

[192]阴国恩. 学习负担的心理学分析[J]. 天津师范大学学报(社会科学版)，1993(2)：31-37.

[193]殷玉新，郝健健. 新中国成立70年来我国学业负担政策的演进历程与未来展望[J]. 首都师范大学学报(社会科学版)，2019(6)：172-179.

[194]余文森. 学生学习负担过重的教育学分析[J]. 福建师范大学学报(哲学社会科学版)，1998(2)：104-109.

[195]俞国良，董妍. 学业情绪研究及其对学生发展的意义[J]. 教育研究，2005(10)：39-43.

[196]于飞飞. 基于监测结果的小学生课外补习现状分析：以苏州市四市(区)为例[J]. 中小学信息技术教育，2019(10)：39-42.

[197]张春莉. 减轻学生课业负担：一种认知负荷观[J]. 教育理论与实践，1999，19(7)：54-57.

[198]张利敏. 中小学课业负担过重的成因及对策研究[J]. 新课程(上)，2017(11)：47.

[199]张灵，黄学军. 也谈减轻学生课业负担：差异性假设视角[J]. 中国教育学刊，2012(2)：12-15.

[200]张端鸿，陈庆. 学业负担视角下的中国与芬兰基础教育比较[J]. 世界教育信息，2019，32(6)：68-72.

[201]张铭凯，罗生全. 学业负担的政策治理机制[J]. 全球教育展望，2015，44(12)：70-80.

[202]张同柏. 认知负荷理论研究：问题挑战与融合超越[J]. 外国教育研究，2012，39(11)：11-20.

[203]张生，张平，曹榕，程姝，方丹. 人工智能时代下的精准减负：提升减负政策效能的关键：基于小学生学习投入与主观课业负担类型的划分及特征分析[J]. 中国电化教育，2020(1)：114-121.

[204]张桂春. 关于我国小学生学业负担过重问题的独特审视[J]. 教育科学，2000(3)：13-16.

[205]张晓玲，杜学元．中学生学习压力源的社会学分析及对策[J]．内蒙古师范大学学报（教育科学版），2005(6)：58-60．

[206]张赵姝影，郑东辉．"减负"何以可能：基于高频词汇的国家减负政策分析[J]．上海教育科研，2016(3)：5-9．

[207]张赵姝影，郑东辉．基于高频词汇的国家减负政策分析[J]．教师教育研究，2016，28(2)：27-33．

[208]张湘雯，屈艳梅，张兰英．北京市海淀地区小学生近视现况调查与影响因素分析[J]．国际眼科杂志，2018，18(8)：1477-1479．

[209]赵俊峰，雷亮，邹志伟，张晨，王红严．认知疲倦的结构与影响因素[J]．南都学坛，2014，34(3)：112-115．

[210]郑志辉，胡子沛．基于知识图谱的我国中小学生课业负担研究可视化分析[J]．衡阳师范学院学报，2019，40(5)：152-159．

[211]中国农工民主党上海市委员会课题组．中小学生过重学业负担的综合分析与研究[J]．教育发展研究，2006(2)：47-52．

[212]钟作慈．要正确认识和科学系统地解决中小学生负担过重问题[J]．教育科学研究，2000(3)：92-95．

[213]钟丽佳，盛群力．如何调控认知负荷"最优化"：发展综合认知能力：访谈国际著名认知科学家弗莱德·帕斯[J]．现代远程教育研究，2017(4)：3-10．

[214]钟祖荣．科学认识和积极对待"减负"[J]．北京教育（普教），2013(4)：9-11．

[215]仲剑峰．小学生隐性生成课业负担的课堂观察[J]．江苏教育研究，2014(29)：54-56．

[216]周鸿．学生负担问题研究的现状、进展与趋势[J]．教学与管理，2012(03)：82-85．

[217]周淼莉．基础教育"减负"政策失真的表现与成因分析[J]．商业文化（学术版），2010(9)：249．

[218]周全．论减轻中小学生过重课业负担的三大困境[J]．江苏教育，2012(14)：24-26．

[219]周兆海，邬志辉．理性冲突与调适：中小学生课业负担难减困境及其突破[J]．教育理论与实践，2016，36(11)：19-21．

[220]周兆海．生存性资源紧张：减负难减的症结所在[J]．中国教育学刊，2016(3)：30-34．

[221]周仲飞. 学校文理兼学与学生负担之关系[J]. 教学与管理，2014(5)：77-78.

[222]周志平. 学业成绩评估与减负[J]. 教学与管理，2001(18)：34-35.

[223]朱镜德，朱晓青. 中小学学生减负与"囚徒困境博弈"论[J]. 教育科学，2002(04)：11-13.

[224]邹巍. 学生课业负担过重问题探源：从社会学视角看我国基础教育[J]. 辽宁师范大学学报(社会科学版)，2010，33(3)：55-57.

[225]曾家延，董泽华. 学生参与时间理论模型研究评论：兼论 PISA 等国际大规模测试对学习时间测量的不足[J]. 外国教育研究，2017，44(11)：69-81.

[226]曾晓东，周惠. 北京市四、八年级学生课后补习的代价与收益[J]. 教育学报，2012，8(6)：103-109.

[227]曾文婕，曾育芬，伍晓琪，曾密成，黄甫全. 减负与基于人工智能的教育创新[J]. 中小学德育，2018(5)：5-8.

三、学位论文部分

[1]曹海燕. 小学"减负"政策执行现状与问题的研究：以 S 县小学执行情况为例[D]. 南京：南京师范大学，2011.

[2]陈国明. S 市 M 区初中生课业负担调查研究[D]. 上海：华东师范大学，2015.

[3]常攀攀. 教师知识视域下的"提质减负"研究[D]. 重庆：西南大学，2015.

[4]邓成琼. 中学生学业负担态度量表的编制及其相关问题的研究[D]. 昆明：云南师范大学，2001.

[5]邓志祥. 中小学生学习负担过重问题研究[D]. 武汉：华中师范大学，2008.

[6]杜立娟. 减轻中小学生课业负担研究的回溯与前瞻：基于 1992—2012 年国内核心期刊文献的研究综述[D]. 沈阳：沈阳师范大学，2013.

[7]丁艳丽. 小学高年级家庭作业结构研究[D]. 大连：辽宁师范大学，2015.

[8]傅平芳. 小学高年级学生课业负担问题研究：基于法律的视角[D].

淮北：淮北师范大学，2015.

[9]范爽. 关于"课业负担"的若干基本理论问题研究[D]. 沈阳：沈阳师范大学，2013.

[10]龚德英. 多媒体学习中认知负荷的优化控制[D]. 重庆：西南大学，2009.

[11]李文和. 上海市小学生课业负担调查研究：以闵行区为例[D]. 上海：上海师范大学，2017.

[12]李建伟. 家长期望对小学生学业负担的影响：基于安徽省 H 市 F 小学 4—6 年级的调查研究[D]. 淮北：淮北师范大学，2018.

[13]刘合荣. 事实与价值：教育哲学视角的学业负担问题研究[D]. 武汉：华中师范大学，2007.

[14]刘丽丽. 小学生课业负担研究：基于教育社会学视角[D]. 沈阳：沈阳师范大学，2013.

[15]刘奇敏. 义务教育阶段学生课业负担监测制度建设研究[D]. 兰州：西北师范大学，2014.

[16]陆国娟. 中小学生负担结构优化研究[D]. 苏州：苏州大学，2010.

[17]罗诚钢. "课业负担"的冷思考[D]. 苏州：苏州大学，2010.

[18]罗珊. 南京市小学生课外补习的现状调查研究[D]. 南京：南京师范大学，2011.

[19]孟宪云. 学业负担政策的价值分析[D]. 重庆：西南大学，2015.

[20]马汇阳. 小学高年级学生校外学习负担研究：以大连市内为例[D]. 大连：辽宁师范大学，2014.

[21]乔晓华. 建国以来减轻学生负担政策的历史回顾与反思（1949—2014）[D]. 临汾：山西师范大学，2015.

[22]孙翠香. 学校变革主体动力研究[D]. 上海：华东师范大学，2010.

[23]童星. 不同家庭背景初中生学业负担的调查研究[D]. 南京：南京师范大学，2014.

[24]吴敏. 初中生学业负担现状调查与对策研究：以上海 X 中学为例[D]. 上海：华东师范大学，2009.

[25]王健. 减轻小学生课业负担政策的执行及检视：以沈阳市四所小学为例[D]. 沈阳：沈阳师范大学，2014.

[26]王妍. 小学生学业情绪的问卷编制与现状研究[D]. 上海：上海师范大学，2009.

［27］王亚莉. 学业负担与数学成绩的相关性研究：基于淮北市 L 小学 4—6 年级学生的调查分析［D］. 淮北：淮北师范大学，2018.

［28］徐敏. 小学生减负的教育政策设计：以规范教育行政门管理行为为视角［D］. 上海：复旦大学，2008.

［29］许玲. 初中生学习负担及其与时间管理倾向、人格的关系研究［D］. 新乡：河南师范大学，2012.

［30］夏媛媛. 一所城市小学学生课业负担问题的个案研究［D］. 重庆：西南大学，2015.

［31］燕子涵. 初二学生情绪调节能力、学业负担态度及心理健康的关系和干预研究［D］. 西安：陕西师范大学，2014.

［32］杨睿智. 基础教育质量评价指标的研制［D］. 长春：东北师范大学，2014.

［33］袁淼丽. 基于认知负荷理论的高中英语写作教学研究：山西忻州市第一中学为例［D］. 兰州：西北师范大学，2013.

［34］余时中. 小学生课外补习问题研究［D］. 武汉：华中师范大学，2010.

［35］张赣萍. 我国中小学生"减负"政策的限度研究［D］. 南昌：南昌大学，2011.

［36］张雪. 基于认知负荷理论的初中教学初探：以八年级物理学科为例［D］. 哈尔滨：哈尔滨师范大学，2014.

［37］赵田田. 家长成才观对小学生课业负担的影响研究：以 Q 市 S 学校为例［D］. 曲阜：曲阜师范大学，2019.

［38］赵霞. 中国和韩国的影子教育比较研究［D］. 上海：华东师范大学，2013.

［39］赵令睿. 小学生学业负担及其态度的研究［D］. 上海：上海师范大学，2018.

四、英文资料部分

［1］Bruce Allen Knight，Susan Galletly，Judy Morris and Pam Gargett. Reading Instruction Strategies to Reduce Cognitive Load［J］. Practical Literacy，2018，23(2)：8-10.

［2］Cathy Vatterott. Individualized homework can put new life in assignments[J]. Education Leadership，2017，74(6)：34-39.

[3] Carroll，John B. The Carroll Model：a 25-year retrospective and prospective view[J]. Educational Researcher，1989，18(1)：26-31.

[4] Corina Cimpanu，Tiberius Dumitriu，Florina Ungureanu. Instructional Design Based on the Assessment of Cognitive Load and Working Memory Load. The 14ᵗʰ International Scientific Conference Elearning and Software for Education. Bucharest，April 19-20，2018：54-61.

[5] David Hopkins. School Improvement for Real[M]. 2001，Routledge Falmer.

[6] David Hopkins. The Practice and Theory of School Improvement [M]. 2005，Springer.

[7] Elena Parra Gonzalez，Christian Sanchez Nunez. For or Against Homework：A Case Study[J]. The International Journal of Pedagogy and Curriculum，2017，24(4)：1-7.

[8] Hanna Poffenbarger. Teaching Tips Based on Cognitive Load Theory[J]. NACTA Journal，2017，61(3)：262-263.

[9] Hwan-Hee，C.，Jeroen，J. G.，Van Merienboer & Paas，F.. Effects of the Physical Environment on Cognitive Load and Learning：Towards a New Model of Cognitive Load[J]. Education Psychology Review，2014(26)：225-244.

[10] Kathleen G. Burriss，Donald Snead. Middle School Students' Perceptions Regarding the Motivition and Effctiveness of Homework[J]. School Community Journal，2017，27 (2)：193-209.

[11] Kun-Hung Cheng. Reading an Augmented Reality Book：An Exploration of Learners' Cognitive Load，Motivation，and Attitudes[J]. Austrulasian Journal of Education Technology，2017，33(4)：53-66.

[12] Misheck Ndebele. Homework in the Foundation Phase：Perceptions of Principals of Eight Public Primary School in Johannesburg[J]. South African Journal of Education，2018，38(2)：1-12.

[13] Noah L. Schroeder. The Influence of a Pedagogical Agent on Learners' Cognitive Load[J]. Educational Technology & Society，2017，20 (4)：138-147.

[14] Omar López-Vargas，Jaime Lbáñez-lbáñez，Oswaldo Racines-Pra-

da. Students' Metacognition and Cognitive Style and Their Effect on Cognitive Load and Learning Achievement[J]. Educational Technology & Society, 2017, 20(3): 145-157.

[15] Özlem Sayar, Yusuf Sayar. The Effects of Quizzes on Homework [J]. Euromentor on Journal, 2017 (3): 84-95.

[16] Paul Blayney, Slava Kalyuga, John Sweller. Using Cognitive Load Theory to Tailor Instruction to Levels of Accounting Students' Expertise [J]. Educational Technology & Society, 2015, 18(4): 199-210.

[17]Sweller John: Cognitive Load during Problem Solving Effects on Learning[J]. Cognitive Science, 1988, 12(2): 257-285.

[18] Sujit S. Sansgiry. Effect of Students' Perceptions of Course Load on Test Anxiety[J]. American Journal of Pharmaceutical Education, 2006, 70(2): 1-6.

[19] Tina Seufert, Felix Wagner, Julia Westphal. The Effects of Different Levels of Disfluency on Learning Outcomes and Cognitive Load[J]. Springer, 2017, 45: 221-238.

[20] Tsung-Sheng Cheng, Yu-Chun Lu and Chu-Sing Yang. Using the Multi-display Teaching System to Lower Cognitive Load[J]. Educational Technology & Society, 2015, 18(4): 128-140.

[21] Verbra Pfeiffer. Homework Policy Review: A Case Study of a Public School in the Western Cape Province[J]. South African Journal of Education, 2018, 38 (1): 1-10.

附录 小学生学习情况调查问卷(学生卷)

亲爱的同学，你好！感谢你抽出宝贵的时间填写我们的调查问卷。本次问卷的结果将用于科学研究，数据完全保密，学校、老师和家长都无法知道你所填写的内容。为了使研究结果科学有效，请填写你的真实情况和感受，谢谢！

一、基本信息：请将合适的选项的字母填在题后的横线上。

1. 性别：_____。

A. 男　　　　B. 女

2. 年级：_____。

A. 三年级　　B. 四年级　　C. 五年级　　D. 六年级

3. 你的出生地是_____。

A. 北京　　　B. 外地　　　C. 不知道

4. 是否为独生子女：_____。

A. 是　　　　B. 否

5. 你觉得自己的学习成绩在全班可能是_____的。

A. 优秀　　　B. 较优秀　　C. 中等　　D. 较差　　E. 很差

6. 你在学校是班干部、组长或课代表吗？_____

A. 是　　　　B. 否

7. 你所在学校是_____。

A. 城区学校　　　　B. 郊区城镇学校　　C. 郊区农村学校

二、选择与填空题：以下题目请你按照实际情况作答，选择题无特殊要求则为单选题。

1. 一般情况下，每天睡眠时间是_____。

A. 6 小时以下　　　　B. 6~7 小时　　　　C. 7~8 小时

D. 8~10 小时　　　　E. 10 小时以上

(说明："6～7 小时"的含义是 6 小时以上，7 小时以内。若正好是 7 小时，则选"6～7 小时"。以下类似。)

2. 你晚上一般几点睡觉? _____。

A. 8 点(含 8 点)前　　　B. 8 点至 9 点　　　C. 9 点至 10 点

D. 10 点至 11 点　　　　E. 11 点至 12 点　　　F. 12 点以后

3. 大部分情况下，你感觉每天睡眠时间充足吗? _____。

A. 非常不充足　　B. 不太充足　　C. 一般　　D. 充足　　E. 非常充足

4. 每天完成老师布置的作业的时间是_____。

A. 3 小时以上　　　　　B. 2～3 小时　　　　C. 1～2 小时

D. 0.5～1 小时　　　　E. 0.5 小时以内

5. 每天完成课外辅导老师布置的作业的时间是_____。

A. 3 小时以上　　　　　B. 2～3 小时　　　　C. 1～2 小时

D. 0.5～1 小时　　　　E. 0.5 小时以内　　　F. 没有作业

6. 平均每天做自己喜欢的运动和游戏的时间是_____。

A. 几乎没有时间　　　　B. 0.5 小时以内　　　C. 0.5～1 小时

D. 1～2 小时　　　　　E. 2 小时以上

7. 平均每天看自己喜欢的课外书的时间是_____。

A. 几乎没有时间　　　　B. 0.5 小时以内　　　C. 0.5～1 小时

D. 1～2 小时　　　　　E. 2 小时以上

8. 每天在学校和家里学习的总时间是_____。

A. 12 小时以上　　　　　B. 10～12 小时　　　C. 8～10 小时

D. 6～8 小时　　　　　E. 6 小时以内

9. 在学校参加体育或艺术训练、做公益活动占用我_____时间。

A. 很多　　　　　　　B. 一些　　　　　　C. 没有(不占用时间)

10. 你的书包很重吗? _____。

A. 非常重，自己几乎背不动　　B. 重，背起来很累　　C. 适中

D. 轻　　　　　　　　E. 非常轻

11. 你近视吗? _____。

A. 近视　　　　　　　B. 不近视

12. 如果近视，你的眼镜度数是_____。(不近视不作答)

A. 500 度以上　　　　　B. 400～500 度　　　C. 300～400 度

D. 200～300 度　　　　E. 200 度以下

13. 一年里，你的视力是否有所下降？ _____ 。
A. 是，上升了 200 度以上   B. 是，上升了 100～200 度
C. 是，上升了 50～100 度   D. 是，上升了 50 度之内 E. 否

14. 你是否有因学习任务重而吃不下饭的情况？ _____ 。
A. 一直有   B. 经常有   C. 有时候有
D. 偶尔有   E. 从来没有

15. 上课学习的时候你是否很容易感觉疲劳困倦？ _____ 。
A. 一直如此   B. 经常如此   C. 有时候如此
D. 偶尔如此   E. 从来没有

16. 考试前你会生病吗？ _____ 。
A. 一直会   B. 经常会   C. 有时候会
D. 偶尔会   E. 从来不会

17. 考试前，你是否曾因紧张而记不住所学的知识？ _____ 。
A. 一直如此   B. 经常如此   C. 有时候如此
D. 偶尔如此   E. 从来没有

18. 你感觉现在的学习负担 _____ 。
A. 特别重，不能忍受   B. 比较重，比较吃力
C. 一般，在我能力范围内 D. 不重，比较轻松 E. 很轻松

19. 请你给自己的学习负担程度打一个具体分数： _____ 。分值为
0～100分，分数越高表示负担越重，如下图所示。

| 100 | ↑ | 80 | ↑ | 60 | ↑ | 40 | ↑ | 20 | ↑ | 0 |

负担   负担   负担   负担   负担
非常重   比较重   一般   比较轻   非常轻

20. 根据上面的评分标准，你认为小学生的学习负担在 _____ 分比较
理想。

21. 如果负担重，你觉得主要是因为 _____ （可多选，按照由主到次排
序）。
A. 学习任务重   B. 老师要求高   C. 家长要求高
D. 老师教得不好   E. 自己不太会学习   F. 其他

22. 你曾因不想上学而装病吗？ _____ 。
A. 总是如此   B. 经常如此   C. 有时如此
D. 偶尔如此   E. 从来没有

23. 如果你感觉学习负担重，你会通过摔东西等行为来发泄吗？ _____ 。

A. 总是如此　　　　　　B. 经常如此　　　　　　C. 有时如此

D. 偶尔如此　　　　　　E. 从来没有

24. 如果成绩不理想，你会担心父母、教师或同学对你的评价吗？ _____ 。

A. 非常担心　　　　　　B. 担心　　　　　　　　C. 偶尔担心

D. 不太担心　　　　　　E. 从不担心

25. 你夜里睡觉时，是否总想着明天的功课？ _____ 。

A. 总是如此　　　　　　B. 经常如此　　　　　　C. 有时如此

D. 偶尔如此　　　　　　E. 从来没有

26. 你是否一听说要考试心里就紧张？ _____ 。

A. 总是如此　　　　　　B. 经常如此　　　　　　C. 有时如此

D. 偶尔如此　　　　　　E. 从来没有

27. 考试后，在知道成绩之前，你是否总放心不下？ _____ 。

A. 总是如此　　　　　　B. 经常如此　　　　　　C. 有时如此

D. 偶尔如此　　　　　　E. 从来没有

28. 考试前你会睡不着觉吗？ _____ 。

A. 总是如此　　　　　　B. 经常如此　　　　　　C. 有时如此

D. 偶尔如此　　　　　　E. 从来没有

29. 上学期你是否因学习而感觉很紧张、很着急？ _____ 。

A. 总是如此　　　　　　B. 经常如此　　　　　　C. 有时如此

D. 偶尔如此　　　　　　E. 从来没有

30. 你觉得学校生活 _____ 。

A. 非常没意思　　　　　B. 没意思、没趣味　　　C. 一般

D. 有意思、有趣味　　　E. 非常有意思、有趣味

31. 你同意学的课程门数多是学习负担重的原因之一吗？ _____ 。

A. 非常同意　　　　　　B. 比较同意　　　　　　C. 不确定

D. 不完全同意　　　　　E. 不同意

32. 总体来说，你感觉在学校学习的课程 _____ 。

A. 非常难　　　　　　　B. 比较难　　　　　　　C. 适中

D. 不难　　　　　　　　E. 很容易

33. 哪些课程你认为很难或比较难？ _____（最多选 3 个，由难到易排列）。

A. 语文　　　　　　　　B. 数学　　　　　　　　C. 英语

D. 美术　　　　　　　E. 音乐　　　　　　　F. 体育

G. 思想品德（社会）　　H. 科学　　　　　　　I. 其他

34. 是否有经常听不懂老师讲课的情况？_____。

A. 总是有　　　　　　B. 经常有　　　　　　C. 有时有

D. 很少有　　　　　　E. 几乎没有

35. 请你按喜爱程度，给下面的课程从高到低排序：_____（请选3个你最喜爱的）。

A. 语文　　　　　　　B. 数学　　　　　　　C. 英语

D. 美术　　　　　　　E. 音乐　　　　　　　F. 体育

G. 思想品德（社会）　　H. 科学　　　　　　　I. 信息技术

J. 其他

36. 你总能说到做到吗？_____。

A. 能　　　　　　　　B. 不能

37. 平时学校老师留的作业主要是什么形式的？_____（若多选，请你从主要到次要排序）。

A. 抄写、听写或诵读　B. 做各种练习册或卷子　C. 做小报或写小论文

D. 书后的练习　　　　E. 上网查阅资料　　　　F. 动手作业

G. 其他形式的作业（请补充）_____

38. 你觉得老师布置的作业_____。

A. 非常多　　　　　　B. 比较多　　　　　　C. 适中

D. 比较少　　　　　　E. 非常少

39. 总体来说，你觉得老师留的作业难吗？_____。

A. 非常难　　　　　　B. 比较难　　　　　　C. 适中

D. 比较容易　　　　　E. 非常容易

40. 你的课外习题集、作文选、学习辅助资料共计有多少本？_____。

A. 20本以上　　　　　B. 16～20本　　　　　C. 11～15本

D. 6～10本　　　　　　E. 5本及以下

41. 在你的印象中，学校考试的次数多不多？_____。

A. 很多　　　　　　　B. 比较多　　　　　　C. 适中

D. 比较少　　　　　　E. 很少

42. 总的来说，你觉得考试的难度如何？_____。

A. 很难　　　　　　　B. 比较难　　　　　　C. 适中

D. 比较简单　　　　　E. 很简单

43. 在考试前，语文、数学、英语等主科会占用你们其他课程的时间吗？_____。

　　A. 经常占用　　　　B. 有时候占用　　　C. 偶尔占用

　　D. 很少占用　　　　E. 从来不占用

44. 你是否同意"多数老师讲课清楚明白"这一判断？_____。

　　A. 非常同意　　　　B. 比较同意　　　C. 不确定

　　D. 不完全同意　　　E. 不同意

45. 你是否同意"多数老师上课比较有趣"这一判断？_____。

　　A. 非常同意　　　　B. 比较同意　　　C. 不确定

　　D. 不完全同意　　　E. 不同意

46. 你是否同意"对学习的难点老师一般都能讲清楚"这一判断？_____。

　　A. 非常同意　　　　B. 比较同意　　　C. 不确定

　　D. 不完全同意　　　E. 不同意

47. 总体来说，老师们在课堂上给我们讲学习的方法思路。_____

　　A. 总是如此　　　　B. 经常如此　　　C. 有时如此

　　D. 偶尔如此　　　　E. 从来没有

48. 你是否同意"老师总表扬学习成绩好的学生"这一判断？_____。

　　A. 非常同意　　　　B. 比较同意　　　C. 不确定

　　D. 不完全同意　　　E. 不同意

49. 班主任老师对你学习的要求很高吗？_____。

　　A. 很高　　　　　　B. 比较高　　　　C. 一般

　　D. 比较低　　　　　E. 很低

50. 课外班的老师和学校里的老师，你觉得谁对你的学习帮助大？_____。

　　A. 学校里的老师　　　　　B. 课外班的老师

　　C. 不好说　　　　　　　　D. 我没有上课外班，没法比较

51. 你是否有随口骂人的时候？_____。

　　A. 是　　　　　　　　　　B. 否

52. 你觉得父母最关心你的_____(请选3项，从重要到不重要排列)。

　　A. 身心健康　　　　B. 学习成绩　　　C. 交往能力

　　D. 思想道德　　　　E. 生活能力　　　F. 其他(请补充)_____

53. 你的双休日大致_____。

　　A. 全部在学习　　　B. 1.5天在学习　　　C. 1天在学习

　　D. 0.5天在学习　　　E. 几乎都在休息

54. 目前，你正在参加的课外补习班与兴趣班有_____。

    A. 4 个及以上　　　　B. 3 个　　　　　　C. 2 个

    D. 1 个　　　　　　　E. 0 个

55. 目前，你参加的课外补习班与兴趣班有_____（可多选）。

    A. 语文班　　　　　　B. 数学班　　　　　C. 英语班

    D. 艺术类班　　　　　E. 体育类班　　　　F. 科技类班

    G. 其他_____

56. 你报课外班的原因是_____（可多选）。

    A. 提高学习成绩　　　　　　　　　　　B. 培养特长和兴趣

    C. 其他同学都报，怕自己不报学习就跟不上　D. 父母要求

57. 你家里的经济条件_____。

    A. 很好　　　　　　　B. 比较好　　　　　C. 中等

    D. 比较差　　　　　　E. 很差

58. 你是否同意"父母对你的学习成绩和升学有很高的期望"这一判断？

_____。

    A. 非常同意　　　　　B. 比较同意　　　　C. 不确定

    D. 不完全同意　　　　E. 不同意

59. 当学习上遇到困难向同学求助时，他们都很愿意帮助你吗？_____。

    A. 总是如此　　　　　B. 经常如此　　　　C. 有时如此

    D. 偶尔如此　　　　　E. 从来没有

60. 你是否同意"班里学习成绩不好的同学朋友一般都很少"这一判断？

_____。

    A. 非常同意　　　　　B. 比较同意　　　　C. 不确定

    D. 不完全同意　　　　E. 不同意

61. 你在背后讲过别人的坏话吗？_____

    A. 讲过　　　　　　　B. 没讲过

62. 你将来可能通过什么方式升入初中？_____（可多选）。

    A. 电脑派位　　　　　　　　　　　B. 通过特长生升学

    C. 通过奥数、英语升学　　　　　　D. 通过家长和共建升学

    E. 通过学校推优升学　　　　　　　F. 以上升学方式都不知道

63. 你是否赞同"只有进入好学校，将来才能有好的工作和前途"这个观点？_____。

    A. 非常同意　　　　　B. 比较同意　　　　C. 不确定

D. 不完全同意　　　　　E. 不同意

64. 你是否同意"在北京,大家上好学校的竞争十分激烈"这一判断? _____。

A. 非常同意　　　　　B. 比较同意　　　　　C. 不确定

D. 不完全同意　　　　　E. 不同意

65. 你是否同意"升学压力让你喘不过气来"这一判断? _____。

A. 非常同意　　　　　B. 比较同意　　　　　C. 不确定

D. 不完全同意　　　　　E. 不同意

66. 你每天课前会预习吗? _____。

A. 每天预习　　　　　B. 经常预习　　　　　C. 有时预习

D. 偶尔预习　　　　　E. 从不预习

67. 你每天课后会复习当天的功课吗? _____。

A. 每天复习　　　　　B. 经常复习　　　　　C. 有时复习

D. 偶尔复习　　　　　E. 从不复习

68. 你写作业需要家长提醒或督促吗? _____。

A. 总是如此　　　　　B. 经常如此　　　　　C. 有时如此

D. 偶尔如此　　　　　E. 从来没有

69. 父母或老师曾说你学习习惯不好吗? _____。

A. 经常说　　　　　B. 有时候说　　　　　C. 偶尔说

D. 很少说　　　　　E. 没说过

70. 你上课时能够认真听讲并积极思考吗? _____。

A. 总是如此　　　　　B. 经常如此　　　　　C. 有时候如此

D. 很少如此　　　　　E. 从来没有

71. 目前你努力学习的主要原因是_____(可多选,由主到次排序)。

A. 父母要求我这样做　　　　　B. 为了得到老师的表扬

C. 为了考上理想的大学　　　　　D. 为了掌握知识、培养能力

E. 为了实现自己的理想

72. 你喜欢上课吗? _____。

A. 非常不喜欢　　　　　B. 不太喜欢　　　　　C. 一般

D. 喜欢　　　　　E. 非常喜欢

73. 每次做作业时,你总是非常认真地完成吗? _____。

A. 总是如此　　　　　B. 经常如此　　　　　C. 有时如此

D. 偶尔如此　　　　　E. 从来没有

74. 当学习遇到困难时，你会想尽各种办法来克服吗？_____。

    A. 总是如此   B. 经常如此   C. 有时如此

    D. 偶尔如此   E. 从来没有

75. 你是否有过不听话的行为？_____。

    A. 是   B. 否

76. 大家都夸你很聪明吗？_____。

    A. 大家都夸   B. 不少人夸   C. 一些人夸

    D. 很少人夸   E. 没人夸

77. 你写作业时注意力集中吗？_____。

    A. 总是如此   B. 经常如此   C. 有时如此

    D. 偶尔如此   E. 从来没有

78. 如果让你给学校提一个建议，你会选下面的哪一个或哪几个？_____。
（若多选，请由最想提到最不想提排列）

    A. 少留作业   B. 增加课外活动时间

    C. 少考试   D. 老师上课要增加趣味性

    E. 其他（请补充）_____

79. 如果让你给家长提一个建议，你会选下面的哪一个或哪几个？_____。
（若多选，请由最想提到最不想提排列）

    A. 少报课外班，多给我自由活动时间   B. 少批评，多鼓励

    C. 不要只关心学习和成绩   D. 期望不要太高

    E. 其他_____

80. 你父亲的职业是_____。

81. 你母亲的职业是_____。

    谢谢！

后　记

　　本书是笔者在博士学位论文的基础上补充修改而成的。在后记中笔者想表达一点体会和内心的感谢。

　　学业负担问题是个老问题，也是个大而难的问题，深入研究的价值不容置疑，关键是如何研究、如何有所创新。研究下来，自己还是比较欣慰的，一是通过调研和统计分析，构建了学业负担模型，更加深入地认识了影响学业负担的因素及其程度；二是从多学科角度出发，特别是借助社会学、经济学、心理学等学科的理论，分析学业负担的性质、影响因素、作用机制，深化了对学业负担基本理论的认识，有助于构建学业负担的理论；三是从学业负担调控的角度，使单纯的减负转向多样态、结构化、不同主体、不同类型负担的调控，丰富了学业负担调控的样态，提出了比较完整系统的调控原则，形成了学业负担调控策略系统，更加符合实际情形，具有一定的实际价值。

　　论文得以完成，首先要特别感谢我的导师程凤春教授。他不仅从事教育理论研究，有深厚的理论造诣，而且长期担任中学校长，直接领导学校，有丰富的实践经验，对学生发展和教育有深刻且准确的洞察和把握。程老师在研究方向上给予了有效指导，强调多从结构的角度去分析学业负担，角度新颖且深刻；程老师在研究方法上也给予了具体细致的指导，使研究得以规范进行。其次要感谢在开题、预答辩和答辩过程中给予指导的诸位教授——苏君阳教授、洪成文教授、赵德成教授、高鸿源教授、高宝立教授、曾晓东教授、张东娇教授、傅树京教授、薛海平教授等，他们的指点既高屋建瓴，又具体入微，使笔者深受启发。还要感谢盲审中几位不知名的专家给予了严格的审核，既给予了肯定，又指出了不足，对笔者修改完善论文很有帮助。还要感谢北京师范大学诸位教授在教育博士课程中带来的思想、方法、研究上的启迪。再次要感谢同门的师兄弟姐妹以及教育博士班的同学，他们给予了许多讨论上的启发及具体的帮助，李纪洲、楼朝晖、夏小红等各位教育博士班同学给予的激励也是笔者追赶不懈的动力。也感谢柏继明校长在案例研究中给予的支持。最后，还要感谢单位许多同事给予的鼓励和帮助。感谢我的家人，特别是我的母亲、妻子、女儿，他们担心我忙于工作而疏于学业，故而时时地督促我，使我不敢懈怠。

本书的出版能使更多的教育同行了解笔者的研究，是有助于相关研究和实践的。因此，也特别感谢北京师范大学出版社给予的大力支持和编辑的细心工作。

学业负担问题既关乎每个家庭、每个孩子，也关乎教育的质量和改革，会是长期的热点话题。笔者希望在已有的基础上做进一步的理论研究，同时也希望把研究成果向实践领域转化应用，检验并完善理论，促进实际工作。

钟祖荣

2020 年 3 月

图书在版编目（CIP）数据

  学业负担研究：结构、模型与调控／钟祖荣著．—
北京：北京师范大学出版社，2021.1
  ISBN 978-7-303-26500-8

  Ⅰ．①学…　Ⅱ．①钟…　Ⅲ．①学生作业—研究
Ⅳ．①G424.6

中国版本图书馆 CIP 数据核字（2020）第 217939 号

营　销　中　心　电　话　　010-58802135　010-58802786
北师大出版社教师教育分社微信公众号　　京师教师教育

XUEYE FUDAN YANJIU：JIEGOU MOXING YU TIAOKONG
出版发行：北京师范大学出版社　www.bnup.com
　　　　　北京市西城区新街口外大街 12-3 号
　　　　　邮政编码：100088
印　　　刷：鸿博昊天科技有限公司
经　　　销：全国新华书店
开　　　本：730 mm×980 mm　1/16
印　　　张：17.25
字　　　数：291 千字
版　　　次：2021 年 1 月第 1 版
印　　　次：2021 年 1 月第 1 次印刷
定　　　价：76.00 元

策划编辑：鲍红玉　　　　　　　责任编辑：齐　琳　张筱彤
美术编辑：李向昕　　　　　　　装帧设计：李向昕
责任校对：张亚丽　包冀萌　　　责任印制：马　洁